Regensburg
Donau
Passau
Künzing
Passau-Innstadt
burg
Lorch
Mautern
Wien
Enns
Wels
secunda)
II
Salzburg
Kuchl
Ufernorikum
(Noricum ripense)
Pannonia I
Inn
Enns
Binnennorikum
(Noricum mediterraneum)
Zirl
Ampass
fen
Mur
St. Peter in Holz
St. Stefan o. W.
Oberlienz
Lienz
Dölsach
Laubendorf
Molzbichl
Grazerkogel
Ulrichsberg
Maria Saal
Flavia Solva
Säben
Lavant
Duel
Drau
Bozen
Tscheltschnigkogel
Kathreinkogel
Hemmaberg
Hoischhügel
Kanzianiberg
Ptuj
Altenburg
Castelfeder
Zuglio
Ajdna
Invillino
Tonovcov grad
Prebold
Celje
Rifnik
Savia
ezzocorona
ivezzano
Osoppo
Vipota
Vranje
Pergine
Ljubljana
etia et Histria
Aquileia
Korinjski hrib
Zidani gaber
Grado
Triest
Sava
Kučar
Kupa
Poreč
Dalmatia
Pula
Liburnia
Ravenna
Bischofssitze
frühchristl. Kirchen
frühchristl. Funde
sonstige Orte

W0407549

FRÜHES CHRISTENTUM IM ALPENRAUM

Franz Glaser

FRÜHES CHRISTENTUM IM ALPENRAUM

Eine archäologische Entdeckungsreise

Verlag Friedrich Pustet Regensburg
Verlag Styria Graz Wien Köln

Filiis meis Daniel et Matthias

Die Deutsche Bibliothek – CIP-Einheitsaufnahme

Glaser, Franz:
Frühes Christentum im Alpenraum : Eine archäologische Entdeckungsreise / Franz Glaser. – Graz ; Wien ; Köln : Verl. Styria ; Regensburg : Pustet, 1997
ISBN 3-222-12543-0 (Styria)
ISBN 3-7917-1562-3 (Pustet)

ISBN 3-7917-1562-3 (Pustet)
ISBN 3-222-12543-0 (Styria)
© 1997 by Verlag Friedrich Pustet, Regensburg
Verlag Styria Graz Wien Köln
Umschlaggestaltung: 2 design, Regensburg
Gesamtherstellung: Friedrich Pustet, Regensburg
Printed in Germany 1997

Titelmotiv: Bischofskirche von Teurnia (St. Peter in Holz) mit zeichnerischer Rekonstruktion der Altarschrankenanlage.
Umschlagrückseite: Silberreliquiar aus der frühchristlichen Kirche beim Schloß Tirol.

Inhalt

ZWEITER TEIL
DIE AUSGRABUNGSSTÄTTEN

Vorwort

Schriftliche Quellen über die ersten Christen im Alpenraum sind äußerst spärlich gesät. Um so mehr Bedeutung kommt daher der »materiellen Hinterlassenschaft« zu. Gerade in den letzten Jahren haben Archäologen verstärkt solche Zeugnisse gesucht und entdeckt: zahlreiche Bischofssitze, Doppelkirchen, Kastellkirchen, Baptisterien, Mausoleen, Pilgerheiligtümer und Hospizien. Die zum Teil spektakulären Ausgrabungsergebnisse – verwiesen sei hier nur auf die Großgrabungen in Genf, Invillino, Säben, Teurnia oder auf dem Hemmaberg – sind bisher jedoch nur wenigen »Eingeweihten« bekannt; die Forschungsberichte sind für den interessierten Laien nur mit Mühe zugänglich. Dies ist um so bedauerlicher, als gerade die moderne Archäologie dazu beigetragen hat, daß es heute ein wesentlich differenzierteres Bild von der Verbreitung, dem Aussehen und der Ausstattung der frühchristlichen Baudenkmäler im Alpenraum gibt. (Natürlich bleiben immer noch Fragen offen: Bei älteren Grabungen fehlt vielfach eine ausreichende Dokumentation, oder Kirchen, die in schriftlichen Quellen genannt sind, konnten archäologisch bisher nicht nachgewiesen werden. Von vielen Grabungen der letzten Jahre liegen noch keine endgültigen Ergebnisse vor, weil die Bearbeitung des enormen Fundmaterials sehr viel Zeit beansprucht.)

Dieses Buch ist daher in erster Linie für ein breites Leserpublikum geschrieben, für den historisch wie archäologisch interessierten Laien ebenso wie für die zahlreichen Besucher des Alprenraumes, die – wie ich bei meinen Grabungen vor Ort feststellen konnte – immer wieder überrascht und begeistert waren von dem, was die Archäologen so »alles ans Tageslicht beförderten«. – Aber selbst der Fachmann dürfte unter den hier geschilderten Forschungsergebnissen noch auf die eine oder andere für ihn neue Information stoßen.

Der erste Teil des Bandes gibt einen kurzen Überblick unter anderem über verschiedene historische, liturgiegeschichtliche und bautechnische Aspekte, die für das Verständnis der frühchristlichen Baudenkmäler von Bedeutung sind.

Der zweite Teil führt den Leser zu über 60 Ausgrabungsstätten in Slowenien, Österreich, Italien und der Schweiz, an denen sich frühchristliche Zeugnisse befinden. Da in jüngster Zeit viele von ihnen konserviert und der Öffentlichkeit zugänglich gemacht wurden, finden sich dazu entsprechende Hinweise. Ganz bewußt wurden jedoch auch solche Fundorte aufgenommen, wo nur wenige Reste bekannt sind oder erst künftige Grabungen zeigen werden, ob schriftlich überlieferte Hinweise auf das Vorhandensein einer Kirche zutreffen. Hätte man diese von vorneherein alle ausgeschieden, so würde die Fundortkarte (s. Vorsatz dieses Buches) ein verzerrtes Bild wiedergeben. Beispielsweise nennt die Vita S. Severini für die Provinz Ufernorikum allein entlang der Donau 4 Klöster und 9 Kirchen, wobei davon nur 3 archäologisch nachgewiesen sind, während in Binnennorikum 34 Kirchen entdeckt wurden, zu denen es aber keine schriftlichen Erwähnungen gibt.

Wenn dieses Buch dazu beiträgt, daß sich der Leser für das Forschungsgebiet christliche Archäologie auch weiterhin interessiert und es ihn vielleicht sogar motiviert, sich selbst auf eine »archäologische Entdeckungsreise« durch das frühe Christentum im Alpenraum zu begeben, so hat es seine Absicht erfüllt.

Bleibt mir nur noch all jenen zu danken, die mich bei meiner Arbeit an diesem Buch unterstützt haben. Mein ganz besonderer Dank gilt der Verlagslektorin Frau Heidi Krinner-Jancsik, die mir bei der Entstehung des Manuskripts wertvolle Hinweise gab, und dem Gestalter des Buches, Herrn Karl S. Wittmann. Herzlich danken möchte ich meinem Fachkollegen und Freund Dr. Paul Gleirscher für seine kritischen Stellungnahmen, Diskussionen und Anregungen. Mein Dank gilt ferner Frau Dr. Gertrud Gruber, deren Rekonstruktionszeichnungen im Rahmen ihrer Dissertation den Bau anschaulicher Innenraummodelle ermöglichte, die Herr Johann Mack ausführte. Für perspektivische Zeichnungen vieler Kirchen danke ich Frau Dr. Sabine Schretter und meiner Frau Karin, die zudem noch Grundrißpläne druckreif umgesetzt hat. Zahlreichen Kollegen, die mir bei der Bildbeschaffung eine große Hilfe waren, gebührt mein aufrichtiger Dank: Prof. L. Beckel, Prof. Ch. Bonnet, Dr. R. Cardani Vergani, Dr. M. Ciglenečki, Dr. S. Ciglenečki, Dr. G. Ciurletti, Dr. L. Dal Ri, Dr. K. Gschwantler, Doz. O. Harl, Dr. A. Hochuli-Gysel, Dr. T. Knific, Prof. St. Martin-Kilcher, Dr. H. Nothdurfter, Dr. R. Perinetti, Prof. R. Pillinger, Dr. L. Pleničar Gec, Prof. I. Rogger, Prof. H. R. Sennhauser, P. Schwarz, S. Tichy, Prof. H. Ubl, Prof. T. Ulbert, Dr. A. Vogrin, Dr. M. Vomer Gojkovič.

Franz Glaser

Erster Teil

GESCHICHTE, ARCHITEKTUR, KIRCHLICHES LEBEN

Historisch-topographische Einleitung

Militär und Romanisierung

Wesentlich für die Ausbreitung des Christentums war die Ausdehnung des römischen Weltreiches und damit der römischen Kultur. Die Wurzeln für die Romanisierung des Alpenraumes liegen bereits in den Jahrzehnten vor Christi Geburt, als Caesar die gallischen Stämme besiegte und Kaiser Augustus die Alpenvölker 15 v. Chr. unterwarf. Das Alpenvorland wurde zum Grenzgebiet. Am Limes wurden die Truppen stationiert und die militärischen Anlagen zunehmend ausgebaut und verändert. Der innere Alpenraum wurde zum Durchzugsgebiet für Truppenverschiebungen und gleichzeitig wirtschaftliche Basis für das Heer an der Grenze. Das Militär und die angesiedelten Veteranen, sowie die Rekrutierung von Hilfstruppen aus der Provinzbevölkerung waren ein wirksames Mittel zur Romanisierung. Im 3. Jahrhundert n. Chr. riefen häufig die Provinzarmeen ihre Befehlshaber zu Kaisern aus, die sich dann durch Solderhöhungen und sonstige Vergünstigungen dankbar zeigten. Der höhere Sold belebte zwar die Wirtschaft in den Provinzen, führte aber sowohl durch dauernde Kriegsführung gegen äußere Feinde als auch durch ständige Kriegsführung der einzelnen ausgerufenen Kaiser untereinander zu einem erhöhten Geldbedarf und bedingte eine enorme Inflation. Diesem Problem versuchte Kaiser Diokletian (284–305) durch eine Höchstpreisverordnung für die Waren im römischen Reich entgegenzuwirken; außerdem regelte er zur Wiederherstellung der Ordnung die zivile und militärische Verwaltung neu. Die Zivilverwaltung wurde den militärischen Bedürfnissen untergeordnet und so die Rolle des Heeres gestärkt. Die kulturellen und politischen Wertvorstellungen der Soldaten spielten nun eine bedeutende Rolle für die römische Gesellschaft.

Der große Bedarf an Soldaten im 3. und 4. Jahrhundert führte zur Aufnahme von Barbaren, d. h. von Kriegern der benachbarten germanischen Stämme ins römische Heer. Diese angeworbenen, fremden Soldaten fanden auch Aufnahme in die mobilen Eliteeinheiten *(comitatenses)*, die seit Kaiser Konstantin (306–337) auch in oder bei größeren Provinzhauptstädten stationiert wurden. Dadurch wurde die Assimilation der Barbaren gefördert. Die wachsende Bedeutung germanischer Truppen im römischen Heer ermöglichte den sozialen Aufstieg ihrer Anführer durch den Militärdienst. Sie bekleideten im Laufe des 4. Jahrhunderts zahlreiche Führungspositionen in der Armee und erlangten gelegentlich sogar den Konsulat. Diese Befehlshaber bewegten sich in den höchsten und gebildeten Kreisen des Reiches.

Die vordringenden Hunnen lösten im Gebiet des Schwarzen Meeres eine Wanderbewegung der dort ansässigen Bevölkerung aus. Durch einen Vertrag mit Kaiser Valens (364–378) kam es zur Ansiedlung gotischer Völkerschaften auf dem Boden des Römischen Reiches, von denen sich ein Teil in Thrakien niederließ, ein anderer wurde zur Sicherung der Ostgrenze abkommandiert. Das Modell der Ansiedlung fremder Stämme wiederholte sich in anderen Regionen des Imperiums. Die Goten auf dem Reichsgebiet lernten das Christentum in dessen arianischer Form kennen (s. S. 58) und hielten wie die meisten anderen germanischen Stämme in den folgenden Jahrhunderten daran fest.

Befestigungsanlagen

Bereits unter Kaiser Probus (276–282) wurde im westlichen Alpenvorland die Verteidigungslinie an die Donau, die Iller und den Rhein zurückgenommen. Entsprechend den veränderten Verhältnissen entstanden zahlreiche Kastelle, die nicht nur die verkleinerten Besatzungen, sondern im Ernstfall auch umwohnende Siedler und Wehrbauern aufnehmen konnten. Ein Jahrhundert später führte Valens' Mitkaiser Valentinian I. (364–375) neuerlich eine Reorganisation der Grenzbefestigungen von Rätien bis zum Ärmelkanal durch und ließ auch im Hinterland an strategisch wichtigen Punkten Kastelle errichten. Die Grenzkastelle am Limes haben ihre Funktion samt ihren regulären Einheiten etwa bis zum Ende des weströmischen Reiches (476) behalten.
Eine besondere Dichte an befestigten Höhensiedlungen des 5. und 6. Jahrhunderts ist im heutigen Kärnten und Slowenien zu beobachten, von denen manche rein militärischen Charakter aufweisen. Siedlungen mit dem Sitz lokaler oder regionaler, ziviler und militärischer Verwaltung waren ebenso für die Kirchenorganisation maßgeblich, so daß sich an diesen Orten auch die frühchristlichen Kirchen befinden (s. Vorsatzkarte). Das Gebiet der Julischen Alpen war eine wichtige Zone der Truppenverschiebungen zwischen Ost und West und seit den Markomannenkriegen (Ende 2. Jahrhundert) gesichert durch Sperrfestungen vom Sočatal (Isonzotal) bis Rijeka. Das Drautal bot eine Möglichkeit der Umgehung dieser fortifikatorischen Bauten und war damit eine mögliche Einfallspforte nach Italien. Dem wurde Rechnung getragen durch eine Reihe von befestigten Höhensiedlungen im Drautal und dessen Umgebung.

Verwaltungs- und Provinzgrenzen

Die Verwaltungsreform des Kaisers Diokletian (284–305) und die Neugliederung der Provinzen, sowie deren Zusammenfassen in 12 Diözesen hatten maßgebliche Strukturen für die kirchliche Organisation in der Spätantike geschaffen. Die Diözesen waren wiederum vier Präfekturen unterstellt. Der Alpenraum war in folgende Provinzen und Diözesen aufgeteilt (Abb. 1):
Inwieweit die Diözesengrenzen für die kirchlichen Metropolien (Erzbistümer) ausschlaggebend waren, ist noch nicht näher untersucht. Im östlichen Alpenraum gehörten die Provinzen Binnennorikum, Ufernorikum und Pannonien zur Diözese Illyricum, während im westlichen Alpenraum Rätien I, Rätien II, Venetien und Histrien, sowie Ligurien der Diözese *Italia annonaria* unterstanden. Die heutige Westschweiz war ein Teil der Provinzen *Maxima Sequanorum* und *Alpes Poeninae et Graiae* und damit auf dem Boden der Diözese Gallien gelegen. Der Alpenraum war dadurch in drei Präfekturen aufgeteilt.
Die wichtigste Verwaltungseinheit blieben die römischen Städte mit ihrem zugehörigen Verwaltungsbezirk, der auch dem jeweiligen Bistum der Bischöfe entsprach. Eine besondere Ausstrahlungskraft besaßen die Hauptstädte der Präfekturen, wie zum Beispiel Mailand, das von 298 bis 402 kaiserliche Residenz war, bis diese nach Ravenna verlegt wurde. Mailand war Hauptstadt von Ligurien und Metropolitansitz. Die gleiche Funktion hatte Aquileia für Venetien und Histrien. Zu diesen beiden Metropolien gehörten zahlreiche Bischofssitze des Alpenraumes.

Germanische Königreiche auf römischem Boden

Die Absetzung des letzten weströmischen Kaisers Romulus Augustus (Spottname: Augustulus) durch den kaiserlichen Feldherrn, den Germanen Odoaker, im Jahr 476 bedeutete formell das Ende des weströmischen Reiches. Odoaker wurde der erste

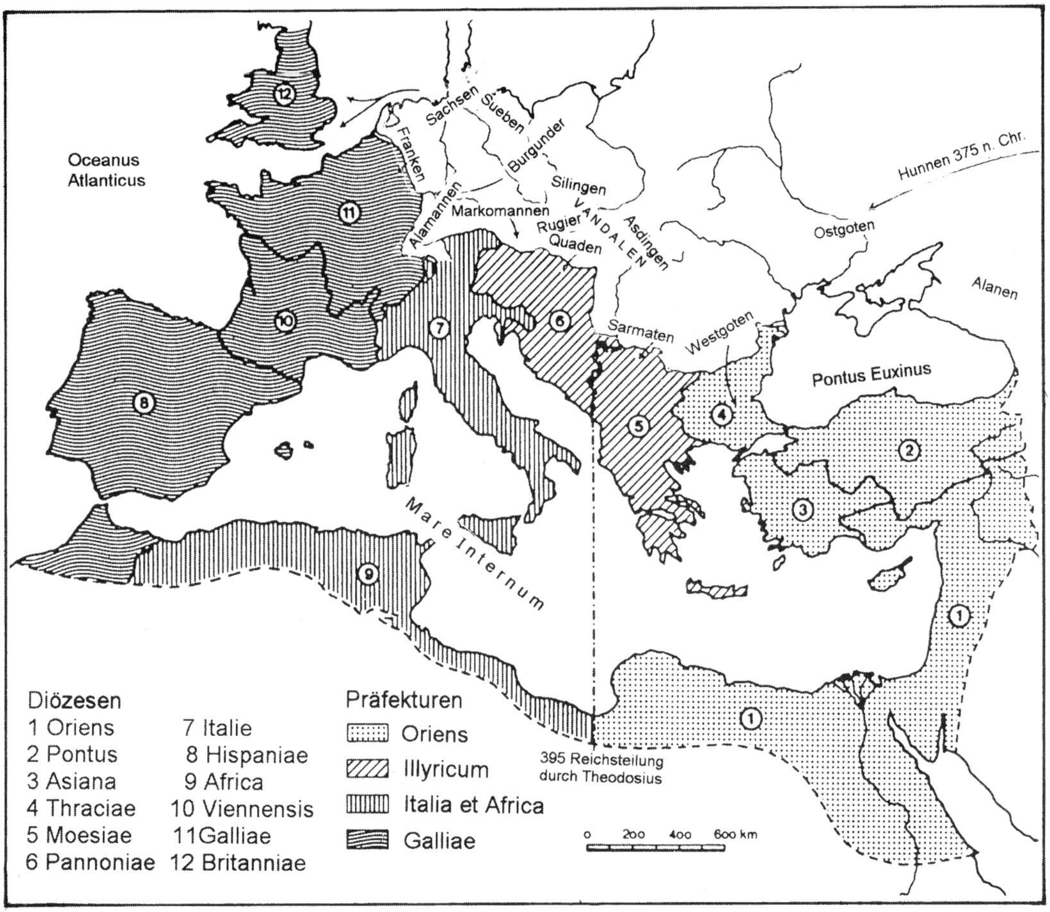

Abb. 1: Römische Diözesen und Präfekturen (298). –·–·–·– Teilung in ein ost- und weströmisches Reich im Jahre 395.

germanische König Italiens und damit auch Herr über weite Teile des Alpenraumes (Rätien und Norikum). Er anerkannte die Oberhoheit des oströmischen Kaisers. Im Jahr 488 hatten die Generäle Odoakers die Rugier geschlagen, die nördlich der Donau saßen und das römische Gebiet südlich des Flusses kontrollierten. Dennoch ließ im gleichen Jahr Odoaker aus der Provinz Ufernorikum die römische Bevölkerung evakuieren und nahm dadurch die Grenze bis zum Alpenhauptkamm zurück (Abb. 2). Wenig später (503) stießen die Langobarden aus dem Osten in das Gebiet westlich der March bis ins Tullnerfeld vor, bis schließlich das Rugierland in das langobardische Herrschaftsgebiet einbezogen wurde.

Noch zur Lebenszeit Severins († 482) floh die römische Bevölkerung westlich des Inns vor den Einfällen von Thüringern und vor der alamannischen Landnahme im baierischen Alpenvorland (Flachlandrätien) nach Lorch *(Lauriacum)* bei Enns. In Flachlandrätien kam es schließlich zur Formierung der Baiern, die offensichtlich nach 488 bis zur Enns vorstießen. Das alamannische Gebiet dehnte sich südlich des Bodensees bis zum Watten-, Züricher- und Vierwaldstätter See

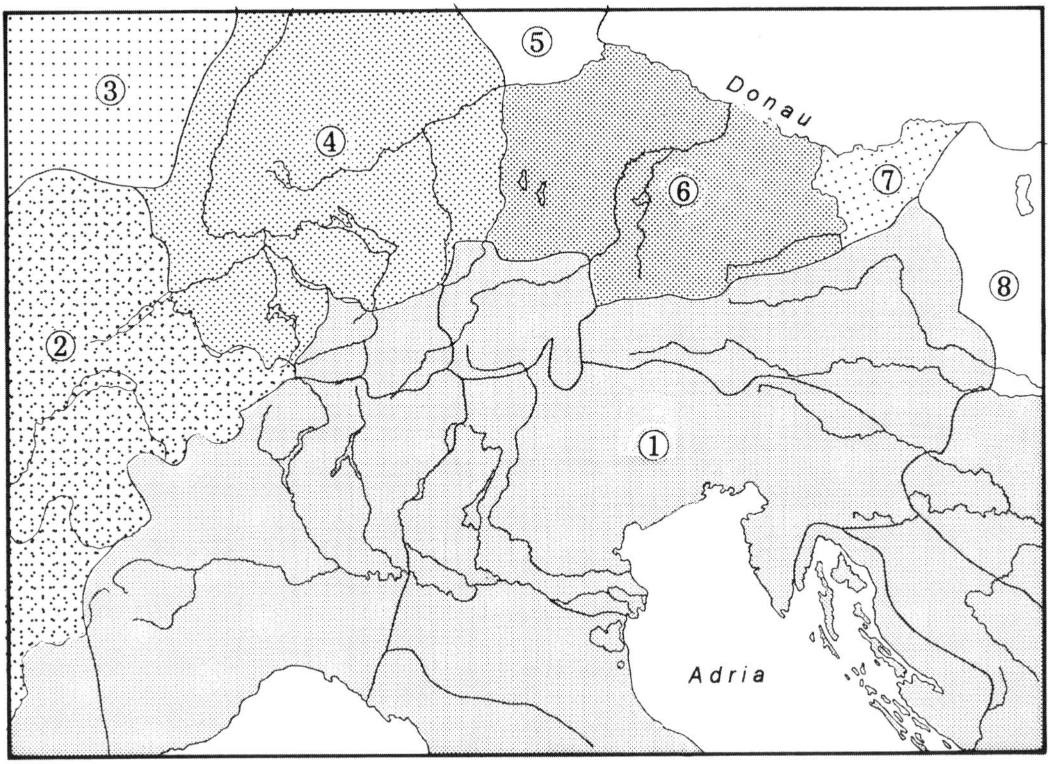

① Ostgoten ② Burgunder ③ Franken (Syagrius 486) ④ Alamannen ⑤ Thüringer ⑥ Baiern
⑦ Langobarden (nach 450) ⑧ Pannonia prima

Abb. 2: Ostgotenreich und ehemaliges römisches Reichsgebiet im Jahre 493.

sowie bis in die Gegend des Thuner und des Bieler Sees aus (Abb. 2).
Die heutige Westschweiz gehörte in der zweiten Hälfte des 5. Jahrhunderts zum Reich der Burgunder, die bereits 443 auf römischem Reichsgebiet, in der Sapaudia (Savoyen), angesiedelt wurden.
In Gallien setzte der Frankenkönig Chlodwig dem römischen Teilreich des Syagrius im Jahr 486 ein Ende. 488 stieß König Theoderich mit seinem ostgotischen Volk nach Italien vor und übernahm 493 das Reich Odoakers nach dessen Ermordung (Abb. 2).
Einige Alamannen wichen bereits zu Beginn des 6. Jahrhunderts dem Druck der Franken und flohen auf ostgotisches Gebiet, nach Italien und Norikum. Im Jahr 534 nahmen die Franken das Reich der Burgunder in Besitz.

Byzantinisch-ostgotischer Krieg

Mit dem Beginn (535) des byzantinisch-ostgotischen Krieges veränderte sich das Herrschaftsgefüge im Alpenraum. Spätestens im Jahre 539 traten die Ostgoten die Provinzen Rätien I, II und Binnennorikum (sowie die Provence) an die Franken ab. Das südöstliche Norikum *(polis Norikon)* war schon 538 von den Byzantinern erobert worden (Abb. 3). Nachdem der letzte ostgotische König Teja im Entscheidungskampf des Jahres 553 in der Gegend des Vesuvs fiel, war das Schicksal des Ostgotenreiches besiegelt.

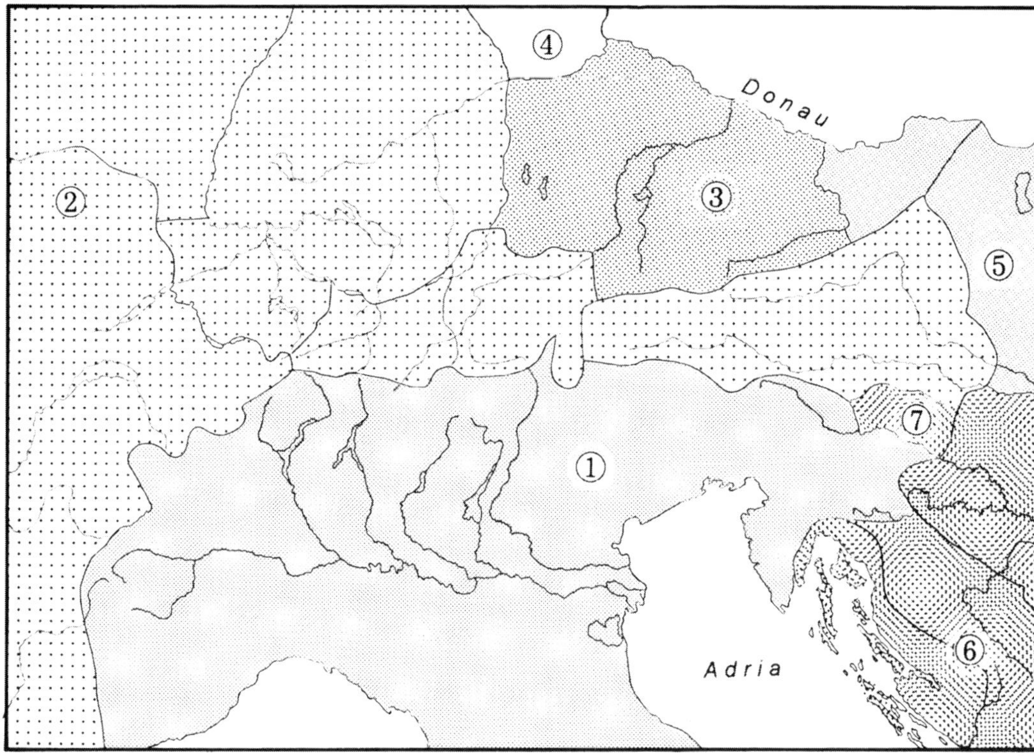

① Ostgoten ② Franken ③ Baiern ④ Thüringer ⑤ Langobarden ⑥ Byzantiner ⑦ Polis Norikon

Abb. 3: Ostgotenreich und Herrschaftgebiete nach Beginn des ostgotisch-byzantinischen Krieges im Jahre 539.

Kurze Zeit (seit 560) kamen Italien und (vielleicht auch nur teilweise) die Alpenprovinzen Rätien I, II und Binnennorikum bis zur Abberufung des byzantinischen Feldherrn Narses 568 zum letzten Mal unter (ost)römische Herrschaft.

Die Herrschaft der Langobarden

Seit 540 waren die Langobarden mit Byzanz verbündet und hatten vom oströmischen Kaiser 548 eroberte gotische Gebiete in Pannonien (Pannonia II und Savia) südlich der Drau sowie das südöstliche Norikum (*polis Norikon*)erhalten. 568 schließlich wanderten die Langobarden in Italien ein (Abb. 4). Den Byzantinern blieben nur das Exarchat Ravenna und die Küstengebiete an der oberen Adria. In der Provinz Raetia I gewannen wieder die Franken Einfluß, in der restlichen Raetia II die Baiern. Die Einwanderung der Slawen um 600 in Binnennorikum brachte den Langobarden im Nordosten neue Nachbarn, von denen ihnen einige bis um 740 tributpflichtig waren.

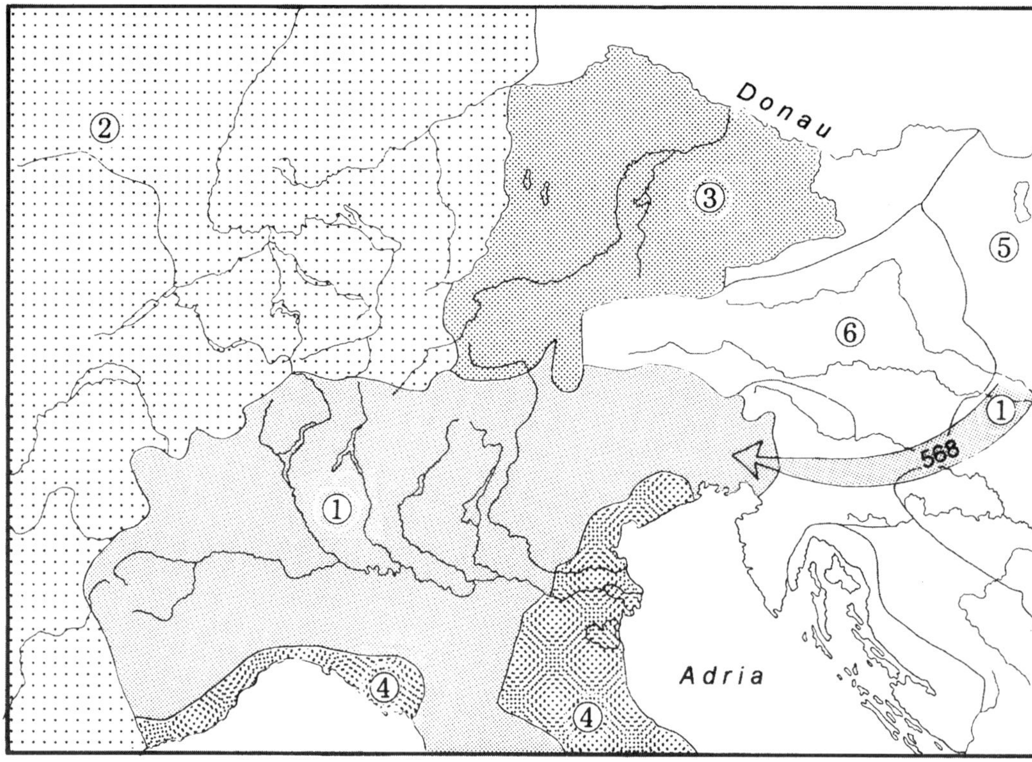

① Langobarden ② Franken ③ Baiern ④ Byzantiner ⑤ Awaren ⑥ Alpenslawen

Abb. 4: Langobardenreich und byzantinische Herrschaftsgebiete im Jahre 590.

Erste Spuren des Christentums im Alpenraum

Schriftliche Quellen über Christen im Alpenraum in der Zeit vor Kaiser Konstantin dem Großen (306–337) sind selten.
Aus dem Bericht über das »Regenwunder« während der Markomannenkriege im Jahre 172 n. Chr. können wir schließen, daß sich zumindest im Heer des Kaisers Marc Aurel (161–180) an der Donaugrenze im Raum östlich von Wien Soldaten christlichen Bekenntnisses befanden. Das römische Heer war dort von germanischen Kriegern eingeschlossen, doch – so die römische Propaganda – erfrischte ein Gewitterregen die Legionssoldaten, so daß sie die Schlacht gewinnen konnten. Tatsache ist freilich, daß Germanen aus religiösen Gründen bei Gewitter nicht kämpften. Doch dieses Ereignis ist als »Regenwunder« in die Geschichtsschreibung der Antike eingegangen und wurde auf das Gebet der Soldaten zurückgeführt. Der römische Schriftsteller Tertullian († um 222) hebt in diesem Zusammenhang die Rolle der Christen besonders hervor. Daß solche tatsächlich im Heer waren, daran besteht kein Zweifel, denn an der Donau standen auch Truppen aus dem Osten des Römischen Reiches, wo das Christentum im Gegensatz zum Westen schon deutlicher Wurzeln gefaßt hatte.

Die römischen Kaiser und die Religion

Nach der vorherrschenden heidnisch-antiken Auffassung konnten verschiedene religiöse Ansichten und Glaubensrichtungen nebeneinander bestehen. Die einheimischen Götter und Göttinnen der von Rom hinzugewonnenen Provinzen wurden in die römische Götterwelt aufgenommen, indem die regionale Gottheit einfach mit einer römischen gleichgesetzt wurde. Daher finden sich im Alpenraum zahlreiche Weiheinschriften, welche den Gott mit seinem keltischen und römischen Namen nennen. Für den Heiden gab es eben im Gegensatz zum Christen »nicht nur einen einzigen Weg, um zum großen Geheimnis des Göttlichen zu gelangen«, wie es der gebildete Staatsmann Symmachus im Jahre 384 ausdrückte.
Die ersten und mehrfach ausgesprochenen Verbote Roms im 1. Jahrhundert v. Chr. betrafen den Kult der ägyptischen Göttin Isis, wobei der Senat die Zerstörung der Kultstätten verlangte. Religiöse Motive spielten keine Rolle. Eine Ursache für die Maßnahmen war anfangs, daß sich insbesondere die unteren sozialen Schichten zu diesem Kult hingezogen fühlten. Später wirkte sich der Krieg Roms gegen Marc Anton und Kleopatra ungünstig auf die Akzeptanz dieser Religion aus. Noch Kaiser Tiberius (14–37) ließ einen ägyptischen Priester kreuzigen, bevor Kaiser Caligula (37–41) offiziell in Rom einen Isistempel errichten ließ.
War es für den Heiden kein Problem, den christlichen Gott in seine Götterwelt zu integrieren, so stellte sich die Situation für den Christen völlig anders dar, der an den einen Gott glaubte. Daraus ergab sich, daß der Kaiser nicht auch als Gott verehrt werden konnte. Dabei war es unerheblich, daß der Kaiserkult eigentlich eine Loyalitätsbekundung war und daher letztlich keine religiösen Gefühle berührte. Erst bei Kaiser Diokletian (284–305) wurden für die dritte und letzte große Christenverfolgung nur scheinbar religiöse Motive maßgeblich. Seine Forderung, die Christen sollten zum Glauben ihrer Väter zurückkehren, beruhte auf der Vorstellung, daß die alten Götter den Schutz des Römi-

schen Reiches garantierten. In Wirklichkeit standen aber auch hier wieder politische Motive im Hintergrund.
Kaiser Diokletian erließ daher im Jahr 303 ein Edikt, dem zufolge kein christlicher Gottesdienst abgehalten werden durfte, die Kirchen zu zerstören und die heiligen Bücher zu verbrennen seien. Diese Verfügungen Diokletians hinterließen auch im Alpenraum und im Alpenvorland ihre Spuren.
Damals waren Römer in hohen Staatsstellungen bereits Christen geworden. In diese Verfolgungszeit im Jahre 304 fällt auch das Martyrium des heiligen Florian, eines ehemaligen Kanzleivorstands des römischen Statthalters von Ufernorikum. Florian befand sich in *Cetium* (St. Pölten, Niederösterreich), als er von den Verfolgungen seiner Mitbrüder hörte. Er eilte sogleich nach *Lauriacum* (Lorch bei Enns), an seinen einstigen Dienstort. Dort wurde er angeblich mit weiteren 40 Christen verhaftet und mit einem Mühlstein um den Hals in die Enns geworfen.
In der gleichen Verfolgungszeit soll Afra in Augsburg *(Augusta Vindelicum)* ums Leben gekommen sein. Afra stammte mütterlicherseits aus Zypern und verdiente ihr Geld als leichtes Mädchen, bevor sie Christin wurde. Sie wurde auf einer Lechinsel verbrannt und vor den Mauern der Stadt Augsburg begraben. Venantius Fortunatus bezeugt auf seiner Reise um 565 das Grab und die Verehrung der heiligen Afra in Augsburg. An dieser Gedächtnisstätte entstand später die Kirche St. Ulrich und Afra. Auch der Kirchenschriftsteller und Bischof Victorinus von *Poetovio* (Ptuj/Pettau) erlitt im Jahre 304 den Märtyrertod. Die Legende vom Märtyrertod des Mauritius und seiner Gefährten in St-Maurice soll erst unter Kaiser Theodosius (379–395) entstanden sein (s. S. 187).
Die Verfolgungen der Christen waren jedoch trotz der gesetzlichen Bestimmungen stets zeitlich und regional begrenzt, so daß das Christentum zunehmend erstarken konnte.

Ausbreitung des Christentums

Während die heidnischen Religionen jeweils nur bestimmte Gruppen ansprachen, hatte das Christentum allen sozialen Schichten etwas zu bieten. Dies war mithin ein wesentlicher Grund für seine Ausbreitung. Das Evangelium, die Frohe Botschaft, versprach Erlösung aus irdischer Trübsal, ein Fortleben nach dem Tod und die leibliche Auferstehung beim Jüngsten Gericht. Der hohe sittliche Gehalt, besonders ausgedrückt in der Bergpredigt (Mt 5,1), und die schriftlich fixierte Lehre zogen den philosophisch Gebildeten an. Vor allem verknüpften einige Kirchenväter die Suche der antiken Philosophie nach dem Wahren und Guten mit der christlichen Lehre und hoben das Gemeinsame hervor. Die von Christus geforderte Nächstenliebe spiegelte sich in der karitativen Tätigkeit der Gemeinden, was auch den Heiden als besonderes Merkmal auffiel und gerade die ärmeren Bevölkerungsschichten ansprach. Die Herren waren aufgefordert, ihre Sklaven als »Bruder in Christus« zu behandeln. Gerade auch der Zusammenhalt der christlichen Gemeinden im Imperium mag für die politisch führende Schicht im zerfallenden Römischen Reich beeindruckend und eine Hoffnung gewesen sein.
Im allgemeinen wurde der römische Staat von den Christen akzeptiert. Irdisches Leid wurde als Prüfung Gottes angesehen und damit auch die Sklaverei hingenommen. In dieser Einstellung zur bestehenden Gesellschaft ähnelte das Christentum der stoischen Philosophie, die humanisierend, aber nicht revolutionär war.

Christentum: erlaubte Religion – Heidentum: verbotene »Religion«

Im Jahre 313 sicherte Kaiser Konstantin (306–337) in einer Vereinbarung mit dem Mitregenten Licinius den Christen in der Westhälfte des Römischen Reiches die volle

Religionsfreiheit zu, wie dies zwei Jahre zuvor Kaiser Galerius in einem Toleranzedikt für die Osthälfte des Imperiums getan hatte. Konstantin schenkte den Christen Bauland und förderte selbst den Bau christlicher Basiliken, wie im Lateran oder Vatikan. Er und seine Söhne ergriffen nun erste Maßnahmen gegen Heiden. In fünf Gesetzen bekämpfte Constantius II. (337–361) den »Wahnsinn der Götterverehrung«. Kaiser Theodosius (379–395) und seine Nachfolger erließen schließlich weitere gesetzliche Bestimmungen, die ein Versammlungs- und Opferverbot, die Abschaffung der Götterfeste, die Schließung sowie die Zerstörung der Heiligtümer und der Götterbilder vorsahen. Ferner sollte Tempelland enteignet, sollten heilige Bäume gefällt und Bücher verbrannt werden. Den Testamenten von Heiden wurde die Rechtsgültigkeit aberkannt, so daß der Besitz nach dem Tod an den Staat fiel. Heiden mußten aus dem Staatsdienst entlassen werden. Kaiser Theodosius II. (408–450) ging seit dem Jahre 435 sogar mit der Todesstrafe gegen Heiden vor. Die Wirksamkeit der Gesetzgebung gegen das Heidentum war aber offensichtlich beschränkt, denn im Jahr 528 gab es in Konstantinopel in höchsten Staatsämtern noch immer Heiden, von denen Justinian I. (527–565) einige hinrichten ließ oder in den Selbstmord trieb.

Missionierung und römische Zivilisation

Der Auftrag zur Verkündigung des Evangeliums führte zur Missionierung. Konnte der Heide auf verschiedenen Wegen zum Geheimnis des Göttlichen gelangen, so ließ das Wort Jesu für den Christen nur eine Möglichkeit: »Ich bin der Weg und das Leben; niemand kommt zum Vater außer durch mich« (Joh 14,6). Die Missionierung im Römischen Reich wurde mit großem Engagement betrieben, während sie außerhalb der Grenzen dem Zufall überlassen blieb. Bestimmend war die Ansicht des Kirchenvaters und Bischofs Ambrosius von Mailand (374–397), daß die Barbaren erst bekehrt werden könnten, wenn sie zivilisiert, d.h. romanisiert wären. Für die lateinisch gebildete Markomannenkönigin Frigitil verfaßte Ambrosius eine Art Katechismus. Die Verknüpfung römischer Interessen mit der christlichen Lehrtätigkeit wird u. a. in Ambrosius' Ermahnung deutlich, daß Frigitils Gemahl gegenüber den Römern Frieden halten solle.

Trotz der genannten Heidengesetzgebung waren die Menschen im Alpengebiet noch stark dem Heidentum verhaftet, so daß der Glaubensbote Gaudentius um 370 in Vicosoprano in Graubünden tätlich angegriffen wurde, und im Nonstal bei Trient Einheimische im Jahr 397 drei Missionare töteten, die dort im Auftrag des Bischofs Vigilius von Trient das Evangelium verkündeten. Sie wurden erschlagen, als sie die Neugetauften an der Teilnahme an einem heidnischen Flurumgang hindern wollten. Selbst zur Zeit des heiligen Severin, der zwischen 453 und 482 im Donauraum wirkte, gab es noch immer Leute, die heimlich heidnischen Opferbräuchen anhingen, obwohl sie bereits den christlichen Gottesdienst besuchten. Während bei der abendlichen Liturgiefeier in *Cucullis* (Kuchl) sich die Kerzen der wahrhaft Gläubigen dank des Gebetes Severins von selbst entzündeten, blieben die Kerzen der heimlichen Heiden ohne Flammen. Die Heiden wurden dadurch dem gesellschaftlichen Druck der mehrheitlich christlichen Gemeinde ausgesetzt und bekannten sich endgültig zum Christentum. So zumindest schildert es die Lebensbeschreibung des hl. Severin.

Als um 610 die irischen Missionare Columban und Gallus mit ihren Gefährten ins Bodenseegebiet und nach Bregenz kamen, fanden auch sie im Bereich der zerstörten römischen Stadt *Brigantium* noch Heiden vor. Dem Bericht zufolge handelte es sich anscheinend um Romanen, die wieder zum Heidentum zurückgekehrt waren und in einer Kirche die alten Götterstatuen aufgestellt hatten. Die irischen Missionare trafen aber auch Germanen an, die zusammen mit den Romanen hier siedelten und auf ihre Weise die eigenen Götter verehrten. Etwa zur gleichen Zeit bedeutete die Einwanderung von Ostslawen in das heutige Gebiet von Kärnten, Slowenien und der südlichen Steiermark einen beträchtlichen Rückgang der römischen bzw. romanisierten Bevölkerung und damit auch des Christentums (s. S. 129). Erst nachdem junge slawische Fürsten in Baiern christlich erzogen worden waren, konnte der Bischof Virgilius von Salzburg († 784) seit 756 Missionare nach Karantanien (»Kärnten«) senden.

Die wenigen erhaltenen schriftlichen Zeugnisse lassen erkennen, daß der Missionserfolg eng mit der römischen städtischen Kultur und Zivilisation verbunden war. Vor diesem Hintergrund wird auch verständlich, daß der Begriff *pagani* (Landbewohner) schließlich zur Bezeichnung der Heiden diente.

Archäologische Zeugnisse des Christentums im 4. Jahrhundert

Während in den Städten Genf, Aosta, Mailand oder Lyon bereits um die Mitte des 4. Jahrhunderts Kirchen entstanden, liegen von anderen Siedlungen und aus dem ländlichen Gebiet nur vereinzelt Funde vor, die auf Christen hinweisen. Solche Objekte müssen entweder christliche Symbole, Bilder oder Inschriften aufweisen. Nur selten finden sich solche als Beigaben in Gräbern. Ein kostbarer Glasbecher mit der eingeschliffenen Inschrift *Vivas in Deo* (Du sollst in Gott leben!) hat eindeutig christlichen Charakter und kam in einem Mädchengrab aus der ersten Hälfte des 4. Jahrhunderts in Avenches zutage (Abb. 84). Die Barren im Silberschatz von Kaiseraugst zeigen Stempel des Kaiser Magnentius (350–355). Mit diesen Silberbarren und zahlreichen Silbermünzen fand man auch 70 silberne Gegenstände höfischen Tafelgeschirrs, darunter fünf Eßstäbchen, von denen eines mit einer

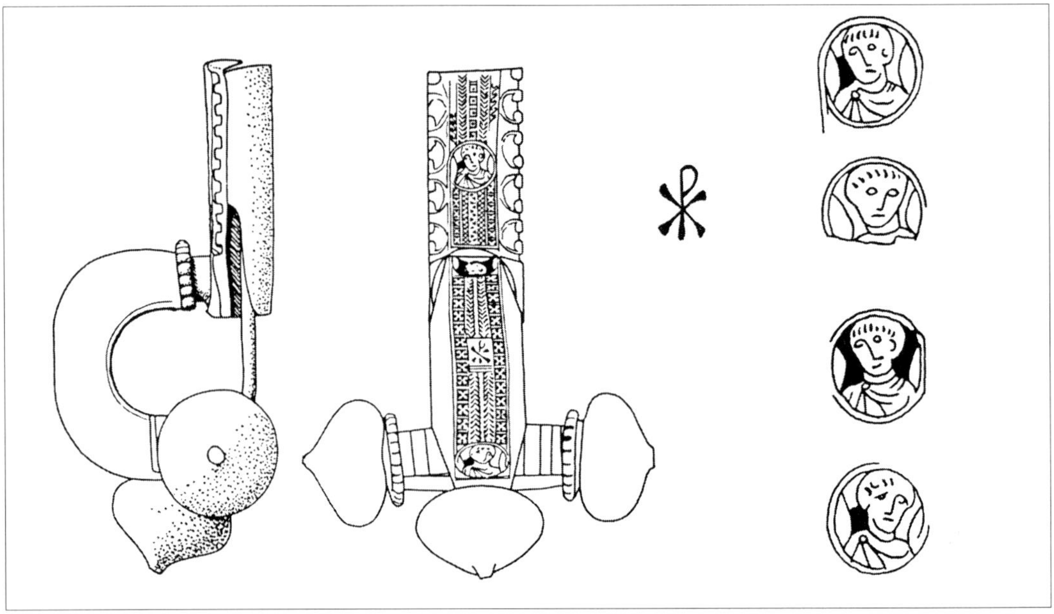

Abb. 5: Vergoldete Zwiebelknopffibel aus Silber mit Christogramm (Basel).

durchbrochen gearbeiteten Christogrammscheibe versehen ist. Der Schatz gehörte einst wohl einem hohen Offizier oder Beamten des kaiserlichen Hofstaates und war, in einer Kiste in Heu verpackt, im Straßengraben hinter einem Turm im Kastell vergraben worden, als schwere Angriffe der Alamannen nach 351 die Befestigung trafen.
Ein anderes christliches Zeugnis des 4. Jahrhunderts ist die Inschrift des Provinzstatthalters Pontius Asklepiodotus, der im Jahre 377 ein kaiserliches Gebäude in Sitten wiederherstellen und in den Text ein Christogramm mit Alpha und Omega setzen ließ (Abb. 95). Etwa um die gleiche Zeit war in *Basilia* (Basel-Äschenvorstadt) ein Mann, vielleicht ein Beamter oder Offizier, bestattet worden, dessen Mantel eine silberne und vergoldete Fibel (Abb. 5) zusammengehalten hatte. Ihre schwarze Verzierung in Niellotechnik zeigte vier Bildnisse und ein Christogramm im geometrischen Muster. Ebenfalls noch dem 4. Jahrhundert zuzuordnen sind wahrscheinlich ein Fingerring und eine Gürtelschnalle mit Christogramm aus dem Gräberfeld von Ernsthofen bei Steyr (Farbabb. 21). Es gibt aber auch Objekte mit christlichen Symbolen, die keine charakteristischen zeitlichen Merkmale besitzen, wie z. B. Spiegel mit Kreuzen (Farbabb. 21) können nur durch den Fundzusammenhang datiert werden. Die Darstellung christlicher Symbole auf Öllampen sowie auf Tafel- und Gebrauchsgeschirr nimmt vom 4. ins 5. Jahrhundert zu (Abb. 6, 92).

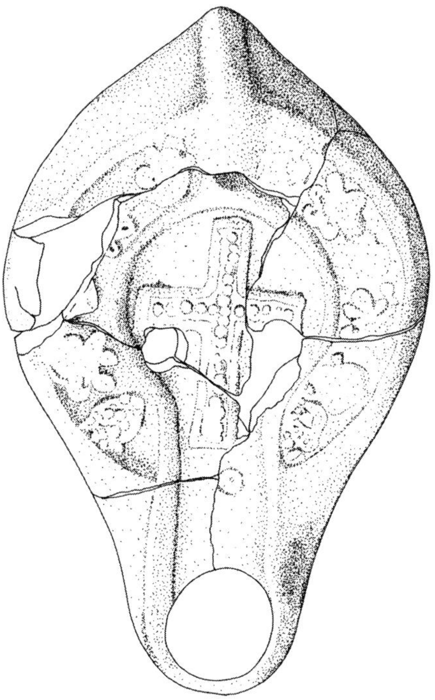

Abb. 6: Tönerne Öllampe mit Kreuz (Kappele).

Frühchristlicher Kirchenbau im Alpenraum

Als im Alpenraum die ersten Kirchenbauten errichtet wurden, standen bereits in Rom, in Konstantinopel und im Heiligen Land die großen mehrschiffigen Basiliken der konstantinischen Zeit. Bei einigen dieser gewaltigen Bauprojekte traten Kaiser Konstantin (306–337) oder seine Mutter Helena selbst als Stifter auf. Während der Herrschaft Konstantins entstanden auch in der Metropole des oberen Adriaraumes, in Aquileia, um 310/320 die ersten Kirchenbauten. Im westlichen Alpenraum wurden die ersten monumentalen Sakralbauten in größeren und stark romanisierten Städten (wie Genf) um die Mitte des 4. Jahrhunderts errichtet. Im Ostalpenraum dagegen ist nach den bisherigen Kenntnissen eine derartige Bautätigkeit zu jener Zeit nicht bekannt.

Gottesdienst im Privathaus

Vor Beginn der Errichtung der monumentalen Kirchen benutzten die Christen Räume in Privathäusern, um den Gottesdienst zu feiern. Vielfach wird in diesem Zusammenhang von Hauskirchen gesprochen. Der Begriff ist nur dann passend, wenn eine entsprechende liturgische Einrichtung (z. B. Taufbecken) und christliche Wandmalereien erhalten sind. Im Alpenraum gab es bisher leider noch keine derartigen günstigen Fundumstände.

Nur aufgrund der Platzwahl für spätere Kirchbauten kann man gewisse Rückschlüsse ziehen und Vermutungen anstellen. Als Beispiele seien hier die großen palastartigen Gebäude im Zentrum von Aosta (s. S. 194 ff.) oder im Nordosten der spätantiken Stadt Genf (s. S. 178 ff.) angeführt. Das Bauwerk in Genf wird vom Ausgräber Ch. Bonnet als Residenz angesehen, die einer bedeutenden Persönlichkeit mit wichtigen städtischen Funktionen gehörte. Einen Teil des zweigeschossigen Gebäudes ließ der Besitzer um die Mitte des 4. Jahrhunderts oder etwas später abbrechen, um eine Kirche mit einem Baptisterium zu errichten. Allein aus diesen Beobachtungen kann man vermuten, daß schon vorher ein Raum der Residenz, der später durch die Kirche überbaut wurde, für den Gottesdienst genutzt wurde.

Tempel und Kirche

Die christliche Kirche unterschied sich vom antiken Tempel wesentlich in der Funktion. Die griechischen und römischen Tempel waren Sitz der Gottheit und ihres Kultbildes, aber oft auch Schatzkammern für die kostbaren Weihegeschenke. Die Opfer fanden auf dem Altar vor dem Tempel statt. Oft reichten für die Verehrung der Gottheit auch eingefriedete Bezirke. Die Kirche dagegen war Versammlungsraum der Christengemeinde und mußte damit allen Gläubigen Platz bieten. Je nach Platzbedarf kam es zu verschiedenen architektonischen Lösungen, zur Errichtung von ein- oder mehrschiffigen Kirchen. Bei allem Unterschied der Kirche zum antiken Tempel darf man die Kultbauten der antiken Mysterienreligionen nicht vergessen. Ihre kultischen Handlungen führten ebenfalls zur Versammlung der Eingeweihten in geschlossenen Räumen. Bekannt ist beispielsweise der große Mysteriensaal im Heiligtum der Demeter und Persephone in Eleusis (Griechenland), in welchem auf quadratischem Grundriß ansteigende Sitzstufen angeordnet waren, um die heiligen Handlungen im Zentrum besser verfolgen zu können. Auch in den orientalischen Mysterienreligionen des persischen Lichtgottes

Mithras oder der kleinasiatischen Muttergottheit Kybele *(Magna Mater)* war es Brauch, daß sich die Anhänger in geschlossenen Räumen trafen. In den Kultbauten der Mithrasverehrer befand sich das Kultbild dem Eingang gegenüber. Für die Eingeweihten waren Bänke an den Längswänden vorgesehen. Diese Kulträume hatten jedoch eher geringe Ausmaße, so daß – je nach Anzahl der Mitglieder – in einer Stadt oft mehrere Versammlungsräume für die einzelnen Mithrasgemeinden nötig waren.

Der Bauplatz für eine Kirche

Entscheidend für den Standort war die Frage, wo die Christengemeinde oder der Stifter ein Areal für den Bau einer Kirche besaßen oder erwerben konnten.
Sehr weit verbreitet ist immer noch die Vorstellung, daß die Christen einfach bereits vorhandene Tempelbauten nutzten. Dabei wird jedoch nicht die rechtliche Situation bedacht: Denn nach dem Verbot des Heidentums war das vom Staat konfiszierte Tempelland, das einst den Kultvereinen gehört hatte, in Fiskalbesitz übergegangen. Erst die zuständige Finanzverwaltung oder der Kaiser selbst konnten dann darüber befinden, ob das Tempelland einer Christengemeinde verkauft oder gar geschenkt würde.

Erfordernisse beim Bau

Nachdem der Bauplatz gewählt war, ging man daran, eine Kirche zu entwerfen, die den Erfordernissen des Kultes und den Bedürfnissen der Gemeinde entsprach. Maßgeblich war, einen Altarplatz (Presbyterium) mit den Priestersitzen im Ostteil der Kirche vom Laienraum abzutrennen. Ferner mußten Märtyrerreliquien unter dem Altar oder in einem eigenen Raum (Kapelle) bzw. in einem Raumteil (Apsis) untergebracht werden können. Eine Sakristei war notwendig zur Vorbereitung der Liturgiefeier und zur Aufbewahrung des notwendigen Kultgerätes. Ein Vorraum (Narthex) sollte als Aufenthaltsraum für die Taufbewerber während der Eucharistiefeier dienen. War in kleineren Gemeinden kein eigenes Armen- und Gästehaus (Xenodocheion) vorhanden, so waren Nebenräume der Kirche nützlich, um die karitativen Aufgaben erfüllen zu können.
Im allgemeinen entschieden sich im Alpenraum der Auftraggeber und der entwerfende Baumeister für einen langgestreckten Saal, der ostseitig mit einer geraden Wand (gerader Chorschluß) oder mit einer Apsis (Chorhaupt) abgeschlossen war. Darüber hinaus wurden oft querhausähnliche Räume (Querannexe) angefügt, so daß sich ein etwa kreuzförmiger Grundriß des Kirchenbaus ergab. Anspruchsvollere Baukonzepte finden sich erwartungsgemäß in den Städten und an Pilgerorten. Der Entwurf des Architekten war natürlich nicht allein von dessen Fähigkeiten abhängig, sondern auch von den finanziellen Möglichkeiten einer Christengemeinde oder der Stifter.
Die Dimensionen der christlichen Sakralbauten im Alpenraum waren zudem auf die geringere Bevölkerungsdichte bzw. geringere Einwohnerzahl der Siedlungen abgestimmt, wenn man einmal von Wallfahrtskirchen absieht. Meist genügten deshalb einschiffige Kirchenbauten.

Die Ausrichtung der Kirche

Im Alpenraum dominierte der Langhausbau gegenüber dem Zentralbau. Die Längserstreckung der Kirchen bedeutete auch Ausrichtung, denn bestimmten Himmelsrichtungen maß man einen besonderen Symbolwert bei. Laut Schöpfungsgeschichte im Alten Testament hatte Gott das Paradies gegen Sonnenaufgang gesetzt. Die Kirchenväter betonten, daß deshalb die Gläubigen beim Gebet nach Osten schauen sollten. Diese Blickrichtung gegen das Paradies hin war für die Lebenden beim Gottesdienst ebenso maßgeblich wie für die Toten in den Gräbern. Die Beobachtung an der Lage der Skelette bestätigt dies. Auch die Kirchen im Alpenraum sind so angelegt, daß der Gläubige nach Osten blickt: d. h. Altar und Priestersitze befinden sich grundsätzlich im Ostteil des Gotteshauses (s. Umschlag). Im Gegensatz dazu besitzen die frühen Kirchen Roms noch nicht dieses Merkmal: die Peterskirche im Vatikan beispielsweise zeigt den Altar im Westen, d. h. dort blickten nur die Kleriker nach Osten, nicht aber die Gläubigen.

Baumaterial, Materialbeschaffung, Bauleute

Die Kirchen und die zugehörigen Gebäude sind die letzten Großprojekte der römischen Architektur im Alpenraum, wenn man vom Befestigungsmauerbau absieht. Als repräsentative Gebäude wurden sie in römischer Tradition aus Stein errichtet. Nur für *Quintanis* (Künzing, Bayern) wird außerhalb der Kastellmauern eine Holzkirche auf einem Pfahlrost im Überschwemmungsgebiet der Donau überliefert.

Standen Bauplatz und Bauplan fest, wurden die nötigen Baufachleute wie Maurer, Steinmetzen, Mosaizisten und Hilfskräfte angeworben. Für Großbauprojekte mußten – wie so oft in der Antike – Spezialisten aus entfernteren Regionen herangezogen werden. Als nächstes ging man daran, das benötigte Steinmaterial zu beschaffen. Dieses stammte im 5. und 6. Jahrhundert vorzugsweise von verlassenen Siedlungen oder von älteren römischen Grabbauten, die oft aus Marmor errichtet waren. Dadurch ersparte man sich die schwere Arbeit im Steinbruch. Im Frühjahr begann man dann, mit Wägen das Material zum Bauplatz zu transportieren. Für besonders exponierte Höhenbefestigungen mußten wahrscheinlich Tragtierkolonnen benützt werden.

Fundamente und Mauerhöhe

Die Umsetzung des Bauplanes auf die Baufläche war der nächste Schritt: Der Grundriß wurde mit Hilfe von Holzpflöcken und Schnüren abgesteckt, wobei die fünf Pythagoräischen Rechtecke zur Anwendung kamen (vgl. S. 38 f.). Der rechte Winkel kommt dabei jedoch nur zustande, wenn in der Ebene gemessen wird. Wurde dieser Faktor nicht berücksichtigt und der rechte Winkel einfach am schräg abfallenden Hang aufgetragen, ergab sich daraus eine Verzerrung. Das ist auch der Grund, warum die Mauern am Hang spitze und stumpfe Winkel zueinander bilden und jene auf dem benachbarten Plateau rechte Winkel besitzen (Abb. 42). Im Hanggelände waren Anschüttungen für ebene Bodenflächen notwendig und mit großem Arbeitsaufwand verbunden. Deshalb ließ man manchmal die zum Hang parallel geführten Mauern vom rechten Winkel abweichen, um dadurch Arbeit und Anschüttungsmaterial zu sparen. Für die östliche Doppelkirche auf dem Hemmaberg beispielsweise trug man den Felsen ab und legte den Boden der zweiten Kirche um ca. einen Meter tiefer, um sich dadurch ca. 160 Kubikmeter Anschüttung zu ersparen. Dennoch mußten Erdmaterial, Lehm und Felssplitt im Ausmaß von ca. 200 Kubikmetern mit Ochsenkarren herangeschafft werden. Die Menge entspricht nach heutigen Begriffen ca. 40 großen Lastwagen. Da auf der Bergkuppe kaum Erde vorhanden war, mußte das Material zudem von unten nach oben geschafft werden.

Je nach Bautrupp wurden die Fundamentgruben mit unterschiedlicher Sorgfalt angelegt. Auf dem Hemmaberg schlug man aus dem Felsen Fundamentgruben für die Mauern heraus, während man in Teurnia die Mauern auf den eingeebneten Lehm und Schotterboden setzte und außen die Mauerunterkante durch eine Anschüttung vor Ausschwemmung schützte. Niedrige Bänke, die an verschiedenen Stellen in manchen Kir-

chen vorkommen, dienten nicht in erster Linie zum Sitzen, sondern zur Verstärkung des Mauerfußes gegen den Hangdruck.
Der gebrannte Kalk mußte von Hilfskräften an Ort und Stelle in Holztrögen gelöscht werden. Der noch heiße gelöschte Kalk wurde sofort mit Sand versetzt und verarbeitet, wodurch man eine größere Festigkeit erreichte. Gelegentlich verwendete man auch Erdmörtel, ein Gemisch aus Lehm, Sand und Wasser.
Für das Aufziehen der Mauern benützte man meist keine Ständergerüste, sondern die Handwerker setzten Holzbalken in das Mauerwerk ein, auf die sie Bretter als Standfläche legten. Beim Abtragen des Gerüstes mußten die Balkenlöcher verschlossen werden.
Da die Archäologen meist nur die Grundmauern oder die untersten Mauerabschnitte vorfinden, ergibt sich immer wieder die Frage nach der Bauhöhe der Kirchen. Grundsätzlich ist sie von der Qualität des Steinmaterials, aber vor allem von den Lagerflächen der Steine und ihrer Fügung abhängig. Berechnet man nach heutigen technischen Normen die Bauhöhen für ein Bruchsteinmauerwerk mittlerer Qualität, so ergibt sich bei einer gebräuchlichen Mauerstärke von 60 cm (= 2 römische Fuß) eine Bauhöhe von 6,48 m. Dieses Maß bestätigt beispielsweise eine erhaltene Kirchenmauer in Jaz in Dalmatien, in welcher noch kleine Bogenfenster erhalten waren. Bei der Kirche in Sitten (s. S. 191 ff.) beobachtete der Archäologe an der umgefallenen Giebelwand ein Bogenfenster in einer ursprünglichen Höhe von ca. 7,50 m. Doch dort war eine Mauerstärke von 80 cm vorhanden, mit der man eine Bauhöhe von mehr als 10 m hätte erreichen können. Bei der Kirche S. Maria delle Grazie in Grado beispielsweise sind die Seitenschiffmauern ca. 6,50 m hoch bei einer Mauerstärke von 60 cm. Die größere Höhe des Mittelschiffes wurde erreicht, indem die Säulen und Bögen gleichsam das »Fundament« bildeten und die Mauer »wie auf Stelzen hochhoben«.

Die Fenster

Als Fenster wählte man bogenförmige Öffnungen, in welche Holzrahmen mit Gitterrost eingesetzt wurden. In den Feldern des Rostes befestigte man mittels flacher Metallstifte in der Regel kleine Fensterscheiben (ca. 20 × 20 cm) aus gelb-grünlichem Glas. Da aber Glasscheibenfunde in vielen Kirchen des Alpenraumes fehlen, muß man damit rechnen, daß ersatzweise auch dünn geschabte, aufgespannte Tierhäute (Pergament) gedämpftes Licht in den Raum fallen ließen. In der Apsis der Bischofskirche in Teurnia waren nur in den Fenstern der Apsis Glasscheiben in verschiedenen Farben eingesetzt. Solche Fenster waren natürlich kostbar und deshalb auch das Ziel von Diebstählen, wie uns Bischof Gregor von Tours berichtet.
Durch die Anordnung der Fenster konnte der Architekt gewisse Raumteile durch den Lichteinfall besonders betonen, wie z. B. den Altarraum, oder auch den Platz des Märtyrergrabes in mystisches Dunkel tauchen.

Das Dach

Die Dachdeckung der meisten Kirchen des Alpenraumes erfolgte durch Holzschindeln; nur in Genf fanden noch gebrannte Dachziegel Verwendung. Als Dachneigung kann man sich gut eine Schräge von 30 Grad vorstellen. Die Spannweiten der Dachkonstruktion betrugen im allgemeinen ca. 8 bis 9 Meter, was auch noch heute der gebräuchlichen Bauholzlänge entspricht. Aber auch doppelt so große Spannweiten, wie z. B. in Genf, konnten schon mittels spezieller Konstruktion und Balkenverbindungen bewältigt werden.

Böden und Mosaike

Erst wenn die steingebaute Kirche innen verputzt war, verlegte man die Böden. Meist war es ein Mörtelestrich, der auf einem Pfla-

ster aus Kugelsteinen (Rollierung, Bürste) aufgetragen wurde. Wie in den vorangegangenen Jahrhunderten mischten die Handwerker dem Mörtel Ziegelsplitt bei, um höhere Festigkeit zu erreichen.
Um gewisse Bereiche wie Altarraum oder ein Märtyrergrab hervorzuheben, bevorzugte man den Wechsel des Materials. War der Kirchenboden in Ziegelsplittestrich ausgeführt, verwendete man für den Boden der Apsis mit dem Märtyrergrab einen Mosaikbelag (Abb. 43). War der Boden des Kirchen- oder Kapellenraumes aus Mosaik gefertigt, wurden im Presbyterium oder in der Apsis (Abb. 7) Marmorplatten verlegt. Gelegentlich bekam der Altarraum Mosaikschmuck oder einen Marmorboden im Gegensatz zum Ziegelsplittestrich des Kirchenraumes (Abb. 43). Ebenso setzte man verschiedenfarbiges Gestein in dekorativer Weise als Bodenbelag ein. Die Gliederung der einzelnen Mosaikfelder nahm Bezug auf den Aufbau des Presbyteriums (s. S. 114) oder hob beispielsweise durch einen betonten Mittelstreifen den Weg von der Kirchentür zum Altar besonders hervor (Abb. 20).

Abb. 7: Schranke und Apsis mit Altar (5. Jahrhundert) in Teurnia, Kirche außerhalb der Stadtmauer.

Da in den Kirchen des Alpenraumes im Laufe von zwei Jahrhunderten (5./6. Jh.) nur wenige Mosaikböden verlegt wurden und private Auftraggeber völlig ausfielen, hätten keine einheimischen Werkstätten von diesem Spezialgewerbe leben können. Man mußte deshalb Fachleute aus den größeren Städten Italiens, beispielsweise aus dem oberen Adria-Gebiet, kommen lassen. Diese Werkleute besorgten sich dann geeignetes farbiges Kalksteinmaterial am Ort der Baustelle, die bunten Glasflußsteinchen hatten sie bereits mitgebracht. Drei bis fünf verschiedene Farben waren schon notwendig, wobei für Rot meist Ziegel zugeschlagen wurden.
Die Steinchen hatten im Idealfall eine Fläche von ca. 1 cm^2 und eine Länge von 2 cm. Da beim Zuschlagen jedoch keine völlig gleich großen Steinchen entstanden, sortierten sie die Handwerker nach Größe. Für kleinteilige Muster verwendeten sie dann die kleineren und zum Ausfüllen von Flächen die größeren Steinchen. Um bei-

spielsweise das glänzende Federkleid eines Pfaues wiederzugeben (Farbabb. 8), kamen bunte Glasflußmosaiksteinchen zur Anwendung, wie sie ansonsten in Wandmosaiken gebräuchlich waren.
Das Grundgerüst des Mosaikbodens bildete fast immer ein geometrischer Raster, der in Ritzlinien auf den fertigen Mörtelestrich vorgezeichnet wurde. Die dazu passenden Schablonen mußten aus dünnen Holzbrettern oder aus Bleiblechen ausgeschnitten werden. Danach begannen die Spezialisten mit dem abschnittweisen Auftragen einer dünnen Schicht Kalkmörtel. Die Steinchen setzten sie zuerst in die Schablonenausschnitte und anschließend füllten sie die verbleibenden Zwischenräume (Abb. 8, 41, 72). Es ist nicht auszuschließen, daß zum Beispiel ein Feld mit kompliziertem Tiermotiv zunächst auf Leinen verleimt und dann als Ganzes in das Mörtelbett gesetzt wurde. Nach dem Abbinden des Mörtels konnte der Leim gelöst und das Leinen abgezogen werden.

Abb. 8: St. Stepan in Chur: Rekonstruktion des Mosaiks zwischen Klerusbank und Apsis.

In den meisten bekannten Mosaikböden überwiegen Muster aus rein geometrischen Formen wie Quadraten, Rechtecken, Dreiecken, Rauten, Kreisen und Kurvenelementen. In diese kleinteiligen geometrischen Flächen wurden stilisierte Blüten, Blätter, Gefäße, Sterne, Kreuze, Flechtbandknoten usw. gesetzt, wie dies die Böden in Celje, Ljubljana, Zuglio, Invillino, Trient, Doss Trento oder die westliche Doppelkirche auf dem Hemmaberg zeigen. Die Linie ist ein dominierendes Element in diesen Mosaiken. Dieses stilistische Element war nicht werkstattabhängig, denn die Böden auf dem Hemmaberg (östliche Doppelkirche) und in Celje zeigen, daß dieselben Werkleute auch Flechtbandmuster ausführten: Die einzelnen geometrischen Felder, wie Kreise und Quadrate, werden von sich verknotenden Bändern gerahmt und die Linie tritt zurück. Je nach Größe wurden die Felder mit stilisierten Blüten, Blättern, Kreuzen usw. oder mit Vogelmotiven gefüllt (s. z.B. Hemmaberg, S. 114). Abgesehen vom Pfau, der als Ewigkeitssymbol gilt, verwendete man den erhaltenen Teilen zufolge durchwegs Wasservögel (Farbabb. 8, 9). Das Motiv der Wasservögel soll sich von den römischen Darstellungen der Nillandschaften herleiten, die der Inbegriff der intakten Natur und des angenehmen Aufenthaltsortes waren. In christlichem Sinn wäre das Motiv zur Paradiesesdarstellung geworden. Das Gefieder wird durch farbige Steinreihen oder Flächen angegeben, um gewisse Charakteristika der Vogelart darzustellen, wie z. B. die roten Federn am Kopf des Kranichs (Farbabb. 9). Gleichzeitig wird mit dieser Art der Gliederung des Federkleides und der schwarzen Umrißlinie noch eine Andeutung von Plastizität erzeugt.

Die Bänder, welche die Feldumrahmungen bilden, konnten zusätzlich ornamental gestaltet werden, indem ihnen Reihen von Dreiecken, Spiralornamenten oder ein Flechtband eingefügt wurden.

Als dritte Gattung kommen gebundene und freie vegetabile (pflanzliche) Ornamente vor. Stilisierte Blattformen wurden im ersten Fall einer sternförmigen Anordnung eingebunden und zu einem unendlich fortsetzbaren Muster gestaltet (Abb. 71). Im zweiten Fall verteilten sich Weinranken frei über die Bodenfläche und waren geeignet, sich dem Halbrund der Klerusbank und den geraden Kirchenwänden anzupassen, ohne daß ein abrupter Schnitt im Verlauf des Ornamentes notwendig war. Die Weinblätter sind zu Dreiecken stilisiert, die Trauben dagegen zeigen durch ihre schwarze Umrandung, farbigen Steinchen und durch die weißen Steinchen als Glanzpunkte eine gewisse Plastizität.

In das Ornamentsystem hatte man immer wieder harmonisch Felder mit den Namen der Stifter und der Größenangabe der bezahlten Mosaikfläche eingefügt.

Eine völlig andere Zielsetzung als bei den bisher genannten Mosaikmotiven verfolgte der Auftraggeber, der Statthalter Ursus, bei der Gestaltung des Mosaikbodens in der Gedächtniskapelle an der Kirche außerhalb der Stadtmauern in Teurnia/St. Peter in Holz (s. S. 136ff.). In keinem der 12 Felder wiederholt sich hier ein Tiersymbol. Der Stifter hatte wahrscheinlich mit dem Bischof der Stadt oder einem anderen theologisch gebildeten Kleriker das Bildprogramm festgelegt. Nicht bei jedem Motiv konnte der Handwerker allerdings auf eine Vorlage zurückgreifen, so daß gerade Tiere in ihrer Darstellung eine unterschiedliche Qualität aufweisen. Steht bei den Tieren auf dem Hemmaberg beispielsweise das zeichnerische Element im Umriß und in der Innengliederung des Tierkörpers im Vordergrund, so dominiert bei der Tierdarstellung in Teurnia die reine Fläche. Durch dieses Maß an Abstraktion kommt der plakative Charakter des Bildes zustande (Farbabb. 13). Wenn Kirchenväter über Kunst sprechen, geht es stets um den Sinngehalt, aber nie um die Ausführung, den Stil oder die Qualität. Diese Haltung kommt deutlich in den Tierdarstellungen zum Ausdruck. Die ornamentalen Teile wie die Randbordüren sind nicht konsequent durchgestaltet; sie sind Nebensache im Vergleich zu den sonstigen Mosaikfeldern.

Das Vorkommen von Mosaiken ist im allgemeinen mit wirtschaftlicher Prosperität verbunden. Bei den Mosaikausstattungen in den Kirchen kommt es auf die Finanzkraft der Stifter bzw. eines größeren Kreises von Stiftern an. Daher ist es kein Zufall, daß in den größeren Städten Celeia, Emona (Ljubljana) und Tridentum (Trient) die Sakralbauten eine derartige kostspielige Ausstattung erhielten. Im Gegensatz dazu und im Vergleich zu Zuglio und Invillino zeigen die Bischofssitze Teurnia und Genf nur jeweils in einem kleineren Raum einen Mosaikbelag. Die Gründe dafür sind kaum zu erfassen. Die prinzipielle Einstellung dieser Bischöfe mochte vielleicht das Geld besser in der Armenpflege angelegt wissen als in Mosaikböden. Auffällig ist im genannten Rahmen die reiche Mosaikausstattung auf dem Hemmaberg, die aber an einem Wallfahrtsort verständlich ist.

Von Wandmosaiken blieben nur in einer Nische über dem Aufbewahrungsort der Reliquien in der Grabkammer von St. Stephan in Chur maximal elf Steinreihen erhalten (Abb. 74). Die Überreste reichten jedoch aus, um anhand von Parallelen eine Darstellung des Gotteslammes auf dem Paradiesberg mit den vier Flüssen zu rekonstruieren.

Die Schrankenanlage des Prebyteriums

Der Altarraum (Presbyterium) wurde an der Ostseite von der halbrunden Klerusbank und an den anderen drei Seiten von einer Schrankenanlage begrenzt. Im Alpenraum war sie meist aus Holz gefertigt und bestand aus brusthohen geschnitzten Tafeln zwischen Holzpfeilern, die einen Architrav trugen (Abb. 55). Die seltenere Ausführung in Marmor bestand aus brusthohen reliefierten Platten und niedrigen Pfeilern mit eingezapften Säulchen (Abb. 12), die ebenfalls einen Architrav trugen (Abb. 9). Ebenso wie die Mosaikspezialisten holte man daher auch die Steinmetzen oft aus entfernteren Gebieten, da die meisten Marmorbrüche wegen der geringen Nachfrage nicht mehr in Betrieb waren. An manchen Platten (z. B. in Teurnia) läßt sich erkennen, daß sie aus einem älteren Werkstück gearbeitet wurden. Säulen von Grabbauten fanden Aufstellung in der Kirche und bekamen gelegentlich ein zu großes Kapitell von einer Tempelsäule. Für die Marmorausstattung einer Kirche war offensichtlich entscheidend, ob man bereits in der Stadt das dazu notwendige Material von älteren Bauten verwenden konnte.

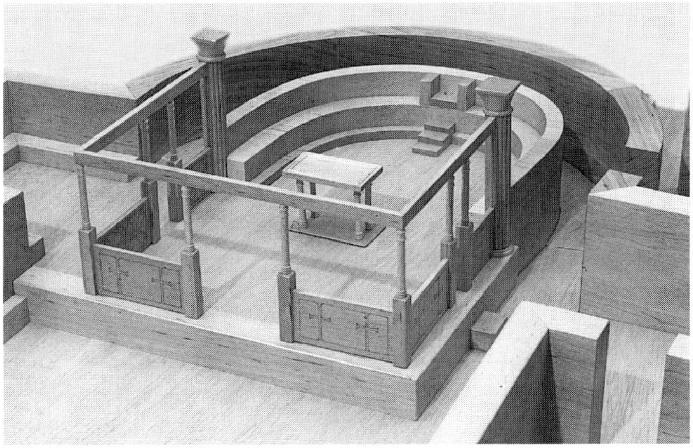

Abb. 9: Altarraum mit Schrankenanlage und Klerusbank. Modell der Bischofskirche (1. Bauperiode) in Teurnia.

Die Reliefs der Schrankenplatten hatten gleichsam nur zwei Ebenen: den Grund und die erhabene Darstellung. Die Platten sind beidseitig reliefiert. In der Bischofskirche von Teurnia zeigen sie altarseitig ein Ornament aus sich schneidenden Kreisen und nach außen ein Kreuz. In der Kirche außerhalb der Stadtmauern von Teurnia kommt ein gleichartiger Dekor vor (Abb. 10), aber auch tangierende Kreise oder ein Christusmonogramm [⚹ = I(esus) X = Ch(ristus)]. Tiermotive lassen sich auf drei weiteren Fragmenten erkennen: zwei Vögel in gegenständiger Anordnung auf den waagrechten Kreuzesbalken oder zwei Lämmer unter dem Kreuz. Zusätzlich wurden die verbleibenden Flächen mit Rosetten oder Blüten gefüllt. Auf das Wort Christi »Ich bin der Anfang und das Ende« spielen der erste (Alpha) und letzte Buchstabe (Omega) des griechischen Alphabets unter den Kreuzbalken an. Eine Plattenseite zeigt ein Flechtband mit Rosetten als Rahmung, ein anderes Stück ein Weinrankenmotiv mit Vögeln. Das letztere

a)

d)

b)

e)

c)

f)

Abb. 10: Schrankenplatten in der Kirche außerhalb der Stadtmauer in Teurnia (a–d, f) und Ambonplatte aus dem Baptisterium der Kathedrale von Aosta (e).

Motiv symbolisiert das Wort Jesu »Ich bin der Weinstock und das Leben«: Im Umriß der Vögel wird das Gefieder der Flügel und des Schwanzes riefenartig wiedergegeben. Die beiden Tierdarstellungen auf einer Ambonenplatte der Kathedrale in Aosta dagegen sind flächenhaft und soweit abstrahiert, daß die Art des dargestellten Säugetiers nicht mehr zu identifizieren ist (Abb. 10). Das Kreuz und die Randbordüre werden durch Kreis-, Kurven- und Rankenornamente gegliedert. Die Tendenz zur Betonung der Kontur oder zur Flächenhaftigkeit (bzw. Pseudoplastizität) sind wie im Mosaik so auch im Relief stilistische Merkmale der spätantiken Kunst im Alpenraum.

Der Altar

Die gebräuchlichste Form des Altares im Alpenraum war die des Tisches. (Selten ist nur ein aus Bruchsteinen aufgemauerter Altarblock bezeugt). Die marmorne Tischplatte mit profiliertem Rand ruhte auf einem dicken Säulenschaft (Abb. 7) oder auf vier Säulchen, die in eine Basisplatte eingezapft waren (Abb. 18). Eine Reliefverzierung – ein Kreis mit einem Christogramm – auf einer Altarbasisplatte ist bisher nur in der Kirche von Imst (s. S. 151) bekannt (Abb. 13d). Die Säulchen von Altartischen und solche auf den halbhohen Schrankenpfeilern sind mit kaum 10 cm Durchmesser sehr zart gearbeitet, und weisen eine profilierte Basis und ein Blattkapitell auf (Abb. 11). Im Fall von Teurnia (s. S. 133ff.) kommen in den beiden Kirchen die gleichen Kapitellformen vor wie in Aquileia und Concordia, was auf die Herkunft der Werkleute aus dem oberen Adriagebiet hinweist.

Reliquienkammern und Reliquienschreine

Den Höhepunkt der Kirchweihe stellte die Beisetzung der Reliquien dar (s. S. 41f.). Dementsprechend war nicht nur die Kammer unter dem Altar als »Miniaturgruft« bzw. Miniaturmausoleum gestaltet (Abb. 12), sondern auch der Behälter ahmte meist in verkleinerter Gestalt die Form eines Sarkophages nach (Abb. 13). Als Material wurde Marmor oder Kalkstein gewählt. Gelegentlich waren an den vorspringenden Ecken (Akrotere) des dachförmigen Deckels Kreuze eingemeißelt, in einem Fall – wie in Pergine – sogar die Ziegel des Daches angedeutet. Nur selten lassen sich über die Herkunft der Reliquiare Vermutungen anstellen, wenn nicht wie in Pergine oder auf dem Hemmaberg eine besondere künstlerische Technik zur Anwendung kam. Die vertieften Reliefflächen um die Kreuze wurden mit dem Meißel (Zahneisen) rauh bearbeitet, damit darauf farbiger Stuck besser haftete (Abb. 13). Im Fall des Reliquienschreines vom Hemmabeg war es roter Stuck, der Steineinlegearbeit nachahmen sollte. Am

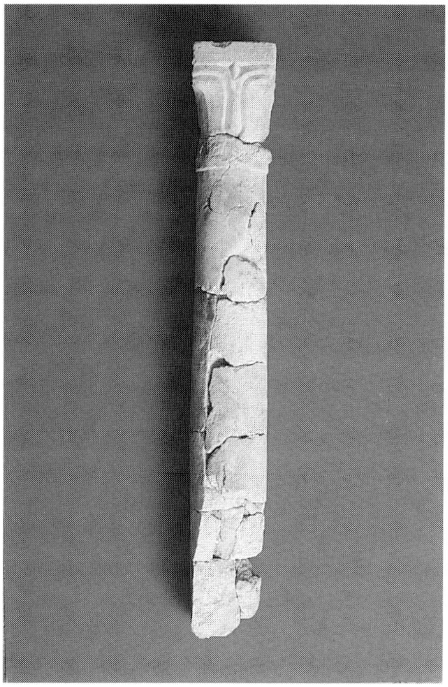

Abb. 11: Säulchen vom Altartisch oder von der Schrankenanlage der Bischofskirche von Teurnia, vgl. Umschlagmotiv.

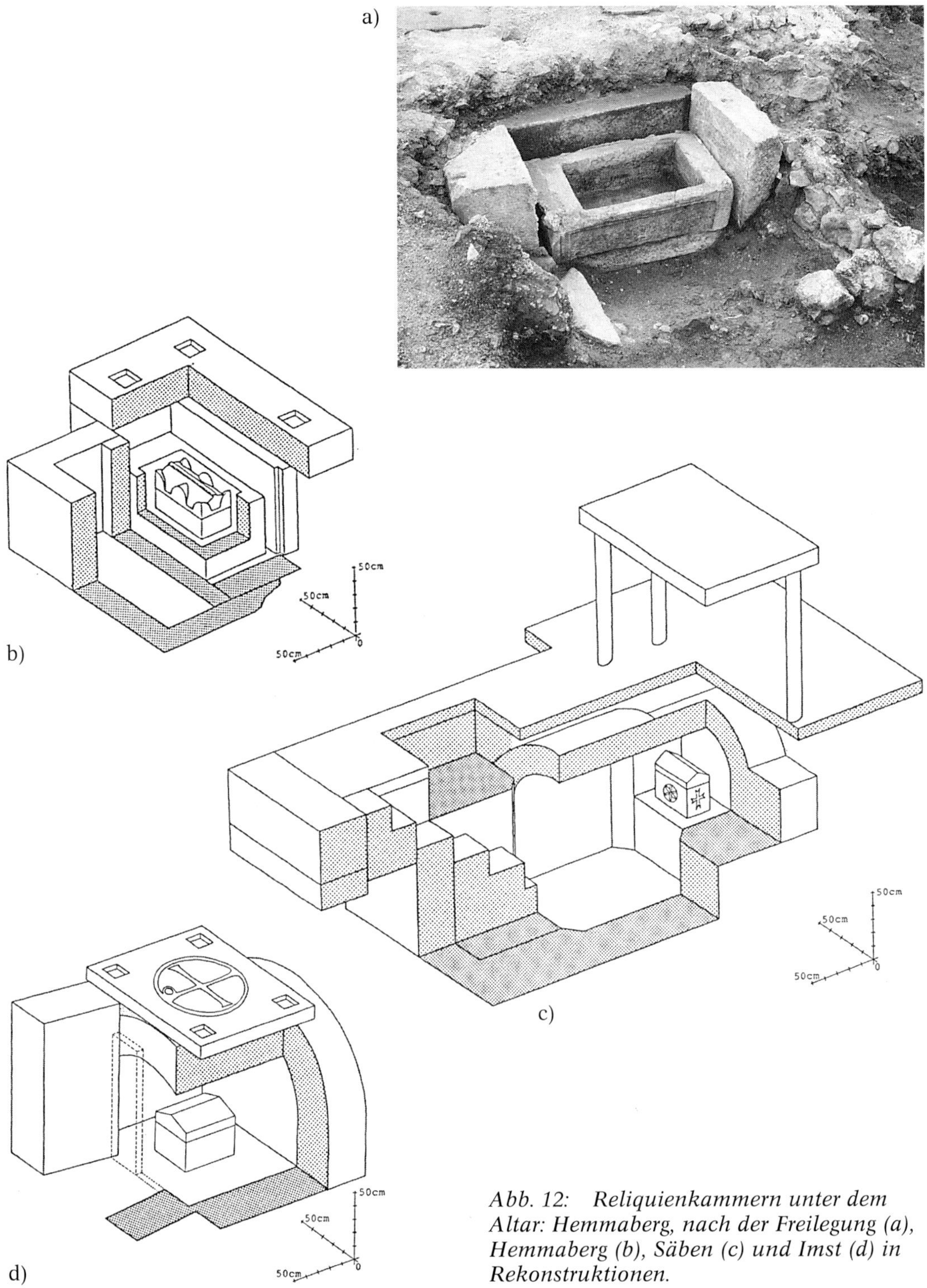

Abb. 12: Reliquienkammern unter dem Altar: Hemmaberg, nach der Freilegung (a), Hemmaberg (b), Säben (c) und Imst (d) in Rekonstruktionen.

häufigsten kommt diese Technik in Syrien und Zypern vor, ist aber auch vereinzelt in den Gegenden rings um das Mittelmeer zu finden.

Abb. 13: Reliquienkästchen von Hemmaberg, Rekonstruktion. Vertiefte Reliefflächen besaßen ursprünglich roten Stuck.

Selten erhielt eine Christengemeinde alle Gebeine eines Märtyrers, sondern nur kleine Teilchen, die in Stoffstücke eingewickelt waren. Reste solcher Stoffe aus frühchristlicher Zeit haben sich in St-Maurice und in Lorch erhalten (Abb. 14). Die Reliquienteilchen wurden dann in kleine Behälter aus Edelmetall (Umschlagrückseite) oder Elfenbein (Abb. 50) gelegt. Als Ersatz für das kostbare Elfenbein konnten auch ornamental verzierte Knochenplättchen dienen, die mit Stiften auf Holz montiert wurden (Abb. 66). Manche dieser kleinen Kästchen aus Holz mit Elfenbeinzierat, Schloß, Henkel und Kantenbeschlägen glichen zeitgleichen Schmuckkästchen (Farbabb. 5). Auch Glasgefäße fanden als Reliquienbehältnisse Verwendung.

Abb. 14: Stoffreste von der Umhüllung der Reliquien in St-Maurice.

Wandmalerei

Überreste von Wandmalereien sind leider nur sehr fragmentarisch erhalten geblieben, weil das Steinmaterial der meisten Kirchenruinen in den späteren Jahrhunderten abgetragen und für den Bau von Häusern in der Umgebung oder auch für Kirchenneubauten wiederverwendet wurde.
Die Farben trugen die Handwerker auf den noch nassen Kalkverputz (Fresko) auf, wodurch sich die Kalksinterschicht über die Farben legte und nach dem Abbinden des Mörtels die Farbpigmente schützte. Allerdings fehlte bei den Fresken die dünne Malschicht aus Marmormehl, die in den vorangegangenen Jahrhunderten ein Charakteristikum der römischen Wandmalerei darstellte. In manchen Fällen malte man auch auf den trockenen Verputz (al secco), beispielsweise um an bereits fertiggestellten Fresken Korrekturen vorzunehmen oder um beschädigte Fresken auszubessern.
Bei einigen Kirchen läßt sich feststellen, daß die Malerei auf den Bereich der Apsis beschränkt ist. In den Kirchen von Laubendorf und Pfaffenhofen (s. S. 130f. u. 150

sollte die Bemalung an der Klerusbank und an der Kathedra bunten Marmor nachahmen. In Zirl (Martinsbühel) war die Priesterbank ganz in Rot gehalten. In Duel war entweder die Zone der Rückenlehne der Klerusbank oder der Abschnitt darüber bis zu den Fensterunterkanten mit der Imitation von Marmoreinlegearbeit bemalt. Schmale Felder mit rot-gelber Marmorierung wechselten mit breiteren weißen oder blau-grün marmorierten Flächen. Schmale Streifen aus schwarzem Marmor rahmten die Rechtecke und teilten die größeren Platten durch einen diagonalen Verlauf. Eine Vorstellung von den verlorenen Marmormalereien können uns die bunten Stein- und Perlmutteinlegearbeiten in der Apsis der Kirche von Parentium (Poreč) in Istrien bieten. Der obere Rand der vertikalen Felder wird durch Friesstreifen unterhalb der Fenster abgeschlossen. Fragmente von Friesbändern in Form eines Kreisdekors, den man mit dem Zirkel in den nassen Verputz ritzte und anschließend bemalte, sind aus den Kirchen auf dem Ajdna und in Teurnia (Bischofskirche, 2. Bauperiode) bekannt.

In der Apsis der Bischofskirche (2. Bauperiode) war nur über dem Bischofsthron ein gerahmtes Bild einer Heiligen in Lebensgröße gemalt. Sie ist in höfischer Tracht dargestellt, trägt ein blaues Kleid und über der Haube ein edelsteinbesetztes Diadem. Das Gesichtsfragment zeigt ikonenhaft große Augen (Farbabb. 6b). Neben der Heiligen stand eine unterlebensgroße Stifterfigur. Den Hintergrund bildete eine Landschaft mit Büschen, Blütenknospen oder Früchten. Das Bild befand sich in der Zone der Fenster, deren Kanten mit roten und grünen Streifen bemalt waren. Unterhalb der Fensterkanten verlief vermutlich der bereits genannte Fries. Zwischen diesem und der Rückenlehne der Klerusbank befand sich eine rötlich gesprenkelte Marmorimiation. Eine weiße Rückenlehne war im Verputz abgesetzt und ihre obere Kante von einem roten Streifen begleitet. Singulär ist bislang die malerische Verzierung einer Schrankenanlage in Form eines Netzwerkes auf dem Verputz eines Rutengeflechtes in Zurzach.

Die an der Wand erhaltenen Malereifragmente des bischöflichen Mausoleums von St. Stephan in Chur lassen uns die gesamte Ausgestaltung erkennen. An der Wand gegenüber dem Eingang waren sechs Heilige oder Apostel im Bogenfeld (Lünette) dargestellt, die vielleicht einem Kreuz in der Mitte oder dem Gotteslamm in der Wandnische huldigten (Abb. 74). Am Gewölbeansatz verlief rings um die Wände ein gemalter Fries, der bunte Marmoreinlegearbeit nachahmte. Das gesamte Tonnengewölbe bedeckte ein Weinrankenornament mit Vögeln auf rotbraunem Grund. Der Sockel der Längswände war weiß belassen.

Malereireste beobachtete man ebenso in einem Grabbau in Aguntum bei Dölsach. Wenn sich auch die malerische Ausstattung nicht mehr rekonstruieren läßt, so ist sie doch ein Zeichen für die hohe soziale Stellung der Bestatteten.

Von den Malereien in der Märtyrerkapelle an der Kirche außerhalb der Stadtmauern von Teurnia existiert nur noch eine Beschreibung. Danach ahmte die Malerei eine bunte Marmorvertäfelung am Sockel nach. In der Apsis zierten Ranken und Kreise mit Blüten den Sockel. Darüber war noch »grünes Schilf« zu erkennen. Man darf in Analogie zur Bischofskirche vermuten, daß auch hier ein Heiliger oder mehrere Heilige vor einem Landschaftshintergrund dargestellt waren. Ein Rhombennetz auf dunkelblauem Grund mit roten Punkten wurde als »Sternenhimmel« der Decke zugeordnet.

Stifterinschriften gehörten wie in den Mosaiken auch zu den Malereien. Im Alpenraum sind allerdings bislang nur geringe Schriftreste auf den Fresken in der Bischofskirche und in der Märtyrerkapelle in Teurnia gefunden worden.

Textilien

Außer den Textilien, die zum Einwickeln von Reliquien dienten (s. oben), haben sich im Alpenraum keine Stoffe aus dem 5. und 6. Jahrhundert erhalten. Das Vorhandensein von Vorhängen an den Schrankenanlagen des Presbyteriums läßt sich aber anhand von zeitgenössischen Darstellungen wie auf dem Elfenbeinkästchen in Pola erschließen (Abb. 15). Auch manche Durchgänge zwischen Presbyterium und Kirchenwand waren mit Vorhängen verschließbar (Abb. 37, 55). Als Stoffarbe wurde wohl Purpurrot bevorzugt; darauf weisen die Kirchenvorhänge hin, die auf den Mosaiken in *Parentium*/ Poreč oder Ravenna zu sehen sind. Die Mosaike Ravennas zeigen auch, daß der Altar für die Eucharistiefeier mit einem farbigen und darüber mit einem weißen bestickten Tuch bedeckt wurde (Abb. 18). Polster, gelegentlich mit Stickereien versehen, fanden wahrscheinlich auf den Klerusbänken Verwendung.

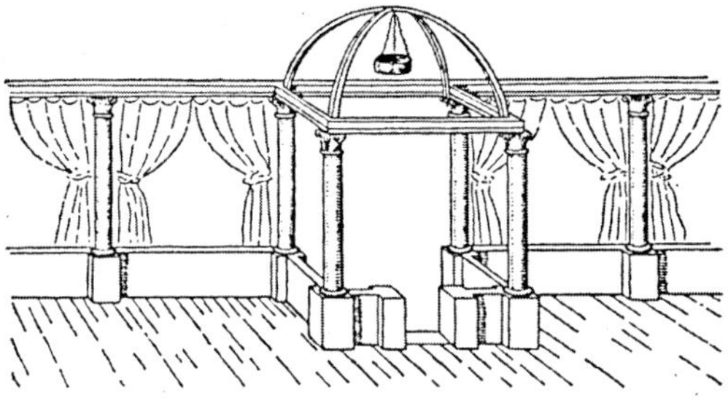

Abb. 15: Darstellung von Altarschranken mit Vorhängen auf einem Elfenbeinkästchen in Pola.

Lampen und Leuchter, liturgische Gefäße

Für die Beleuchtung von Kirchen beim abendlichen Gottesdienst sorgten die Kerzen der Gläubigen, wie aus der Lebensbeschreibung des heiligen Severin hervorgeht. Aber die Funde in den Kirchen bezeugen auch hängende Glaslampen. Es handelt sich um Glasschalen mit drei kleinen henkelförmigen Ösen am Rand. Dazu gehören dreiteilige Bronzeketten mit Haken zum Aufhängen. Eine weitere im Alpenraum nachgewiesene Glaslampengattung war kegelförmig und mit der Spitze in die Ringe eines kreisrunden Metallüsters zu stecken. An solchen Lüstern waren zusätzlich bronzene Anhänger in der Form eines Christogramms mit Alpha und Omega befestigt, wie wir sie aus Vipota bei Celje kennen (Abb. 21).

Vor allem der Altarraum war anscheinend mit Glaslampen beleuchtet, wie die Funde auf dem Hemmaberg oder die Darstellung auf einem Elfenbeinkästchen aus Pola nahelegen. In die Glasschalen füllte man Öl und legte einen Docht mit Schwimmer hinein, so daß das Öl langsam verbrannte. Kostbare Leuchter aus Bronze stifteten Gläubige, wie es zwei seltene Funde aus Rogoznica bei Ptuj zeigen (Abb. 40): Eine durchbrochen gearbeitete Christogrammscheibe war an einem Ständer aus Stein oder Bronze befestigt. In einem Fall ist dem Christogramm eine fünfblättrige Blüte als Kerzenhalter aufgesetzt, beim anderen Stück sind seitlich zwei Hände angeschweißt, welche die blütenförmigen Kerzenträger halten. Die Inschriften am Reif des Monogramms nennen ein Brüderpaar als Stifter des zweiarmigen Leuchters, während Pusinnius den anderen aufgrund eines Gelübdes aufstellen ließ.

Liturgische Gefäße fand man bislang im Alpenraum nicht. Lediglich einen ganz kleinen versilberten Kupfereimer mit unregelmäßig abgeschnittenem und umgebogenem Rand mit zwei Löchern für einen Drahthenkel entdeckte man in der Kirche in Laubendorf. Das Eimerchen ermöglichte den Transport geringer Flüssigkeitsmengen. Ob das Gefäß vor seiner Umarbeitung zu einem kleinen Eimer etwa die Form eines Bechers hatte, bleibt genauso unbekannt wie sein ursprünglicher Verwendungszweck.

Kirchenentwurf und Baumaß

Kirche und römische Architektur

Als im Alpenraum um die Mitte des 4. Jahrhunderts und am beginnenden 5. Jahrhundert die ersten Kirchen entstanden, verfügten die Baumeister christlicher Sakralbauten über ein enormes Repertoire an Formen römischer Architektur. Die Bauten begabter Architekten zeichnen sich durch eigenständige architektonische Lösungen aus. Ausschlaggebend dafür waren – abgesehen von den finanziellen Mitteln und Wünschen des Bauherrn – vor allem Größe und Beschaffenheit des Bauplatzes. So läßt sich auch erklären, daß die ersten Kirchen, die in den Städten errichtet wurden, »schlichtere« Grundrißlösungen aufwiesen als jene Gotteshäuser, die außerhalb der Stadt lagen. Als Beispiele können die Städte Aosta und Teurnia dienen (s. S. 194ff., 131ff.), vor deren Stadtmauern ein ebener und größerer Bauplatz dafür maßgeblich war, daß die Bischöfe hier ihre Begräbniskirche errichten ließen. Aber auch die Hanglage in den befestigten Höhensiedlungen führte zu Beschränkungen in der Grundrißwahl, wenn nicht außerordentliche Mittel für Terrassierungsmaßnahmen aufgewendet werden sollten.

Die Forschung hat längst aufgezeigt, daß Bauformen und Zweck variabel sind. Das heißt, daß man aus gleichen Grundrissen nicht auf gleichartige Nutzung schließen darf. Erst die genauen Beobachtungen im Rauminneren lassen den Zweck erschließen. Als Beispiel seien die Baptisterien genannt: quadratische, achteckige oder außen quadratische und innen achteckige Grundrisse (Zentralbauten) mit oder ohne Apsis wurden dafür ebenso verwendet wie längsrechteckige Saalbauten mit Apsis. Entscheidend für die Deutung als Baptisterium ist einzig der Nachweis eines Taufbeckens, das aber auch in einem bescheidenen Nebenraum einer Kirche vorkommen kann.

Da alle Mittel der bekannten römischen Baugestaltung eingesetzt werden konnten, sind die Grundrisse kein zeitgebundenes oder regionales Merkmal. Es genügt also nicht allein, Grundrisse zu vergleichen, um die spezielle Funktion eines Sakralbaues zu beurteilen.

Die Apsidenkirche

Als weitaus häufigster ostseitiger Abschluß der Kirchensäle kommt auch im Alpenraum in einem Dreiviertel der Fälle die Apsis vor. Die Apsis hatte in der römischen Baukunst die Aufgabe, einen bestimmten Platz im Baukörper zu betonen. Sie dient daher in der Kirche zur Aufnahme der halbrunden Klerusbank oder des Reliquiengrabes. Die Weite der Klerusbank entspricht stets der Breite des umschrankten Presbyteriums, gleichgültig ob die Bank dem Apsisrund angebaut ist oder freisteht. Werden Reliquien in der Apsis untergebracht, erhält sie eine Abschrankung.

Kreuzförmige Kirchen

Von den Apsidenkirchen zeigt wiederum fast die Hälfte vor dem Ansatz der Apsis querschiffähnliche Räume (Querannexe), wie sie im Prinzip bei der Petersbasilika und Lateransbasilika in Rom unter Kaiser Konstantin (306–337) zu beobachten sind. Bei der Kirche S. Croce (Hl. Kreuz) in Ravenna aus der Zeit um 400 wurden die Querannexe erweitert, um die Kreuzform im Baukörper zu betonen. Bekommen die Querannexe eine

Apsidenform wie bei der Bischofskirche (2. Bauperiode) in Teurnia oder beim Baptisterium in Invillino (s. S. 134 u. 90), so spricht man von einem Trikonchos, der ebenfalls zum Repertoire der römischen Architektur gehörte, beispielsweise um in Villen eine besondere Raumwirkung zu erzielen.

Im Alpenraum gibt es nur die Kirche St-Laurent in Aosta (s. S. 196f.), deren kreuzförmigen Schiffe annähernd gleich lang sind. Sie erinnert damit an die großen derartigen Bautypen im östlichen Mittelmeerraum oder an die Apostelkirche in Mailand.

Die Kreuzsymbolik der Basiliken wird von Kirchenvätern im Osten wie im Westen angesprochen. In der Weihinschrift für die Apostelkirche in Mailand nennt Ambrosius die Kreuzform des Gotteshauses und spielt auf den Sieg Christi an. Für Ambrosius allerdings liegt der Sieg in der Überwindung des Arianismus.

Neben der räumlichen Wirkung und der möglichen symbolischen Bedeutung hatten die Querannexe in manchen Fällen auch eine bautechnische Aufgabe wie z. B. in der Bischofskirche (1. Bauperiode) in Teurnia. Hier standen an den Enden der Klerusbank Säulen, die für drei Bögen das Auflager boten (Abb. 9). Um aber den Bogenschub (»Druck«) auf die Längswände abzufangen, waren an dieser Stelle die Mauern des Querannexes notwendig. Für den Entwurf bedeutete dies, daß die Presbyteriumkanten in den gedachten Verlängerungen (Fluchten) der Querannexmauern liegen.

Rechteckige Saalkirchen

Gegenüber den Apsidenkirchen bilden die rechteckigen Saalkirchen einen schlichten kubischen Baukörper mit Satteldach. Gegebenenfalls gliederten etwas niedrigere Anbauten (Narthex und Hallen), Querannex oder Seitenkapellen die Außenansicht. Der gerade ostseitige Abschluß (Chorschluß) der Kirchen wurde nicht nur bei »anspruchslosen« Bauten kleinerer Gemeinden eingesetzt, sondern steht als architektonisches Ausdrucksmittel gleichwertig neben der Apsis. Als Beispiel sei die östliche Doppelkirche auf dem Hemmaberg (s. S. 113ff.) angeführt. Als besonderen Platz für das Märtyrergrab hatte der Architekt die Apsis für die Gedächtniskirche gewählt. Hätte er der anderen Kirche für die Eucharistiefeier ebenfalls eine Apsis gegeben, so hätte er die Hervorhebung des Märtyrergrabes zunichte gemacht. Um die verschiedenen liturgischen und kultischen Bereiche zu differenzieren, gestaltete er das Baptisterium als achteckigen Zentralbau. Nicht anders ist es bei der Begräbnis- und Gedächtniskirche außerhalb der Stadtmauern von Teurnia (Abb. 59). Die Apsiden der beiden Seitenkapellen nahmen die Märtyrergräber auf. Diese waren Anlaß für den Bau der Gedächtniskirche für die Märtyrer, bei denen Bischöfe, Statthalter und andere hochgestellte Persönlichkeiten ruhen und mit denen sie auferstehen wollten. Die Kapellen wären in ihrem architektonischen Gewicht zurückgetreten, wenn das Hauptschiff der Kirche ebenfalls eine Apsis erhalten hätte. Betrat der Gläubige den Kirchensaal, so erschien ihm das Presbyterium (mit Altar und darunter liegender Reliquienkammer) als ein in sich geschlossener Baukörper: die Säulchen und der Architrav der Schrankenanlage setzten sich auf der Lehne der Klerusbank fort (Abb. 59). Nicht minder eindrucksvoll mußte Invillino (s. S. 89ff.) gewesen sein. Der Architekt hob das Baptisterium und den Reliquienplatz durch einen kleinen, aber gegliederten Baukörper, einen Trikonchos, deutlich gegenüber dem großen Bauvolumen der rechteckigen Saalkirche hervor (Abb. 37). Eine weitere Apsis an der Kirche hätte die Wirkung des Trikonchos geschmälert.

Kirchenensemble

Die wenigen angeführten Beispiele zeigen bereits, wie die Architekten mit den Mitteln der römischen Baukunst umgingen, um einen Sakralbau in doch sehr eigenständiger Weise zu gestalten. Der bischöfliche Baukomplex in Genf macht deutlich, daß mehrere Sakralbauten und Nutzbauten in ein Gesamtkonzept eingebunden waren, und der Platz zwischen den Kirchen architektonisch gestaltet wurde (Abb. 86): das Zentrum bildete ein großzügiger Säulenhof, der den Zugang zu den Apsidenkirchen an der Nord- und Südseite sowie zum Baptisterium an der Ostseite ermöglichte. Der Empfangssaal und die Kapelle des Bischofs sowie Klerikerhäuser und Wirtschaftsgebäude lagen zwischen dem Kirchenkomplex und der Stadtmauer, während sich die Gästewohnungen am äußeren Rand des bischöflichen Bezirkes befanden. Im Vergleich dazu war im steilen Gelände des Hemmaberges zwar keine derartige Platzgestaltung in Form eines Säulenhofes möglich, dennoch wurden zwischen den Bauwerken des Pilgerheiligtums ebene Plätze angelegt, die als Sammlungs- und als Verteilerbereich den Gläubigen diente. Die differenzierte Baugestaltung der östlichen Doppelkirche erwähnten wir bereits. Alle vier Kirchen, die am Hemmaberg etwa gleichzeitig um 500 errichtet wurden, unterschieden sich in Grundriß, Ausstattung und Baukörper.

Grundlagen des Entwurfs

Waren für den Bauherrn und den Architekten die Wahl des Grundrisses und die ungefähren Dimensionen klar, so mußte ein entsprechender Plan für die Bauausführung gemacht werden. Für die Erklärung von Kirchengrundrissen hat man früher in größerem Umfang die »Dynamischen Rechtecke« herangezogen (Abb. 16).

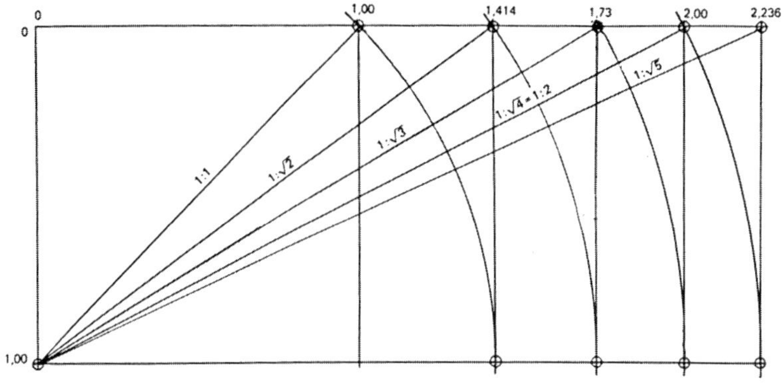

Abb. 16: Die »Dynamischen Rechtecke«, Grundfigur der Methode von J. Hambridge.

Bei diesen Konstruktionen (einschließlich des Goldenen Schnittes) fällt auf, daß sie aufgrund der darin vorkommenden Wurzelwerte (√) nicht den Bauleuten mitteilbar und auf die Baustelle übertragbar waren. Wurzelwerte waren in der Antike nämlich nur durch Bruchzahlen auszudrücken. Daher vermuteten Forscher, daß es nach dem Entwurf einen Bauplan mit einer Rastergrundlage (Modulussystem) gegeben haben müßte, welche die Bauleute verwenden konnten. Alle diese Überlegungen werden dem Baustellenbetrieb nicht gerecht. H. Junecke hat klar gezeigt, daß zahlreiche Kirchen- und Tempelgrundrisse einfach und genauer mit den fünf Pythagoräischen Rechtecken zu erklären sind (Abb. 17).
Die Methode des Absteckens mit Hilfe der Pythagoräischen Rechtecke läßt sich bei Kirchen in Hanglagen im Alpenraum indi-

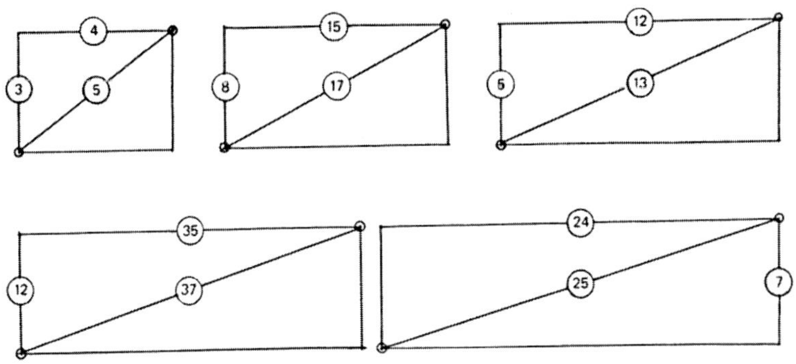

Abb. 17: Die fünf Pythagoräischen Rechtecke.

rekt nachweisen. Wird nämlich ein Rechteck parallel zum abfallenden Hang abgesteckt, so ergeben sich in der horizontalen Ebene spitze und stumpfe Winkel (Abb. 42, 43). Auf dem Hemmaberg läßt sich in beiden Doppelkirchen zeigen, daß die rechteckige Grundfläche des Narthex das Grundmaß darstellte. Das wiederholte Auftragen des Maßes ergab die Soleawestkante, die Presbyteriumkante, die Enden der Klerusbank und die Sakristei als Halbierung des Rechtecks. Solche Baumaße mittels Rechtecken waren den Bauleuten leicht mitzuteilen. Eine Genauigkeit auf »Zentimeter« wurde bei Bruchsteinmauerwerk nicht angestrebt. Selbst geringe schiefe Winkel störten nicht.

Kirchenbau und Liturgie

Kirche für die Eucharistiefeier (Gemeindekirche)

Der Kirchenraum beschränkt sich im wesentlichen auf die notwendige Einrichtung für die Liturgie. Wie heute war die Meßfeier in den Wortgottesdienst und in die Eucharistiefeier (Dankesopferfeier) geteilt. Die Vorhallen oder Vorräume (Narthex, Narthices) werden als Aufenthaltsort der *Taufkandidaten* während der Eucharistiefeier angesehen. Am Wortgottesdienst konnten sie jedoch mit der Gemeinde im Kirchenschiff teilnehmen. Zur Vorbereitung der Kleriker auf die Liturgiefeier diente eine Sakristei, welche am Ostteil der Kirche angebaut war.
Die Schrankenanlage des Presbyteriums mit ihren Vorhängen hatte die Aufgabe, den Altarraum wie ein kleines Heiligtum innerhalb des Kirchensaales abzugrenzen. Nur für Kleriker war der Zutritt in das Presbyterium vorgesehen, ähnlich wie nur der Hohe Priester den Vorhang zum Allerheiligsten im Tempel zu Jerusalem durchschreiten durfte. Die Vorhänge der Schrankenanlage des Presbyteriums waren während der Meßfeier geöffnet (Abb. 15). Der Altartisch in der Mitte des Presbyteriums erinnerte an das Letzte Abendmahl (Paschamahl) Christi mit den Aposteln. Während der Eucharistiefeier war der Altar mit einem farbigen – meist purpurroten – und darüber mit einem weißen Tuch bedeckt (Abb. 18). An der Ostseite des Altarraumes nahmen auf der Klerusbank Bischof, Presbyter, Diakone, Subdiakone und Ministranten mit Blickrichtung zu den stehenden Gläubigen Platz. Für den zelebrierenden Kleriker, Bischof oder Presbyter,

Abb. 18: Darstellung von Altären auf den Mosaiken in San Vitale und im Bapisterium der Orthodoxen von Ravenna.

gab es in der Mitte der halbrunden Priesterbank einen erhöhten Sitz. Das Sitzen beim rituellen Mahl (z. B. Totenmahl) war in der Römerzeit üblich, während man sonst beim gemeinsamen Speisen in der Antike im Liegen aß. Das Sitzen zeigte aber auch den höheren Rang gegenüber dem Stehenden an. So predigte der Bischof sitzend, wie wir aus einer Bemerkung des Kirchenvaters Augustinus († 430) erfahren.

Nur wenige Kirchen des Alpenraumes bieten einen Hinweis, daß es einen Ambo, ein Pult für Lesung und Evangelium gab. Das Evangelienbuch auf dem Altar einer Mosaikdarstellung in Ravenna (Abb. 18) zeigt, daß der Altar ohne Tücher während des Wortgottesdienstes als Lesepult dienen konnte.

Zeitpunkt des Gottesdienstes

In der Vita S. Severini wird in Verbindung mit einem dreitägigen Fasten ein feierlicher Abendgottesdienst erwähnt, während für das Kerzenwunder (S. 148) nur die »Stunde des Gottesdienstes« nach dem üblichen Psalmengesang angegeben wird. Auch der Gottesdienst im Morgengrauen ist für das Alpengebiet nicht auszuschließen, wenn man an Belege aus dem östlichen Mittelmeerraum denkt.

Die Kirchweihe

Die unter dem Altar eingebauten Reliquienkammern waren in vielen Fällen so angelegt, daß bis zum Tag der Kirchweihe eine Seite

Abb. 19: Kirchweihe in Konstantinopel: Kleriker mit Reliquienschrein auf dem Wagen und Kaiser sowie Kaiserin als Stifter vor der neuen Kirche.

offen blieb, um den Reliquienbehälter hineinzustellen. Der feierliche Einzug der Märtyrerreliquien (Abb. 19) und deren Beisetzung gehörten zu den Höhepunkten der Kirchweihe. Danach verschloß man die Kammer mit einer Platte (Abb. 13). Trug die Verschlußplatte eine Inschrift, dann blieb diese sichtbar, indem davor eine Treppe angelegt wurde. Im Text der Inschrift war nämlich der Tag der Reliquienbeisetzung und damit das Datum der Kirchweihe genannt (Abb. 54)

Baptisterium und Taufe

Taufräume konnten unmittelbar in das Baukonzept einer Kirchenanlage einbezogen oder neben der Kirche in einem eigenen Gebäude untergebracht sein. In anspruchsvollen architektonischen Konzepten wählte man – wenn es das Gelände erlaubte – für die Lage des Baptisteriums einen Platz in der Mittelachse westlich der Kirche (Hemmaberg, Lavant, Como, Aosta) oder einen zwischen zwei Kirchen (Genf). Im Fall einer axialen Anordnung befanden sich zwischen der Kirche und dem Baptisterium in der Regel ein Hof (Atrium), ein Narthex oder gar ein größerer Platz.
In seiner architektonischen Gestaltung gleicht fast kein Baptisterium dem anderen. Wir finden sowohl Zentralbauten (Hemmaberg: östl. Baptisterium, Como, Riva S. Vitale usw.) als auch Langhausbauten, die Kirchen (Hemmaberg: westl. Taufkirche, Vranje, Martigny usw.) gleichen. Ebenso vielfältig erscheint die Ausformung der Taufbecken (Piscinae). Die Möglichkeiten reichen von einfachen rechteckigen gemörtelten oder marmorverkleideten Becken bis zu Beckenformen mit kurvenförmigen Grundrissen. Einige Taufbecken wurden von einem einfachen hölzernen Baldachin (Hemmaberg: östl. Baptisterium), andere von einem aufwendigen Baldachin mit Säulenkranz aus Marmor (Genf, Ljubljana) überspannt. In Vranje, Martigny oder in der westlichen Taufkirche auf dem Hemmaberg dagegen war das Taufbecken wie ein Presbyterium von einer Schrankenanlage eingefaßt.
Da die Baptisterien stets mit einer Kirche funktionell verbunden sind, können wir nach J. Christern drei Arten unterscheiden: 1) das Episcopalbaptisterium, eine Taufkapelle, die mit einer Bischofskirche verbunden ist; 2) das Memorialbaptisterium, eine Taufkapelle, die mit einer Gedächtniskirche für einen Märtyrer an einem Pilgerort verbunden ist; 3) das Parrocchialbaptisterium, eine Taufkapelle bei einer Gemeindekirche, wenn der Bischof dem Presbyter das Recht verliehen hatte, die Taufe zu spenden. Einen schriftlichen Beleg dafür, daß im Baptisterium auch Reliquien untergebracht wurden, liefert uns Gregor von Tours. Diese Funktion übernahmen Apsiden an den Taufkirchen, wie es der archäologische Befund in Vranje zeigt. (s. S. 74ff.).
In den Taufzeremonien gab es regionale Unterschiede, wie die entsprechenden Überlieferungen zeigen. Dennoch lassen sich von den erhaltenen Baptisterien keine konkreten Rückschlüsse auf eine bestimmte Taufliturgie ziehen oder gar eine Taufliturgie rekonstruieren. Genausowenig kann man in der architektonischen Gestaltung ein katholisches Baptisterium von einem arianischen unterscheiden.

Taufbecken (Piscina) und Taufe

Die im Alpenraum vorgefundenen Taufbekken waren meist verhältnismäßig seicht und besaßen keinen Wasserabfluß. (Nur bei der Piscina der Kathedrale in Genf gab es im 5. Jahrhundert einen Wasserleitungsanschluß und eine Ableitung.) Die geringe Tiefe der Becken läßt vermuten, daß die Täuflinge nicht durch vollständiges Untertauchen *(submersio)*, sondern durch dreimaliges Übergießen mit Wasser *(immersio)* getauft wurden. Ein Anlaß dafür war sicherlich, daß seit dem 3. Jahrhundert nicht mehr ausschließlich Erwachsene, sondern auch

schon Kinder getauft wurden. Der Bischof oder der von ihm bevollmächtigte Presbyter stand während des Taufritus am Rande des Taufbeckens, worauf die Spuren eines Ambos im Baptisterium von Genf hinweisen.
Die Taufe erfolgte in der Regel im Morgengrauen des Ostersonntags, wobei zuerst die Kinder, dann die Männer und Frauen an die Reihe kamen.

Fußwaschung

In den letzten Jahren kamen besonders seichte, nur ca. 30 cm tiefe Wasserbecken zutage, so beispielsweise in der Bischofskirche von Teurnia und in den Kirchen auf dem Kučar und Korinjski hrib (s. S. 79ff., 81f.). In Teurnia waren es ursprünglich vier längliche Becken in der Südhalle neben dem Eingangsbereich und auf dem Kučar sowie auf dem Korinjski hrib jeweils ein viertelkreisförmiges Becken in der Ecke neben dem Eingang ins Kirchenschiff. Aufgrund ihrer Beschaffenheit dienten diese Becken der Fußwaschung. Im bischöflichen Kirchenkomplex von Genf wurden im Raum zwischen Baptisterium und Kirchensaal im 6. Jahrhundert ein Wasserbecken und Sitzbänke eingebaut. Aus dem Becken konnte das Wasser geschöpft werden, um den auf den Bänken Sitzenden die Füße zu waschen.
Die Funktion dieser Becken erklärt sich aus den Nachrichten der Bischöfe Augustinus und Ambrosius, welche für Mailand die auch in Gallien übliche Fußwaschung der Täuflinge durch den Bischof und die Priester bezeugen. Erst danach durfte der Neugetaufte erstmals an der Eucharistiefeier teilnehmen und die Kommunion empfangen. Durch diese Besonderheit entgegen der römischen Tradition, welche die Tauffußwaschung nicht ausübte, käme der Taufe die Bedeutung eines Initiationsritus und der Fußwaschung die eines Reinigungsritus zu. Die Fußwaschung vor der Eucharistiefeier ist im Neuen Testament (Joh 13,10) begründet: »Wer gebadet hat, braucht nur mehr die Füße waschen, dann ist er ganz rein.«

Firmung

Die Erwachsenen empfingen im Anschluß an die Taufe die Firmung *(consignatio)*, die im allgemeinen in der Gemeindekirche gespendet wurde. War allerdings eine Doppelkirchenanlage vorhanden, wie in Vranje (Abb. 27), auf dem Hemmaberg (Abb. 42) oder in Genf (Abb. 86) und Martigny (Abb. 93), stellt sich dies etwas anders dar. Abgesehen von der Kirche für die Eucharistiefeier (Gemeindekirche) waren an diesen Orten jeweils eine weitere Kirche und ein Baptisterium vorhanden. In Vranje waren die Taufkirche mit dem Märtyrergrab in der Apsis und die Firmungskirche *(consignatorium)* an den Langseiten unmittelbar aneinandergebaut (Abb. 27); letztere diente sicherlich auch zur Belehrung der Taufbewerber. Dagegen lagen bei der östlichen Doppelkirche auf dem Hemmaberg das oktogonale Baptisterium und die Gedächtniskirche mit dem Märtyrergrab in der Apsis auf einer Längsachse (Abb. 43). In der Gedächtniskirche spendete man die Firmung und führte die Belehrungen der Taufbewerber durch. Am Bischofssitz in Genf war die Kirche für die *consignatio* und die Unterrichtung durch einen Säulenhof mit dem Baptisterium und der Gemeindekirche verbunden (Abb. 86).
Hatte eine Taufkirche die gleiche Größe wie die Gemeindekirche, so muß man annehmen, daß in der Taufkirche auch die Firmung gespendet wurde, wie dies in der westlichen Doppelkirche auf dem Hemmaberg (Abb. 44) oder in jener von Martigny (Abb. 93) der Fall war. Die zunehmend durchgeführte Kindertaufe führte schließlich zur zeitlichen Trennung von Taufe und Firmung.

Kirchenorganisation

Kleriker

Um 400 lebten Kleriker auf dem Lande sowie in kleinen Städten noch in Ehe und übten einen bürgerlichen Beruf, ein Handwerk oder den Ackerbau aus, um ihre Familien zu ernähren. Die Handel treibenden Kleriker waren von den besonderen Steuern des Kaufmannes befreit, sollten aber den Gewinn den Armen zukommen lassen. Kaiser Valentinian III. (425–455) verbot jedoch wegen vorkommender Mißstände im Handelsgeschäft den Klerikern diese Tätigkeit. Auch die Kirche wandte sich ab etwa 450 zunehmend dagegen, daß die Kleriker einen bürgerlichen Beruf ausübten; außerdem sollten sie alle Familienbande lösen, um sich ganz auf ihr Amt konzentrieren zu können. Die Bischofskirche kam nun für den Unterhalt der Kleriker und des Bischofs auf. Voraussetzung für ein Kirchenamt waren die sittliche Qualität und in der Regel ein bestimmtes Alter: 25 Jahre für Diakone, 30 Jahre für Priester und 35 Jahre für Bischöfe. In der Vita S. Severini sind beispielsweise noch weitere kirchliche Ämter und Funktionen wie Subdiakone, Ministranten, Kirchensänger, Kirchenschreiber und Messner genannt.

Bischofswahl

Die Wahl des Bischofs erfolgte bis gegen die Mitte des 6. Jahrhunderts durch die Christengemeinde. Erst dann änderte sich die Vorgangsweise: Ein neuer Bischof wurde nun von den Bischöfen der benachbarten Bistümer gewählt. Nur so ist die Klage in einem Brief des Jahres 591 verständlich, den die rätischen und venetischen Bischöfe an den Kaiser Maurikios sandten, daß zwischen 540 und 560 die fränkischen Bischöfe Einfluß auf die Bischofsweihen in Norikum genommen hätten.

Bistumsgrenzen und Bischofssitze

Die Ausdehnung der Bistümer entsprach im allgemeinen den Verwaltungsbezirken der römischen Städte. Der Bischof mußte in der Stadt residieren. Seit dem Konzil in Serdica (Sofia) im Jahr 343 verboten die Kirchenversammlungen mehrfach die Gründung von Bischofssitzen in kleinen unbedeutenden Orten. Außerdem sollte ein Bischof pro Jahr nie länger als drei Wochen von seinem Amtssitz abwesend sein oder sich um ein Bischofsamt in einem andern Bistum bewerben. Eine Pfarrenaufteilung gab es nicht. Der Bischof einer Provinzhauptstadt nahm eine Vorrangstellung gegenüber den Amtskollegen der gleichen Provinz ein. Im Alpenraum gehörten die östlichen Bistümer zur Metropolie (Erzbistum) Aquileia, die westlichen zu den Metropolien von Mailand, Moutiers, Genf, Vienne oder Besançon. Üblicherweise weihte der Papst die Metropoliten (Erzbischöfe); doch wegen der zu großen Entfernung von Rom bekamen die Metropoliten schließlich die Erlaubnis, sich wechselseitig die Weihe zu spenden.

Im 5. Jahrhundert waren viele unbefestigte Städte in den alpinen Grenzregionen teilweise bzw. gänzlich zerstört oder weitgehend verlassen. Die zivile Verwaltung verlegte man dann in das nächste Kastell oder in die nächste Höhenbefestigung. Wenn der Bischof nicht in einer befestigten Stadt residierte, dann übersiedelte auch er an den Sitz der zivilen und militärischen Verwaltung.

Rechtsstellung des Bischofs

Nach dem römischen Kirchenrecht war der Bischof innerhalb seines Bistums »oberster Gesetzgeber und Verwalter, handhabte die Kirchenordnung und das kirchliche Strafrecht«. Er hatte damit eine Rechtsstellung erlangt, die bis heute gültig ist. Der Bischof bestimmte (meist zwei) Diakone, die ihn beim Altardienst, in der karitativen Tätigkeit und in der Vermögensverwaltung unterstützten. Die Presbyter/Priester waren vom Bischof bevollmächtigt zur Feier der Eucharistie, zur Spendung der Taufe und zur Lehrtätigkeit in Form der Predigt und zum Taufunterricht. Der Bischof setzte die Priester nach ihrer Ausbildung, das heißt einer Art Lehrzeit bei ihm, in den Landkirchen seines Bistums ein. Der Bischof oder die Bischofsversammlung – und nicht staatliche Richter – übten die Gerichtsbarkeit über die Priester aus.

Kirchenversammlungen

In der allgemeinen Kirchenversammlung, dem ökumenischen Konzil, kam das Bewußtsein einer Reichskirche zum Ausdruck. Die Konzilien stellten Rechtsregeln auf, befaßten sich jedoch hauptsächlich mit Glaubensfragen. Ihre Entscheidungen über die Glaubenslehre wurden durch die kaiserliche Gesetzgebung für alle verbindlich. Dadurch deckte sich kirchliche Lehrmeinung und staatliche Gesetzgebung. Die Bischöfe trafen sich auch in regionalen Kirchenversammlungen, den Synoden, in denen meist abweichende theologische Auffassungen verurteilt wurden. Wenn die staatliche Gesetzgebung von »den Kirchen« sprach, dann waren die Rechte und Pflichten der Bischofskirchen gemeint.

Weltliche Aufgaben der Bischöfe

Mit dem Niedergang der staatlichen Ordnung während der Völkerwanderungszeit im 5. und 6. Jahrhundert übernahm der Bischof vielfach die Aufsicht über öffentliche Gebäude, die Versorgung der Bevölkerung mit Getreide und die Kontrolle im Finanzwesen. Die Übertragung öffentlicher Güter an die Kirche brachte in der westlichen Reichshälfte u. a. mit sich, daß Befestigungsmauern und Aquädukte instand gehalten wurden. In der Folge konnte ein Bischof (als *dux belli*) an der Spitze der Bürgermiliz die Verteidigung der Stadt leiten und durch Nachrichtenübermittlung die befestigten Siedlungen vor Feindeinfällen warnen. In militärischen Konflikten war der Bischof oft der geeignete Vermittler.

Nicht allein der rechtliche Status war maßgeblich, daß der Bischof vielfältige Aufgaben wahrnahm und die Integrationsfigur in der Stadt wurde, sondern vor allem die Organisation der karitativen Tätigkeit, die am stärksten nach außen wirkte. Dem durch die Kirche geschaffenen sozialen Netz hatte der Staat nichts gegenüberzustellen.

Karitative Tätigkeit

Armenfürsorge der Christengemeinde

Eines der zentralen Anliegen der Christengemeinden war die Sorge um die Armen. Schon für die Zeit der diokletianischen Verfolgung (um 300) gibt es für Cirta (Nordafrika) eine schriftliche Nachricht anläßlich der Beschlagnahmung eines Hauses, in dem sich die Christen trafen. Im Polizeiprotokoll wurden Vorratsgefäße und ein großes Lager an konfiszierten Kleidern und Schuhen verzeichnet, z. B. 82 Frauentuniken, 38 Mäntel und 60 Paar Schuhe. Diese Mengen waren für die karitative Tätigkeit bestimmt, die an allen Bedürftigen – auch an Nicht-Christen – geübt wurde.

Rechtsgrundlagen für den Vermögensbesitz der Kirche

Für die wirksame Organisation karitativer Tätigkeit waren auch die gesetzlichen Bestimmungen von Bedeutung. Die Christengemeinden waren ursprünglich von Rechts wegen keine erlaubten Vereine und konnten daher kein vom Staat anerkanntes Vermögen besitzen. Erst 321 verfügte Konstantin in einem Erlaß die volle Vermögensfähigkeit der Kirche und damit das Recht, zu erben. Diese Bestimmungen führten dazu, daß die Kirche eine rechtsfähige Körperschaft öffentlichen Rechts wurde und eine ausbaufähige selbständige Organisation entfalten konnte. Nun war eine christliche Gemeinde imstande, öffentlichen Boden zu kaufen oder zu pachten; der Staat konnte seinerseits der Kirche auch öffentlichen Boden schenken. Viele Christen entschlossen sich nun, in ihren Testamenten oder Schenkungen die Kirche zu bedenken. Dahinter stand die Gleichsetzung der Armen mit Christus und damit die Hoffnung, mit den Gerechten am Jüngsten Tag das ewige Leben zu erlangen. Dazu kam die Vorstellung von der sündentilgenden Kraft des Almosens und der Schenkung, die seit dem frühen Judentum als durchgehendes Motiv bekannt ist. Schon gegen Ende des 4. Jahrhunderts hatten Hinterlassenschaften zugunsten der Kirche so zugenommen, daß die Kirchenväter Hieronymus, Ambrosius und Augustinus die Gläubigen ermahnen mußten, sie sollten bei den Testierungen die Verantwortung für die eigenen Familienangehörigen nicht vergessen! Die Einkünfte der Kirche aus Opfergaben, Schenkungen und Stiftungen wurden zu gleichen Teilen für den Bischof, für den Klerus, für die Armenpflege und für die Bedürfnisse der Kirche verwendet. Der relativ hohe Anteil für den Bischof erklärt sich aus dessen besonderer Verpflichtung zur Armenfürsorge.

Staatlicher Auftrag zur Armenfürsorge

Mit der weitgehenden Christianisierung – auch im Alpenraum – am Anfang des 5. Jahrhunderts wurde durch die kaiserliche Gesetzgebung die kirchliche Armenpflege eine öffentlich-rechtliche. Im Gesetzestext hieß es: »Die Armen müssen mit Mitteln der Kirche unterhalten werden; vornehmste Pflicht der Kirchen und ihrer Vorsteher (Bischöfe) ist es, die Armen und Bedürftigen zu unterstützen.« Die Verwaltung des Kirchenvermögens oblag damit dem Bischof. Er wurde in der Organisation der Armenfürsorge vom Diakon unterstützt, doch blieb er für alle Bereiche der karitativen Tätigkeit verantwortlich.

Die Unterstützung galt den Witwen, vor

allem den armen und kinderreichen, sowie den Waisen. Die Kirche kümmerte sich zudem um die alten, gebrechlichen und kranken Menschen, insbesondere auch um arbeitsunfähige Sklaven. Vor allem die Betreuung von Leprakranken, die gesellschaftlich isoliert waren, wird am häufigsten in Verbindung mit christlicher Fürsorge genannt. Die Bedeutung dieser Krankenpflege spiegelt sich in zahlreichen Legenden wider, so in der des heiligen Martyrius, der einen geschwächten Leprakranken zum Hospital eines Klosters trägt. Dort angekommen, wandelt sich der Kranke in eine Christuserscheinung. Krankenpflege wurde so zum Gottesdienst.

Zu den Armen zählten in der Spätantike und im Frühmittelalter auch alle, die vorübergehend kein Heim hatten, wie Reisende, Pilger und Flüchtlinge. Damit Pilger von Vagabunden unterschieden werden konnten, führten sie oft ein Empfehlungsschreiben mit. Speziell aus Klöstern wissen wir, daß Fremde, die länger bleiben wollten, zu Arbeiten im Garten, in der Bäckerei oder in der Küche herangezogen wurden. Gerade während der Völkerwanderungszeit wurden immer wieder Flüchtlingszüge durch kriegerische Ereignisse ausgelöst. Die Sorge des Bischofs Valentianus von Chur um Flüchtlinge und Gefangene wird als besonderes Verdienst in dessen Grabinschrift hervorgehoben (s. S. 163f.).

In Rom gab es um die Mitte des 3. Jahrhunderts etwa 1500 hilfsbedürftige Personen, die von der Kirche unterstützt wurden. Die große Anzahl machte das Anlegen von Listen notwendig, in denen die Namen der Unterstützungsberechtigten eingetragen wurden. Diese *Matrikeln* dienten nicht nur dazu, möglichst alle Bedürftigen zu erfassen, sondern auch, um Mißbrauch vorzubeugen. Allerdings schuf man damit zwei Klassen von Armen, nämlich die »anspruchsberechtigten und die übrigen«, wie Gregor von Tours es ausdrückte.

Freikauf von Gefangenen und Prostituierten

Immer wieder wird gerade in Grenzgebieten des Alpenraumes und Alpenvorlandes von gefangenen Römern berichtet. Eine Pflicht des Bischofs war es, diese Gefangenen gegen Lösegeld frei zu bekommen. Die Bischöfe Ingenuinus von Säben und Agnellus von Trient beispielsweise kauften die gesamte Besatzung der belagerten Festung Verucca gegen Lösegeldzahlung in Gold von den Franken frei (s. S. 158f.). Und aus der Vita S. Severini erfahren wir, daß Räuber und »Barbaren« ganze römische Familien oder Mönche in ihre Gewalt brachten, um sie als Sklaven zu verkaufen. Auch Prostituierte oder Frauen, die zum Theaterspiel gezwungen wurden, sollten von den Bischöfen freigekauft werden. Vor diesem realen Hintergrund ist beispielsweise die wohlbekannte Legende des heiligen Nikolaus zu sehen. Dieser Bischof von Myra tat nur seine Pflicht, als er durch die Bereitstellung einer Mitgift die drei Töchter eines armen Mannes davor bewahrte, in ein Freudenhaus verkauft zu werden.

Das Asylrecht der Kirchen

Erstmals wird die Übertragung von Asylbestimmungen der einstigen heidnischen Tempel auf die christlichen Kirchen unter Kaiser Honorius im Jahre 409 faßbar. In den Jahren 431 und 432 verfügte dann Kaiser Valentinian III. speziellere und umfassendere Bestimmungen. Danach sollten nicht nur die Kirchen selbst und der Kirchenbezirk den Asylsuchenden Schutz gewähren, sondern auch alle sonstigen Gebäude und Anlagen (z. B. Gärten), die der Christengemeinde gehörten. Gesetzliche Bedingung war zudem, daß die Asylsuchenden im Kirchenareal keine Waffen trugen.

Das Asylrecht der Kirchen war ein Instrument, Menschen vor ungerechter Verfolgung oder Lynchjustiz zu schützen. Übeltäter entkamen zwar nicht der Strafe durch das Gesetz, doch konnten sie dank bischöflicher Fürsprache zumindest mit einem fairen Verfahren rechnen. Politisch Verfolgte verbrachten manchmal mehrere Jahre im Schutz der Kirche. Vom kirchlichen Asylrecht waren dagegen Steuerschuldner ausgenommen, und der Bischof haftete in diesem Fall für die Bezahlung der Steuerschulden.

Der Bischof als Rechtsbeistand

Die ständigen Kriege an den Grenzen des Römischen Reiches und die Auseinandersetzungen von Kaisern und Gegenkaisern im Inneren des Reiches erforderten von Rom enorme finanzielle Mittel für die Verpflegung und Besoldung der Soldaten. Zusätzlich belasteten ein riesiger Verwaltungsapparat und Steuerprivilegien den Staatshaushalt. Diese Faktoren steigerten die steuerliche Belastung der Stadt- und Landbewohner ins Unerträgliche. Die zwangsweise eingesetzten Gemeinderäte mußten mit ihrem eigenen Vermögen für das Steueraufkommen der Einwohner haften. Die Steuereintreiber wollten außerdem durch Mehreinnahmen Gewinne erzielen. Manche Statthalter waren in den Methoden der Steuereintreibung nicht wählerisch und griffen zu willkürlicher Inhaftierung, zu Folter, Mord und zum Bruch des Asylrechts der Kirchen, wie uns die Briefe des Bischofs Synesios von Kyrene (409–411) zeigen. Die Kirchenführer hatten nur die Möglichkeit der sittlichen Ermahnung und der Kirchenstrafe (Exkommunikation).

Diesen Mißständen versuchte der Staat entgegenzuwirken, indem er die Einsetzung von »Volksanwälten« *(defensor civitatis)* vorsah. Um der Korruption vorzubeugen, sollten die Inhaber des Amtes aus dem Kreis der Christen genommen werden. Sie hatten außerdem die Bevölkerung vor den Übergriffen der lokalen Verwaltung und der Mächtigen zu schützen. Dem »Volksanwalt« wurde auch die niedere Gerichtsbarkeit zugeteilt. Bei der Bestellung der »Volksanwälte« und der Vormünder sollte der Bischof mitwirken. Er wurde zunehmend zum Fürsprecher der Armen und Bedrückten vor der staatlichen Verwaltung und dem Gericht. Seine Mitwirkung bei Verhandlungen vor den Behörden schrieb im 4./5. Jahrhundert der Gesetzgeber *(episcopalis audientia)* vor. Bereits Kaiser Konstantin (306–337) hatte den Bischöfen die Zuständigkeit zur Rechtsprechung in Zivilstreitigkeiten zugeteilt, wenn er von einer Partei – später von beiden Parteien – angerufen wurde. Das Urteil erging schriftlich auch an die Behörden zur Vollstreckung. Eine Berufung gegen das Bischofsurteil war nicht möglich. »Das Verfahren vor dem Bischof war billiger und schneller als dasjenige vor den staatlichen Instanzen« und damit auch den sozial Schwachen zugänglich.

Verwaltung und Seelsorge

Vor dem geschilderten Hintergrund verstehen wir Johannes Chrysostomus, wenn er am Ende des 4. Jahrhunderts klagt, daß die Scharen von Witwen, Waisen und Unterhaltsbedürftigen die Arbeitskraft der Bischöfe über Gebühr in Anspruch nehmen: »Jetzt sind unsere Bischöfe mit solchen Dingen noch mehr in Anspruch genommen als die Aufseher, Verwalter und Kaufleute.« Die Bischöfe hätten Geschäfte und Aufgaben durchzuführen, wie sie Steuereintreibern, Zollbeamten, Rent- und Zahlmeistern zukämen. Über den Bischof werde gespottet, weil er seine Zeit mit geschäftlichen Verhandlungen mit Weinlieferanten, Getreidehändlern und anderen Kaufleuten verbringe. Die Priester hätten zu wenig Zeit, sich mit ihren eigentlichen Aufgaben, der Verkündigung des Glaubens und der Seelsorge, zu befassen, weil sie sich um Landgüter und Gebäude kümmern müßten.

Der Bischofssitz

Die aufgezeigten Aufgaben der Verwaltung und der christlichen Nächstenliebe bedingten besonders an den Bischofssitzen nicht nur den Bau von Kirchen, sondern auch den vieler Wohn- und Wirtschaftsbauten. Durch die archäologische Forschung sind im Alpenraum bisher meist nur die Kirchen bekannt geworden. Erst die Ausgrabungen in Genf haben uns ein Bild vermitteln können von der enormen Ausdehnung und der Entwicklung eines Bischofssitzes der frühchristlichen Zeit.

Kathedrale und bischöfliche Residenz

Um die Mitte des 4. Jahrhunderts bestanden in Genf eine Kirche und ein Baptisterium (Farbabb. 15). Während die Funktion der östlich angrenzenden Bauten wegen der späteren Überbauung nicht mehr zu bestimmen ist, läßt sich eine Nutzung der Einzelwohnräume mit Bodenheizung an der Nordwand der Kirche als Unterkunft von Klerikern oder Gästen nachweisen (s. S. 178ff.). Am Beginn des 5. Jahrhunderts erfuhr der bischöfliche Komplex seine entscheidende Ausgestaltung, die im Bauvolumen manchen herrschaftlichen Residenzen nicht nachstand. Die verschiedenen Gebäude nutzten eine Fläche von fast 7000 m^2 (Abb. 14). Eine zweite nunmehr dreischiffige Kirche wurde für die Lehrtätigkeit (z.B. Taufunterricht) des Bischofs und zur Spendung der Firmung *(consignatorium)* hinzugefügt. Zentral in dieser Kirche befand sich ein Lesepult (Ambo). Die Kirche für die Eucharistiefeier und das Consignatorium waren mit einem Säulenhof verbunden, in dem sich ein Garten und ein Brunnen befanden. Der Säulenhof mit einem Garten hat seine Wurzeln in der antiken Villen- und Palastarchitektur. Gleichzeitig vergrößerte man das Baptisterium an der Ostseite des Hofes und gestaltete den Taufraum um das Becken mit einem Säulenkranz (Abb. 88). Ein repräsentativer Empfangssaal *(salutatorium, secretarium)* für den Bischof wurde zweckmäßig an das Consignatorium angebaut und war mit Bodenheizung und einem farbigen Mosaikboden ausgestattet. Hier konnte der Bischof Kleriker und Gläubige empfangen und die anstehenden Rechtshandlungen durchführen. Unmittelbar östlich des Baptisteriums gab es einen Saal, den Bischof und Kleriker benützten, vermutlich auch für das gemeinsame Mahl. In unmittelbarer Nähe befand sich eine Metzgerei, wenngleich der Fleischkonsum eher für Festtage und dem Anlaß hoher Besuche vorbehalten blieb. Ein weiterer heizbarer Saal und Wirtschaftsräume für die Aufbewahrung von Getreide und Wein oder Öl lagen nahe der Stadtmauer, und zwar unweit der Bischofskapelle (Farbabb. 15), die im Gegensatz zu den anderen Sakralbauten mit Wandmosaiken geschmückt war. Auf dem großen Areal der Bischofsresidenz gab es noch eine Reihe weiterer Gebäude, die in einzelnen Räumen Bodenheizungen besaßen und die als Klerikerhäuser bezeichnet werden. Nicht nur die Kleriker, die am Bischofssitz ihre Ausbildung erfuhren, sondern auch jene beachtliche Anzahl, die den Bischof bei seinen vielfältigen Aufgaben der Vermögensverwaltung und der christlichen Caritas unterstützte, mußten hier Platz finden. Eine Badeanlage, ein Merkmal römischer Zivilisation, könnte bei zukünftigen Grabungen noch entdeckt werden. In den Einzelräumen an der Nordseite der Kirchenanlage wurden die Bodenheizungen aufgegeben und dienten vermutlich danach als Armen- oder Pilgerunterkunft am Rande des bischöflichen Bezirkes. Wahrscheinlich war das »Stadtviertel« der Bischofsresidenz mit einem Zaun oder einer Mauer umgeben.

Gebäude der christlichen Caritas: das Xenodocheion

Der griechische Begriff *Xenodocheion* bezeichnete ursprünglich die Wohnräume des Gastes und wurde im 5. und 6. Jahrhundert in den christlichen Texten auch des lateinischen Westens als Sammelbegriff für alle Institutionen verwendet, die Armen, Pilgern und Kranken Obdach boten und sie medizinisch versorgten. Die lateinische Entsprechung zu Xenodocheion ist das Wort *Hospitium* (vgl. heute: Hospital).
Neben den Kirchen und Klöstern waren die Xenodocheia die dritte Kategorie von Großbauten der frühen Christen. Abgesehen vom staatlichen Auftrag an den Bischof zur Armenfürsorge, verpflichteten nicht zuletzt die sogenannten »arabischen« Bestimmungen (Canones), die erst im 5. Jahrhundert den Konzilsprotokollen von Nicäa (325) beigefügt wurden, jeden Bischof, ein Xenodocheion zu bauen. Es sind zwar nicht alle Xenodocheia mit einer bischöflichen Kirche verbunden, doch ein Xenodocheion ohne Gotteshaus ist nicht vorstellbar.
Die Blütezeit der christlichen Xenodocheia waren das 5. und 7. Jahrhundert. Aus diesem Zeitraum sind für den Osten des Römischen Reiches 160 Xenodocheia – davon allein ca. 40 in Konstantinopel – literarisch überliefert, zum Teil mit ihren besonderen Aufgaben: 59 Herbergen, 45 Krankenhäuser, 22 Armenhäuser, 10 Altersheime, 7 Wöchnerinnenhäuser, 4 Leprosenheime, 2 Bäder für Leprakranke, 2 Waisenhäuser, eine Blindenanstalt und Xenodocheia ohne speziell angegebene Widmung. In einer Nachricht über den spanischen Bischof Masona (571–606) in Mérida erfahren wir, daß er an der Wallfahrtsstätte der heiligen Eulalia ein Xenodocheion gründete, das ausdrücklich nicht nur Pilger, sondern auch Kranke, Juden, Freie und Sklaven aufnehmen sollte.
Anfangs gehörten die Xenodocheia zu den kirchlichen Gebäuden, die in den Asylgesetzen allgemein genannt waren. Im Laufe des 5. und 6. Jahrhunderts erlangten die Xenodocheia aufgrund der gesetzlichen Bestimmungen eine eigene Rechtsstellung als Stiftungen *(piae causae)*. Nach den Gründungsformen können wir drei Typen unterscheiden:

1. Gründung durch den Bischof
2. Gründungen, die in Verbindung mit Klöstern unterhalten wurden
3. Gründungen durch Privatpersonen oder Herrscher. (Diese unterstanden als Stiftungen laut Gesetz ebenfalls der Oberaufsicht der Bischöfe. Die Verwalter mußten dem Bischof Rechenschaft ablegen.)

Die Stiftungen konnten nun als Eigentümer, Schuldner, Gläubiger und Erben auftreten. Durch ihre Verwalter durften sie Verträge abschließen, Schenkungen entgegennehmen und Rechnungen ausstellen. Wenn die Stiftungsgüter für die Errichtung eines Xenodocheions nicht ausreichten, so sollten Sammlungen in den Christengemeinden durchgeführt werden. Zur Stiftung des Xenodocheions gehörten auch landwirtschaftliche Güter, deren Ertrag zur Armenpflege Verwendung fand. Damit das Stiftungsgut nicht zu rasch aufgebraucht wurde, beschränkte man jedoch die Zahl der aufgenommenen Personen.
Nach dem bisher Gesagten ist ein Xenodocheion im besonderen in der Umgebung einer Bischofskirche zu erwarten. Bislang konnte im Alpenraum nur neben der Bischofskirche in der Stadt Teurnia ein Xenodocheion des 6. Jahrhunderts archäologisch erforscht werden. Dieses große Gebäude besitzt auf einer Grundfläche von ca. 260 m² neun einzelne Räume mit je einem separaten Eingang, einem Merkmal, das für Herbergen charakteristisch ist. Die Mauern waren aus Bruchsteinen mit Lehmmörtel aufgeführt und unverputzt. An der Nordseite

des Bauwerkes waren Räume mit Holzwänden angebaut. Die meisten Zimmer hatten einen Holzboden. Die Fundleere – wenn man von Türbeschlägen absieht – deutet auf eine karge Einrichtung, die wahrscheinlich aus zwei hölzernen Betten und einem Regal pro Raum bestand. Der größte Raum des Xenodocheions könnte für gemeinsame Mahlzeiten der Bedürftigen gedient haben. Holzschindeln, Stroh oder Schilf bildeten die Dachhaut. Die Bauqualität und Ausstattung waren bescheiden. Der unregelmäßige Grundrißentwurf war von der separaten Zugänglichkeit der Zimmer und vom Gelände her bestimmt. Aufgrund der Hanglage hatten die Räume unterschiedliche Bodenniveaus (Abb. 58), wobei ein Raumbereich zweigeschossig ausgeführt war.
Kleine Christengemeinden auf dem Lande errichteten oft keine eigenen Gebäude, sondern schufen an den Kirchen Nebenräume, in denen Arme und Kranke betreut werden konnten. Einen Beleg dafür gibt uns eine schriftliche Quelle aus Gallien, der zufolge ein Kranker in einem Nebenraum der Kirche den Gottesdienst hörte.

Xenodocheia und Klöster

Ähnlich wie bei den Klöstern gehörten die Güter des Xenodocheions nicht zum allgemeinen Kirchengut, womit eine gewisse Unabhängigkeit gegenüber dem Bischof erreicht wurde. Wie bei den Klöstern sollten die aufgenommenen Bedürftigen das Stiftergedächtnis wahren, indem sie für ihn beteten. Die Abgrenzung zu den Klöstern ist manchmal schwierig, da die Betreuung der Armen in den Xenodocheia oft von Mönchen durchgeführt wurde. Manchmal entwickelten sich dadurch aus den Xenodocheia auch Klöster. Mönche oder Nonnen boten eine bessere Garantie, für das Seelenheit des Stifters zu beten, als die etwa ständig wechselnden Bedürftigen eines Xenodocheions. Dies war die Ursache, warum sich seit dem 7. Jahrhundert viele Stifter nicht mehr für die Gründung eines Xenodocheions, sondern eines Klosters entschieden.

Die Märtyrer und ihre Verehrung

Die heilsgeschichtliche Besonderheit der Märtyrer wird in der Apokalypse (6, 9–11) des Evangelisten Johannes in einer Vision ausgedrückt. »Und da das Lamm das fünfte Siegel auftat, sah ich unter dem Altar die Seelen derer, die erwürgt waren um des Wortes Gottes willen und um des Zeugnisses willen, das sie hatten. Und sie schrien mit großer Stimme und sprachen: Herr, du Heiliger und Wahrhaftiger, wie lange richtest du nicht und rächest unser Blut an denen, die auf der Erde wohnen? Und ihnen wurde gegeben einem jeglichen ein weißes Kleid und ward zu ihnen gesagt, daß sie ruhten noch eine kleine Zeit, bis daß vollends dazukämen ihre Mitknechte und Brüder, die auch noch getötet werden sollten gleich wie sie.«

In der christlichen Vorstellung sind die Seelen der Märtyrer die einzigen, die vor dem Jüngsten Gericht im Himmel Aufnahme finden, nämlich unter dem himmlischen Altar. Diese besondere Nähe zu Gott führte zur besonderen Verehrung und Anrufung der Märtyrer als Fürbitter.

Die Anfänge der Märtyrerverehrung

Der Beginn der Märtyrerverehrung liegt im dunkeln. Anfangs unterschied sich das Andenken an die Märtyrer nicht von der üblichen antiken Totenehrung, zu der die Feier der Gedächtnistage, das heißt die Wiederkehr des Todestages und das Mahl am Grab, gehörte. Für Märtyrerbischöfe konnten schon im 2. Jahrhundert die Gedächtnisfeiern über den Kreis der Familie hinausgehen. Der Märtyrerkult und die Verbindung des Märtyrergrabes mit der Meßfeier wird in Rom in der zweiten Hälfte des 3. Jahrhunderts gut faßbar, als Papst Felix (269–274) anordnete, die Eucharistie über den Märtyrergräbern zu feiern, die wie alle anderen Gräber noch vor den Stadtmauern lagen. Wesentlich dafür war die theologische Interpretation, die den Zusammenhang zwischen dem Blutzeugnis der Märtyrer und der Opferhingabe Christi geschaffen hatte.

Veränderte Einstellung zum Tod

In der antiken Kultur machte alles, was mit dem Tod zu tun hatte, in kultischer Hinsicht unrein. Bei einem Todesfall im Hause brachte die römische Familie anschließend ein Reinigungsopfer dar. Durch das Christentum kam es zu einer veränderten Einstellung zum Tod und im besonderen mehr und mehr auch zu den sterblichen Überresten. Schon in den ersten Jahren nach der Verfolgungszeit, dem Jahr 304, ließ die Christin Asklepia in Salona (Solin bei Split) den Leichnam des Märtyrers Anastasius in das zweigeschossige Mausoleum bringen, das für sie und ihren Mann bestimmt war. Durch den Vorwand, daß der Heilige eine würdigere, bleibende Begräbnisstätte erhalten sollte, wurde die Exhumierung seiner Leiche begründet und rechtlich abgesichert.

Mit dem Heiligen begraben sein und auferstehen

Sichtbaren Ausdruck konnte die Märtyrerverehrung erst nach der Mailänder Vereinbarung im Jahre 313 erlangen, welche die freie Religionsausübung der Christen ermöglichte. Die wachsende Bedeutung der Märtyrerverehrung spiegelte sich nun auch in der Kunst und Architektur wider. Noch zur Zeit Konstantins des Großen (306–337) entstanden außerhalb der großen Städte in den

Friedhöfen über den Märtyrergräbern die ersten großen Gedächtniskirchen.
Das größte Glück für einen Gläubigen war es, möglichst nahe beim Heiligen begraben zu werden, wie uns Inschriften, zahlreiche literarische Zeugnisse und Predigten berichten. Der Grundgedanke dabei war, daß der Märtyrer für die Auferstehung am Tag des Jüngsten Gerichtes Helfer und Fürsprecher bei Gott sein sollte.
Mit dieser Vorstellung von der großen Hilfe der Märtyrer hatte man auch die Scheu, Gräber zu öffnen, überwunden, und es setzte sich bald die Auffassung durch, daß auch kleinste Teile der Gebeine (Reliquien) für die Gegenwart des Märtyrers genügen. Die theologische Begründung folgte der Praxis, die besagte, daß den Seelen der Heiligen durch die Entnahme der Gebeine aus den Gräbern oder deren Zerteilung kein Unrecht geschehe. Da eine enorm große Nachfrage an Reliquien herrschte, genügten schon die sogenannten Berührungsreliquien, nämlich Gegenstände oder Öl, mit denen Gebeine von Märtyrern berührt worden waren. Auf diese Weise war es einem größeren Personenkreis möglich, Reliquien zu erlangen und sich »beim Heiligen« begraben zu lassen. Mausoleen wurden daher häufig mit Reliquien ausgestattet.
Da in der theologischen Interpretation die Verbindung vom Blutzeugnis des Märtyrers und dem Opfertod Christi hergestellt war (s. S. 185), trachtete man danach, auch die Altäre der Kirchen mit Reliquien auszustatten. Die Kirchenversammlung von Karthago im Jahr 419 forderte dies ausdrücklich. Wiederholt wurde die Vorschrift beim II. Konzil von Nicäa (787), weil offensichtlich noch immer nicht alle Altäre Reliquien besaßen oder sich diese in einem Raum getrennt vom Altar befanden. Damit hatte man mit der antiken Vorstellung der kultischen Unreinheit in Verbindung mit den Toten vollständig gebrochen.
Mußte eine christliche Gemeinde aufgrund der kriegerischen Ereignisse der Völkerwanderungszeit ihre Siedlung verlassen, so öffnete sie die Reliquienkammer unter dem Altar und nahm die Gebeine ihres Heiligen mit, wie uns zahlreiche schriftliche Quellen berichten.

Bruch mit den römischen Gesetzen

Der Wunsch, möglichst nahe beim Heiligen begraben zu sein, führte jedoch zum Bruch mit den ältesten römischen Gesetzen, nach denen es verboten war, Tote innerhalb der Stadt oder der Siedlung zu begraben. Hatte man beispielsweise in Rom schon Ausnahmen für Kaiser gemacht, so war es nun an manchen Orten des Alpenraumes im 5. und 6. Jahrhundert möglich, daß sich privilegierte Personen wie Priester oder Kirchenstifter mit ihren Familien in den Kirchen innerhalb des bewohnten Areals begraben ließen.
Diese Praxis hatte entscheidende Veränderungen für das Siedlungsbild Mitteleuropas zur Folge. Seit dem 8. Jahrhundert begann man die Toten – unabhängig von ihrer sozialen Stellung – auch bei der Kirche innerhalb der Siedlung zu bestatten, um ihnen die Nähe des Märtyrers zu geben, dessen Reliquien im Altar verwahrt waren. Lagen in der römischen Epoche die Grabbezirke noch an den Ausfallstraßen der Städte (Abb. 96), so wurden im Alpenraum seit dem 8. Jahrhundert bis in jüngste Zeit Friedhöfe um die Kirche innerhalb der Siedlungen angelegt.

Die Beschaffung von Reliquien

Im Osten war die Märtyrerverehrung in der zweiten Hälfte des 4. Jahrhunderts weit verbreitet. Der Kirchenvater und Bischof Ambrosius von Mailand († 397) spielte eine entscheidende Rolle für die Entwicklung und rasche Verbreitung des Reliquienkultes im Westen. Spätestens 386 weihte er eine Gedächtniskirche den Aposteln Johannes, Andreas und Thomas, deren Reliquien er wahrscheinlich aus dem Orient erhalten hatte. Im gleichen Jahr entdeckte Ambrosius aufgrund einer Vision die Gräber der Märtyrer Protasius und Gervasius vor den Toren der Stadt Mailand. Die »außerordentliche Körpergröße«, »das Blut« in der Umgebung sowie die Nachricht alter Leute galten dem Bischof als Echtheitsmerkmale. Ferner grub Ambrosius noch die Gebeine der Märtyrer Nazarius und Celsus in Mailand aus und fand bei einem Aufenthalt in Bologna auch die Gräber der Märtyrer Agricola und Vitalis. Durch Zerteilen der Gebeine verbreiteten sich die Reliquien aus Mailand und damit die Verehrung der »Ambrosianischen Heiligen« sehr rasch. Auch der heilige Severin, Klostergründer in Favianis (Mautern, Niederösterreich) an der Donau, konnte Reliquien des Protasius und Gervasius erwerben und seiner Reliquiensammlung beifügen. Da offenbar mit Reliquien Geschäfte zu machen waren, gab es auch »falsche« Reliquien. Severin erwarb Reliquien angeblich nur aufgrund einer Erleuchtung, welche die Echtheit garantierte. Wie Ambrosius entdeckte der Bischof Theodor (Theodul) von Martigny in St-Maurice angeblich die Gräber des Mauritius und seiner Gefährten (»Thebäische Legion«). Als man für eine Kirche in Boiotro (Passau) Reliquien benötigte, wollten die Presbyter auf Reisen gehen, um solche zu erwerben. Ein Reliquienbehälter (Abb. 13) auf dem Hemmaberg dürfte aus dem östlichen Mittelmeerraum stammen. Gerade der Orient war ein wichtiges Herkunftsgebiet für Reliquien. Während Bischof Ambrosius von Mailand den Märtyrerkult forciert hatte, trat der Presbyter Vigilantius aus Gallien gegen diese Entwicklung auf, weil er darin das Wiederaufleben heidnischer Totengebräuche sah. Er nannte die Reliquienverehrer »Aschenanbeter« und »Götzendiener«.

Märtyrerverehrung und Kirchenarchitektur

Im allgemeinen befanden sich die Reliquien in einer Kammer unter dem Tischaltar oder seltener in einem Blockaltar im abgeschrankten Presbyterium der Kirche. Die zunehmende Verehrung der Märtyrer führte dazu, daß für die Aufbewahrung der Reliquien besondere architektonische Lösungen gefunden wurden. Die Reliquien konnten daher in der Apsis einer eigens errichteten Gedächtniskirche, eines Baptisteriums oder in der Apsis einer Gedächtniskapelle, die einer Kirche angeschlossen war, untergebracht werden. Die Apsis hatte nämlich in der römischen Baukunst die Funktion, im Baukörper einen bestimmten Platz hervorzuheben, zu betonen und ihm einen würdigen Rahmen zu geben (»Würderaum«). Im Alpenraum waren die Reliquien in den Apsiden in einer Kammer unter dem Boden aufbewahrt (Abb. 12). Darüber stand ein Altar. Die Apsis war durch eine Schrankenanlage und Vorhänge vom übrigen Raum abgetrennt, wie es einem heiligen Ort zukam (Abb. 9, 15). Eine seltenere architektonische Lösung stellen die Doppelapsiden dar. Die innere Apsis nahm die Klerusbank, die äußere Apsis das Reliquiengrab auf (Abb. 20). Arkaden oder eine Säulenstellung in der inneren Apsisrundung stellten die Verbindung zwischen dem Presbyterium und dem Märtyrergrab her und schufen damit einen eindrucksvollen architektonischen Rahmen. Die dritte nachweisbare Möglichkeit war, daß der Baumeister unter dem erhöhten Presbyterium in der Apsis eine Krypta mit dem Märtyrergrab schuf, zu dem man wie in eine Grabkammer über eine Treppe hinabsteigen konnte (Abb. 89, 90). Möglicherweise war in diesem Fall der Sarkophag des Heiligen sichtbar aufgestellt (s. S. 185).

Pilgerwesen und Wallfahrten

Die intensive Verehrung der Märtyrer führte zur Ausbildung des Wallfahrts- und Pilgerwesens, an dessen Anfang allerdings die Heiligen Stätten in Palästina standen. Die Pilgerfahrten ins Heilige Land führten zu den Orten, an denen Jesus gewirkt hatte, und zu jenen der Erscheinung Gottes.

In den übrigen Regionen des Römischen Reiches wurden Gräber der Märtyrer oder Reliquiengräber das Ziel der Wallfahrten. Neben der Hilfe, die man sich von den Märtyrern erwartete, galten diese aufgrund ihres Lebenswandels als Nachahmer Christi. Sie waren damit herausragende Persönlichkeiten der christlichen Gemeinschaft, die wegen ihres Vorbildes besondere Achtung und Verehrung genossen. Konkret waren die Initiativen und die Propaganda des lokalen Klerus von Bedeutung, um Märtyrergebeine bzw. einen Heiligen zum Wallfahrtsziel zu machen. Aus der Literatur wissen wir, daß durchaus Reliquien mehrerer Märtyrer am selben Ort gesammelt wurden, um das Ansehen eines Pilgerortes oder aber auch eines Bischofssitzes zu steigern.

Architektur als sichtbarer Ausdruck des Pilgerwesens

Ohne schriftliche Nachrichten oder den Fund von Pilgerandenken (Eulogien) sind frühchristliche Wallfahrtsorte archäologisch nur schwer zu erfassen, denn jede Kirche mit Reliquien konnte zum Pilgerziel werden. An beliebten Pilgerorten trachtete man jedoch danach, die kultisch und liturgisch bedeutsamen Bereiche durch künstlerische und architektonische Gestaltung besonders hervorzuheben, wie dies auch an manchen Bischofssitzen der Fall war. Besondere Ausstattung mehrerer Kirchen sowie Wohn- und Pilgerhäuser in deren Umgebung können für Archäologen Hinweise auf Wallfahrten geben, vor allem dann, wenn die Kirchenanlagen Dimensionen erreichen, die für die ortsansässige Bevölkerung nicht notwendig und von dieser auch nicht mehr finanzierbar waren. Gezielte Wegführung bzw. Lenkung des Pilgers durch die Wahl der Bauachsen kann ein weiteres Merkmal sein. Plätze vor den Kirchen dienten zur Versammlung der Pilger, bevor sie zum Gottesdienst eingelassen wurden. Eine Möglichkeit, die besondere Stellung und Verehrung des Märtyrers auszudrücken, war die Form der Doppelkirche, die beispielsweise auf dem Hemmaberg nur durch gewaltige Terrassierungsmaßnahmen verwirklicht werden konnte (s. S. 115). In den drei Sakralbauten wurden der Bereich der Eucharistiefeier, des Märtyrergrabes und der Taufe als wesentliche Punkte der Liturgie durch Mosaikböden hervorgehoben. Der Symbolgehalt in der Architektur ist nicht zu übersehen. Märtyrergrab und Baptisterium liegen wie zwei Pole einander gegenüber und sind mit dem Auferstehungsgedanken verbunden. Deutlich wird auch hier die Bedeutungssteigerung von Westen nach Osten, der Richtung zum Paradies (s. S. 115).

Mönche und Klöster

Wurzeln der Askese

Die Askese als Lebensform kennen wir bereits aus vorchristlicher Zeit. Die Wurzeln liegen in Ägypten. Um 250 zogen sich die ersten Einsiedler *(monachi)* in die Wüste bei Theben zurück. Nach 270 gründete Antonius von Koma in Oberägypten zahlreiche Eremitenzellen in einem losen Verband. Diese Lebensform regte um 320 Pachomios, einen ehemaligen Soldaten, an, die Mönche in eine straff geregelte Gemeinschaft (Koinobion) zu führen und den Lebensunterhalt durch gewerbliche und landwirtschaftliche Arbeit zu verdienen. Er verfaßte die erste Klosterregel, die späteren Ordensgründern, so auch Benedikt, als Vorbild diente. Die asketisch-monastische Bewegung fand im Westen erst später ihre Anhänger und hat nie die extremen Formen wie im Osten – man denke nur an die Säulenheiligen – angenommen. Die ersten Klöster gründeten Eusebius von Vercelli († 371) und Martin von Tours (seit 372) in Gallien. Große Bedeutung erlangten dann um 420 die Klostergründungen des Honoratus auf der Insel Lernium (Lerins) vor Cannes und von Johannes Cassianus in Marseille.

Mönche im Alpenraum

Diese geistigen Zentren in Südgallien wirkten sich auch auf das Alpengebiet aus. Um die Mitte des 5. Jahrhunderts sollen die Mönche Romanus und Lupicinus, ein Brüderpaar, im Jura drei Klöster gegründet haben. Unsicher bleibt, ob auch das Kloster in Romainmôtier in diese Zeit zurückgeht. In St-Maurice *(Acaunum)* war schon gegen 400 eine Klostergemeinschaft an den Gräbern des Märtyrers Mauritius und seiner Gefährten entstanden. Eine feste Klosterregel wurde wahrscheinlich erst 515 eingeführt.

Im östlichen Alpenraum lassen sich die Spuren der mönchischen Askese von Männern und Frauen ebenfalls bis in die zweite Hälfte des 4. Jahrhunderts zurückverfolgen. Der Kirchenvater Hieronymus richtete nämlich Briefe an einen Mönch und an gottgeweihte Jungfrauen in *Emona* (Ljubljana). Eine wertvolle Quelle für die zweite Hälfte des 5. Jahrhunderts ist die von Eugippius verfaßte Lebensgeschichte des heiligen Severin. Der Heilige wirkte vor allem im österreichischen und bayerischen Alpenvorland und hatte enge Kontakte ins inneralpine Gebiet, bis in den Kärntner Raum. Die Lebensbeschreibung gibt uns unter anderem einen Einblick in das Mönchtum jener Epoche.

Severin, ein hochgebildeter Mensch aus vornehmem Hause, war auf der Suche nach einem vollkommeneren Leben in eine Wüste des Orients gegangen, hatte dort als Einsiedler gelebt und kehrte nach dem Tod des Hunnenkönigs Attila 453 in den Donauraum westlich von Wien zurück. Er gründete in Mautern *(Favianis)* an der Donau ein Kloster, doch suchte er selbst gerne eine Eremitenzelle in den Weinbergen auf. Weitere Klöster werden in Passau und Salzburg genannt.

Severin und die Klosterregel

Über die Klosterregel erfahren wir aus der Vita S. Severini verhältnismäßig wenig, doch hat Severins Biograph Eugippius eine Ordensregel verfaßt, die wir beispielhaft heranziehen können. In den Mönchsgemeinden Severins gab es anscheinend keine schriftlichen Bestimmungen, sondern nur die mündlichen Anweisungen des Lehrmeisters und dessen Vorbild. Der Abt besaß unter den Mönchen unbegrenzte Autorität; er hatte das Recht, zu befehlen und zu strafen. Hochmut war eines der schlimmsten Laster. Die Disziplin im Kloster wurde gegebenenfalls auch durch Prügel, Haft und Ketten aufrecht erhalten. Die Mönche sollten nach dem Vorbild der Apostel leben und das Irdische verachten. In Analogie zu den östlichen Klostergemeinschaften kann vermutet werden, daß die Mönche jener Zeit hauptsächlich oder ausschließlich fleischlos aßen. Genannt werden Brot und Grünzeug, gewürzt mit Salz und Öl. Nur für die alten Mönche gab es auch Wein.

Klosteranlagen im Alpenraum

Obwohl wir bereits von Klostergründungen in literarischen Zeugnissen seit dem ausgehenden 4. Jahrhundert hörten, ließ sich bislang keine Klosteranlage – abgesehen von der Kirche in St-Maurice – durch Ausgrabungen klären. Man darf mit Wohn- und Wirtschaftsbauten, einem Hospitium (s. S. 135 f.) und einem Bad in Verbindung mit der Krankenpflege rechnen. Um solche Gebäude aber als Kloster ansprechen zu können, bedarf es spezifischer Funde. Meist lagen die Klöster außerhalb der Siedlungen, doch gab es auch asketische Männer- oder Frauengemeinschaften, die innerhalb der Siedlung lebten, weshalb solche schon für Vranje in Betracht gezogen wurden (s. S. 77 f.). Die Wohn- und Wirtschaftsgebäude neben der Doppelkirchenanlage erlauben nach den bisherigen Funden keinen eindeutigen Schluß.

Anziehungskraft des Mönchtums und innerkirchliche Kritik

Das asketische Vorbild war den notleidenden Christen in den Grenzprovinzen ein Trost, da vorgelebt wurde, mit welch wenigen Dingen ein Mensch auskommen konnte. Gleichzeitig wurden Leiden als Prüfung Gottes verstanden. Das Gebot der Armut gab den Mönchen Gelassenheit gegenüber irdischen Dingen. Doch wurden die Gläubigen gerade durch die tatkräftige Hilfe der Mönche besonders unterstützt.

Es ist wahrscheinlich kein Zufall, daß sich die Kritik an der Askese und am Mönchtum im Westen entwickelte, da es hier im Gegensatz zum Osten keine vorchristliche Askese gegeben hatte. Schon gegen Ende des 4. Jahrhunderts leugnete der Mönch Jovinianus von Mailand nicht nur die Sinnhaftigkeit der Ehelosigkeit, sondern auch des Fastens. Er wies auf den essenden und trinkenden Jesus hin und stellte die Frage, wozu Gott die Schweine, Ziegen, Hühner und andere Tiere geschaffen hätte, wenn nicht zum Essen. Ebenso hielt es Jovinianus nicht für notwendig, sich durch besonders einfache Kleidung von der übrigen Bevölkerung zu unterscheiden. Papst Siricius qualifizierte ihn als »Lehrer der Genußsucht« ab. Trotz zweimaliger Verurteilung des Jovinianus und seiner Anhänger in Rom und in Mailand wird sein Gedankengut nicht ausgestorben und wohl auch im Alpenraum bekannt geworden sein. Die gleichen Ideen vertrat der sehr rational eingestellte Vigilantius nach seiner Rückkehr aus Ägypten und Palästina um 396, wo er die extremen Formen der Askese kennengelernt hatte. Seine Ansichten äußerte er nicht nur als Priester in Barcelona, sondern legte sie wie Jovinianus auch schriftlich nieder.

Glaubensstreitigkeiten

Sehr früh begannen die Christen über Glaubensfragen zu diskutieren. Die unterschiedlichen Auffassungen blieben eher verdeckt, so lange die Gefahr der Verfolgung drohte. Die Glaubensstreitigkeiten, die sich durch die Jahrhunderte hinziehen, sind als Ringen um den wahren Glauben zu verstehen.

Die Arianer

Die Arianer waren Christen, die sich in der Auffassung der Dreifaltigkeit Gottes von den Katholiken unterschieden. Der Name des Bekenntnisses geht auf den Presbyter Arius von Alexandria († nach 335) zurück. Für seine Lehre war sowohl die griechische Philosophie wie der strenge jüdische Ein-Gott-Glaube maßgeblich. Nach dem Verständnis der Arianer war Christus dem Gottvater nur wesensähnlich *(homoi-ousios)*, aber nicht wesensgleich *(homo-ousios)*, wie es die katholische Lehre besagt. Der Buchstabe »i« *(iota)* im Griechischen machte den Unterschied. Den Heiligen Geist faßten die Arianer nicht als göttliche Person auf, sondern als Geist Christi. Die Dreifaltigkeit war also in Frage gestellt.

Römische Kaiser und Glaubensfragen

In die unterschiedlichen Glaubensauffassungen griffen immer wieder die Kaiser ein, auch durch entsprechende Gesetzgebung oder Absetzung von Bischöfen. Daher spielte die Gesinnung des Kaisers für solche Entscheidungen eine Rolle. So bekannte sich beispielsweise der Sohn Konstantins des Großen, Constantius II. (337–361), zum Arianismus. In dieser Zeit weihte Eusebius von Nikomedia den ostgotischen Kleriker Ulfila zum Bischof, der das arianische (homöische) Glaubensbekenntnis unterschrieb. Diese bekehrungsgeschichtliche Besonderheit führte dazu, daß vor allem die germanischen Stämme (Ost- und Westgoten, Langobarden, Rugier, Vandalen, Burgunder usw.) den arianischen Glauben annahmen. Im Jahre 380 verordnete Kaiser Theodosius das beim Konzil in Nicäa (325) beschlossene Glaubensbekenntnis *(homo-ousios)* als allgemein gültig für das Römische Reich. Die später auf römischem Gebiet angesiedelten germanischen Stämme blieben Arianer.

Arianismus im Alpenraum

Hinweise auf den Arianismus im Alpenraum sind nur gelegentlich in schriftlichen Zeugnissen zu finden, da die arianische Literatur fast gänzlich verloren ging bzw. bewußt nicht überliefert wurde. Von *Poetovio* (Ptuj), einem Bistum am äußersten Ostrand des Alpenraumes, wissen wir, daß der Katholik Aprianus als Bischof der Stadt an der Kirchenversammlung (Konzil) in *Serdica* (Sofia) 343 teilnahm. Der Kirchenvater und Bischof Athanasius von Alexandrien bezeugt, daß die Bischöfe aus Norikum, also aus dem Ostalpenraum, den rechten katholischen Glauben vertraten. Etwa 40 Jahre später kam es zu Glaubenskämpfen in der Stadt Poetovio. Gegen das Jahr 380 residierten dort gleichzeitig der arianische Bischof Julianus Valens und der katholische Bischof Marcus. Zwischen 368 und 374 waren in den für den Alpenraum wichtigen Metropolien Aquileia und Mailand die arianischen Bischöfe von katholischen abgelöst worden. Der Arianismus und andere Irrlehren waren aber nicht mit einem Schlage überwunden, wie aus der Polemik in den Schriften des Bischofs Chromatius von Aquileia (388–408) hervorgeht.

Religiöse Toleranz der germanischen Könige

Das römische Reichsgebiet am Südufer der Donau im heutigen Niederösterreich kontrollierten nach der Mitte des 5. Jahrhunderts die arianischen Rugierkönige, die den heiligen Severin († 482) zum Berater hatten. Ausdrücklich bezeugt Eugippius die Toleranz (»heilsame Milde«) des Königs Feletheus in religiösen Fragen.

Der Herrschaft des ersten Germanenkönigs in Italien, Odoaker (476–493), setzte der Ostgotenkönig Theoderich (II.) der Große durch Mord ein jähes Ende und wurde nicht nur Herr über Italien, sondern auch über die Alpenprovinzen. Ein namentlich nicht bekannter Schriftsteller *(Anonymus Valesianus)* aus Valesia betont, daß Theoderich († 526) nichts gegen den katholischen Glauben unternahm und beim Besuch in Rom im Jahre 500 den Apostel Petrus »in tiefster Ehrfurcht geehrt habe, als sei er selber Katholik« gewesen. Sogar kurz vor dem Ausbruch des byzantinisch-gotischen Krieges versicherte der Senat Roms in einem Schreiben (535) an Kaiser Justinian (527–565), daß der Kaiser selbst nicht mehr für Rom tun könne, weil trotz der arianischen Könige die katholische Religion blühe. Im gleichen Jahr enthält ein Brief des Ostgotenkönigs Theodahad (534–536) ein Bekenntnis zur religiösen Toleranz: »In diesen Dingen maßen wir uns kein Urteil an, da wir dazu keinen besonderen Auftrag haben. Denn da Gott die Existenz verschiedener Konfessionen zuläßt, wagen wir es nicht, eine einzige vorzuschreiben.«

Beim Studium der schriftlichen Quellen zu den führenden römischen Beratern Theoderichs konnte F. W. Deichmann feststellen, daß eine tolerante Gesinnung die Grundlage ihres gesamten Wirkens am Hofe in Ravenna war.

Nicht anders verhielt sich der burgundische König und Arianer Gundobad, der mit dem Bischof Avitus von Vienne Glaubensfragen diskutierte und katholische Bischöfe unterstützte. Sein Sohn Sigismund trat zur katholischen Kirche über, ohne daß das gesamte burgundische Volk dem Beispiel folgte; mit dessen Eingliederung ins Frankenreich (534) endete der Arianismus in Burgund.

Arianismus und Kirchenbau

Gleichzeitig mit der Übernahme der römischen Zivil- und Militärverwaltung in den Alpenprovinzen Rätien und Norikum richteten die Ostgoten eine kirchliche Organisation ein. In den Städten residierten nun jeweils ein katholischer und ein arianischer Bischof, wie dies beispielsweise später (nach 568) auch für die Langobarden in Italien bezeugt ist.

Für den arianischen Gottesdienst mußten allerdings neue Kirchen geschaffen werden, wenn nicht etwa in einer Stadt schon mehrere Kirchen vorhanden waren. Die Übernahme von Kirchen durch die eine oder andere Glaubensrichtung war bereits im 4. Jahrhundert im östlichen Mittelmeerraum ebenso wie in Nordafrika verbreitet. Im Alpenraum sind wir mangels schriftlicher Quellen diesbezüglich auf die archäologische Hinterlassenschaft angewiesen. Einen ersten Hinweis auf eine katholische und eine arianische Gemeinde kann das Vorkommen zweier Baptisterien in einer Siedlung oder einer Stadt sein. Wohlbekannt sind beispielsweise das arianische und das katholische (= orthodoxe) Baptisterium in Ravenna oder in Grado. Auf dem Hemmaberg entstanden zur gleichen Zeit am Beginn des 6. Jahrhunderts während der Ostgotenherrschaft zwei Doppelkirchen mit je einem Baptisterium (d. h., alle kultischen und liturgischen Einrichtungen für Eucharistiefeier, Taufe und Märtyrergrab wurden verdoppelt, vgl. S. 118ff.). Ebenso weist Säben *(Sabiona)* zwei Kirchen und zwei Baptisterien auf. Da bisherige Er-

klärungsmodelle für je zwei Kirchen in Oberlienz und in Lavant nicht mehr anwendbar sind, darf man annehmen, daß jeweils eine Kirche, nämlich die arianische, nach dem Ende der Gotenherrschaft aufgelassen wurde und verfiel. Die katholischen Kirchen an den zuletzt genannten Orten blieben weiter bestehen und bekamen frühmittelalterliche und mittelalterliche Nachfolgebauten, so daß am jeweiligen Platz die Kontinuität bis heute gewahrt blieb. Auch je zwei Kirchen in den Höhensiedlungen auf dem Grazerkogel und auf dem Rifnik sind mit zwei Christengemeinden in Verbindung zu bringen. In den Städten St. Peter in Holz, Trient und Aosta lagen die arianischen Kirchen außerhalb der Stadtmauern. In der burgundischen Königsstadt Genf kommt nach dem derzeitigen Forschungsstand St-Germain als arianische Kirche in Frage.
In Ravenna wurden nach dem Sieg über die Goten die arianischen Kirchen rekatholisiert, allerdings erst mehr als ein Jahrzehnt später, als zwischen 565 und 570 die gesetzlichen Grundlagen geschaffen waren. In Säben, in Oberlienz und auf dem Hemmaberg wurden in den Nebenräumen der in Frage kommenden arianischen Kirchen jeweils Spuren von profaner Nachnutzung bei den Ausgrabungen festgestellt.

Das Schisma des »Drei-Kapitel-Streites«

Schisma bedeutet Spaltung der kirchlichen Einheit. In unserer Region geht es um die Abspaltung der westlichen Bischöfe mit ihren Bistümern vom Papst. Zu diesen Bischöfen gehörten nach 553 nicht nur jene in Venetien und Istrien, sondern auch jene in Rätien und Norikum.
Die Wurzeln für dieses Schisma lagen bereits hundert Jahre zurück und hatten ihren Ausgangspunkt in einem theologischen Streit. Die Schule von Antiochia (Antakya, Osttürkei) hatte in der Christuslehre andere Auffassungen als die Schule von Alexandria (Ägypten). Drei Theologen (Theodoros von Mopsuestia, Theodoretos von Kyros und Ibas von Edessa) der Schule von Antiochia legten ihre Christuslehre in drei Schriften (= »Drei Kapitel«) dar. Ein Hauptproblem der »Drei Kapitel« war die Ablehnung des Begriffes »Gottesgebärerin« für Maria. Nestorius († 451), Patriarch von Konstantinopel (428–431) und wichtigster Vertreter der antiochenischen Schule, setzte sich für den Begriff »Christusgebärerin« ein, damit auch die menschliche Natur Christi betont werde. Trotz des Konzils in Ephesos 431 und des kaiserlichen Eingreifens wurden letztlich die theologischen Probleme nicht gelöst. Als die Monophysiten, die Verfechter der allein göttlichen Natur Jesu, eine umfassende Bewegung im Osten des Römischen Reiches wurden, entflammte 449 neuerlich der Streit. (Die Glaubensrichtung der Monophysiten wird heute noch von der koptischen, abessinischen und armenischen Kirche vertreten!) Diesmal wurde Papst Leo der Große (440–461) als Schiedsrichter angerufen. Er verfaßte einen Lehrbrief, welcher die Grundlage für das Konzil in Chalkedon im Jahr 451 darstellte: In der gott-menschlichen Person Jesu Christi verschmelzen die beiden Naturen zwar nicht, jedoch findet ein Austausch zwischen der göttlichen und menschlichen Natur Christi statt. Den Begriff »Gottesgebärerin« für Maria behielt er bei. Das Konzil von Chalkedon verurteilte aufgrund des Lehrbriefes den Monophysitismus, aber nicht die »Drei Kapitel«. Einige Bischöfe, die nicht am Konzil teilnahmen, erklärten schriftlich ihre Zustimmung zu den Konzilsbeschlüssen, wie wir dies von der Mailänder Kirchenversammlung 451 erfahren. In Vertretung des Bischofs Asinio von Chur unterschreibt der Bischof Abundantius von Como. Demnach ist anzunehmen, daß auch die anderen Bischöfe des Alpenraumes über die aktuelle theologische Diskussion informiert waren.
Etwa hundert Jahre später löste Kaiser Justinian I. (527–565) neuerlich den Streit zum gleichen Thema aus. Der Kaiser zielte näm-

lich auf eine Versöhnung mit den Monophysiten, die im oströmischen Reich dominierten. Der Kaiser bewirkte beim Konzil in Konstantinopel 553 eine Verurteilung der »Drei Kapitel«, indem er Papst Vigilius unter Druck setzte.

Die Bischöfe des Patriarchats Aquileia stimmten nicht zu und warfen dem Papst vor, sich zu wenig gegen die Verurteilung der »Drei Kapitel« eingesetzt zu haben. Daher kam es zur Abspaltung von Rom, die als Schisma der »Drei Kapitel« bezeichnet wird. Bischof Elias ließ den Dom von Grado neu errichten und weihte ihn programmatisch der Märtyrerin Eufemia, der Heiligen von Chalkedon. Dieselbe Heilige wählte der Bischof Agrippinus von Como für seine Kirche, schied aus dem Patriarchat Mailand aus und unterstellte sich dem Patriarchen von Aquileia. (Das Bistum Como einschließlich des Tessins verblieb auch nach der Beilegung des Schismas [628] bis 1751 bei Aquileia!) Bischof Eufrasius, ebenfalls ein Schismatiker, ließ den Dom von *Parentium* (Poreč) neu erbauen. Möglicherweise gehen auch die Vergrößerung und die repräsentative Ausgestaltung der Bischofskirche mit einem Trikonchos in *Teurnia* (s. S. 134) auf den schismatischen Bischof Leonianus zurück. Dann wäre zu fragen, ob das Fresko über dem Bischofsthron der Kirche nicht etwa die heilige Eufemia darstellte.

Eine Reihe von Schismatikern aus dem Alpengebiet nahm an der Kirchenversammlung von Grado (572–577) teil: die Bischöfe Patricius von *Emona*, Johannes von *Celeia*, Leonianus von *Teurnia*, Maxentius von *Julium Carnicum* (Zuglio), Flaminius von *Tridentum* (Trient) und Materninus von *Sabiona* (Säben). Vom Protokoll der Synode sind allerdings nur das Anfangskapitel und die Teilnehmerliste überliefert. Auch die gewaltsame Entführung des Patriarchen Severus von Grado (586–606) und dreier weiterer Bischöfe nach Ravenna (586) durch den byzantinischen Exarchen (Gouverneur) löste nicht das Problem des Schismas. In Istrien beispielsweise gewährte der Papst gegen die vordringenden Awaren und Slawen nur den Bischöfen Hilfe, die vom Schisma abließen.

Zweiter Teil

DIE AUSGRABUNGSSTÄTTEN

Celje und Umgebung

Celje – CELEIA

Die heutige Stadt Celje (Cilli) mit einer gut erhaltenen Altstadt und zahlreichen Häusern der Jahrhundertwende überdeckt die römische Stadt *Celeia*, die um 50 n. Chr. das Stadtrecht bekam, d. h. *municipium* wurde. Der zugehörige Verwaltungsbezirk umfaßte etwa den nordöstlichen Teil Sloweniens (s. Vorsatzkarte) und reichte wenigstens bis zu den Karawanken. Die Größe des Verwaltungsbezirkes entsprach auch im 5. und 6. Jahrhundert dem Bistum des Bischofs von Celeia. Der Bischof Joannes von Celeia unterzeichnete die Akten der Kirchenversammlung (Synode) von Grado, die in den Jahren zwischen 572 und 577 stattfand. Er zählte zu den Bischöfen, die sich vom Papst abgespalten hatten (s. S. 60f.). Im Jahre 587 befand sich Joannes wie sein Amtskollege aus *Emona*/Ljubljana als Flüchtling vor den Slawen in Ravenna und hatte sich aus dieser Situation heraus wieder freiwillig dem katholischen Patriarchen von Ravenna (und damit auch dem Papst) unterstellt. Die Landnahme der Slawen brachte die Kirchenorganisation zum Erliegen, dennoch nahm im Jahre 680 an der Kirchenversammlung im Lateran in Rom der Bischof Andreas von Celeia teil. Er war einer der ganz wenigen Vertreter christlicher romanischer Gemeinden, die unter heidnischen Völkern *(ecclesia in gentibus)* existierten. Schriftliche Nachrichten über das religiöse Leben (Liturgie, Kirchenbauten) unter den Slawen kennen wir nicht. Für eine Missionierung der Slawen waren die Voraussetzungen noch nicht gegeben.

Anläßlich der Errichtung des k.k. Post- und Telegraphengebäudes stieß man im Jahre 1897 in Celje auf eine frühchristliche Kirche. Wegen des fragmentarischen Erhaltungszustandes ist bisher dieses einmalige architektonische Konzept im Alpenraum noch nicht gewürdigt worden. Heute können wir den Kirchentypus (Abb. 20) mit größter Wahrscheinlichkeit rekonstruieren und auf die enge Parallele zur »Basilica della Beligna« in Aquileia hinweisen.

Die Kirche liegt am nordwestlichen Rand der antiken Stadt, die größer war als die mittelalterliche. Die Lage ist heute durch die Ecke der Straße Cankarjeva mit der Ulica XIV. divizije im Stadtbild zu bestimmen. In der Gubec-Straße 6 kann man im Eingangsbereich einer Modeboutique die Mauern und das Taufbecken eines Baptisteriums sehen, das erst 1989 zutage kam.

Die Mauern der Kirche waren kaum höher als das Bodenniveau erhalten. Den 13 m breiten Kirchensaal schloß ostseitig eine tiefe Apsis ab (Abb. 20). Zwischen Apsis und Saal springen querschiffähnliche Räume (Querannexe) vor. Vom erhöhten Presbyterium blieben keine Reste erhalten. Die Größe läßt sich nur anhand von Parallelen bestimmen: Das Presbyterium mußte demnach bis an die Westflucht der Querannexe gereicht haben. Außen um die Apsis verläuft in einem Abstand (2,50 m) eine zweite Apsismauer, an die nord- und südseitig schmale Räume anschließen. Im Scheitel der Apsis beobachtete der Ausgräber eine rechteckige Marmorplatte, die er jedoch nicht hob. Entscheidend für die Deutung des Bauwerks als Kirche waren die Mosaiken in allen Teilen der Kirche mit Ausnahme des Bereiches, in dem das Presbyterium vermutet wird,

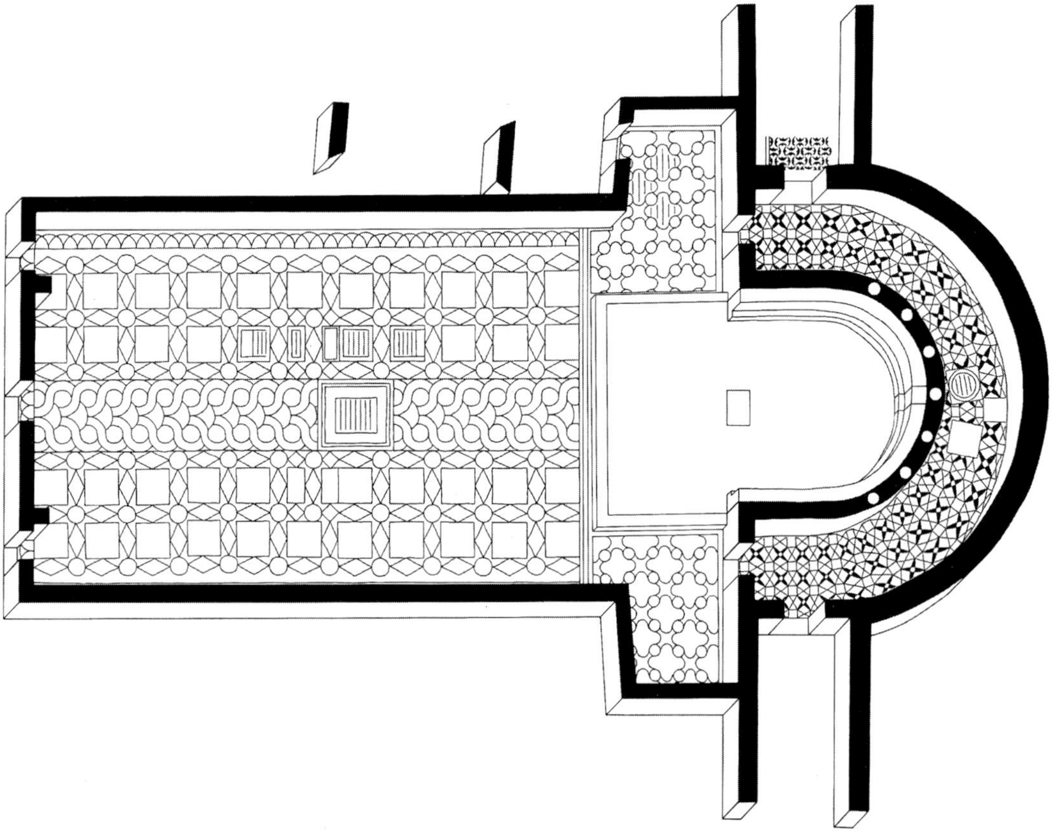

Abb. 20: Celje: Rekonstruktion der Kirche mit schematischer Darstellung des Mosaikfußbodens, vgl. Farbabb. 1.

das einst vielleicht einen Steinplattenbelag besaß. In den vorgefundenen Mosaiken waren insgesamt 13 Stifterinschriften bzw. Reste von solchen zu erkennen. Sie nannten den Namen der Gläubigen, manchmal ihr Amt und die gestiftete Mosaikfläche, die im römischen Fußmaß angegeben wurde. Die Angaben ermöglichen einen kleinen Blick auf die Personen der Christengemeinde. Die Inschrift des Diakons Justinianus war von einem Flechtband eingefaßt und durch Vogelmotive und Blätter bereichert (Farbabb. 1). Der Diakon hatte unter anderem die Aufgabe, den Bischof bei der karitativen Tätigkeit zu unterstützen. In einem weiteren Mosaikfeld gibt es den seltenen Fall, daß ein Scholasticus, also eine gelehrte Person, erwähnt wird. Er war vielleicht ein Rechtsanwalt oder hatte die Pflicht, Kinder und Jugendliche zu unterrichten, wie der *magister puerorum,* der in den Mosaikinschriften der Kirche von Parentium/Poreč (Istrien) genannt wird. Interessant wäre natürlich zu erfahren, ob der Scholasticus Leo dieses Amt im Rahmen einer kirchlichen Schule ausübte. Das größte erhaltene Inschriftfeld, etwa in der Mitte, stammt von einem Mann in senatorischem Rang, da seinem Namen Marcellinus der Titel *vir clarissimus* beigefügt ist. In die Stiftung bezog der Senator seine Frau Amantia und seine Familienangehörigen mit ein. Unter den durchwegs römischen Namen fällt ein Stifter auf, der Abraham heißt. Der Beiname bzw. die Herkunftsbezeichnung »Sirus« weist ihn als einen orientalischen Christen aus. Schon 3 Inschriften der mittleren römischen Kaiserzeit bezeugen Personen aus Syrien, Ephesos und Afrika in Celeia.

Eine Besonderheit der Kirche stellt der halbrunde Korridor um die Apsis dar, der wegen seines Mosaikschmuckes ebenso bedeutend gewesen sein mußte wie der Kirchenraum. Welche Funktion hatte er? In der bereits genannten Basilica della Beligna in Aquileia befand sich offensichtlich zwischen den Mosaikfeldern in der Mittelachse der Apsis ein Reliquiengrab. Die Marmorplatte im Scheitel der Apsis der Kirche von Celeia könnte ebenfalls auf ein Reliquiengrab hinweisen (Abb. 20). Der Apsis-Umgang war vermutlich (auch) von den schmalen Nebenräumen her zu betreten. Allein die Unterbringung von Reliquien würde die besondere Gestaltung des Apsisumganges und die Wahl des Baukonzeptes erklären (s. S. 54). Die Innenapsis war vielleicht mit Fenstern oder Arkaden durchbrochen. Aufgrund der Kirchenbreite, der Säulenfunde und des nordseitigen Abschlußstreifens ist eine Dreischiffigkeit der Kirche nicht auszuschließen.

Das entdeckte Baptisterium liegt ca. 100 m südwestlich der frühchristlichen Kirche (Farbabb. 2) und war in ein mehrräumiges Bauwerk eingebunden. Das innen abgetreppte und achteckige Taufbecken besaß ursprünglich eine weiße Marmorverkleidung. Nord- und südseitig sprangen Stufen in das Becken vor. Außen gliedern einspringende Kreissegmente die Beckenwand (Farbabb. 2). Für Säulen eines Baldachins auf den acht Vorsprüngen ergibt sich aus dem Grabungsbefund kein Hinweis. Wegen der großen Entfernung zwischen Kirche und Baptisterium stellt sich natürlich die Frage, welche Bauten im dazwischenliegenden Areal vorhanden waren. Das Baptisterium könnte in eine bischöfliche Residenz *(Episcopium)* einbezogen gewesen sein. Wenn es sich bei der besprochenen Kirche um eine Gedächtniskirche für einen Märtyrer handelte, war möglicherweise noch eine Bischofskirche vorhanden. Auch ein Hospitium in der Umgebung wäre dann nicht auszuschließen.

Die Entstehung der Kirche und des Baptisteriums wird man in die Zeit um 400 oder nach 400 ansetzen dürfen. Das wäre auch etwa der Zeitraum, der für die vergleichbare Basilika in Aquileia in Frage kommt.

Das Fragment einer frühchristlichen Inschrift kam in der Zidanšek-Gasse 10 zutage. Der Fundort liegt ca. 400 m südwestlich der frühchristlichen Kirche, nahe dem heutigen Museum. Die Buchstabenreste sind schwer deutbar. Der christliche Charakter wird durch ein Christogramm in einem Kreis angezeigt. Vermutlich handelt es sich um das Fragment einer Grabinschrift.

Lit.: R. Riedl, Mittheilungen der k.k. Central-Commission für Erforschung und Erhaltung der Kunst- und historischen Denkmale. Neue Folge 24 (1898) 219ff. V. Hoffiller/B. Saria, Antike Inschriften aus Jugoslavien (1938) 31ff.: Nr. 63–73. B. Djuric, Arheološki vestnik 27 (1976) 552ff. V. Kolšek, Arheološki vestnik 35 (1984) 342ff. A. Vogrin, Celeia Antiqua (1991) 24. R. Bratož, in: Grafenauerjev zbornik (1996) 205ff.

Celje: Gubceva ulica 6: Baptisterium während der Geschäftszeit in der Modeboutique zugänglich. Funde im Regionalmuseum von Celje, Pokrajinski muzej Celje.

Vipota bei Celje

Der Berg Vipota (532 m) liegt 3 km südlich der heutigen Stadt Celje unmittelbar am rechten Ufer des Flusses Savinja/Sann. Der Fund einer vollständigen und einer fragmentierten Christogrammscheibe (Abb. 21) auf dem Berggipfel gibt eine Ahnung von den Ereignissen der Völkerwanderungszeit. Die bronzenen Scheiben stammen aus der Zeit um 400 n. Chr. Sie besitzen einen Durchmesser von 25 cm. An den Ösen der Christogramme waren ursprünglich Kettchen und Delphine befestigt. Zusätzlich sind dem Christogramm die Buchstaben Alpha und Omega eingefügt. Vermutlich gehörten die Scheiben zu Leuchtern und sind mit jenen zu vergleichen, die im vorigen Jahrhundert in Rogoznica bei Ptuj (s. S. 94f.) entdeckt wurden. Die Stifterinschrift weist sie dort als Objekte einer Kirche aus. Alles spricht also dafür, daß auch die Christogramme, um die es hier geht, aus einer Kirche Celeias stammen und auf den Berg gebracht und versteckt worden sind. Die fragmentarische Scheibe scheint absichtlich zerstört worden zu sein. Sollten die Objekte aus der Kirche auf dem Berg in Sicherheit gebracht werden? Oder versteckte ein Plünderer das wertvolle Metall? Nur weitere Ausgrabungen werden solche Fragen klären können.

Abb. 21: Vipota: Anhänger einer Bronzelampe mit Christogramm, Alpha und Omega.

Lit.: S. Ciglenečki, Arheološki vestnik 44 (1993) 213ff.

Vipota: Funde im Regionalmuseum von Celje, Pokrajinski muzej Celje.

Prebold

Ungefähr 13 km westlich von Celje befindet sich die Pfarrkirche Sv. Pavel bei Prebold, an deren nördlicher Außenwand eine Inschrift (1,02 × 0,84 m) aus Pohorje-Marmor (Bacherngebirge) eingelassen ist (Farbabb. 4). Drei später eingearbeitete Konsekrationskreuze und ein vertiefter viereckiger Reliquienloculus stammen von der Verwendung als Altarmensaplatte bis um das Jahr 1900. Beim Umbau der Kirche wurden die drei Bruchstücke zusammen in der Nordmauer eingelassen.
Die Inschrift *(Akrostichon)* nennt mit den Anfangsbuchstaben der acht Verse (Hexameter) den Namen des Bischofs Gaudentius, der vielleicht in Celeia sein Amt bekleidet hatte. Über dem Text sind zwei gegenständige Pfaue neben einer kreisförmigen Fläche im Relief angeführt. Die seitlichen abstehenden welligen Bänder

dürften auf einen gebundenen Kranz hinweisen, in dessen Mitte sich ein christliches Symbol, vielleicht ein Christogramm, befand.

Gaude terra solo et longum laetare per aev[um],
Accipe pacificum corpus et flore co [rona]
V[ati]s innocui, sup quo pastore b⟨e⟩a[to]
Didicimus domini legem pia voce ca[nente].
En age, si meritus nobis h(a)ec munera de[dit],
Ne aliud sancti quam balsama corpus lin[ant].
Tu autem de domino precibus orare mem [ento],
In tua ne veniat grege leo fervidus i[ntro].
E P I S C O P [I]

»Sei froh Erde, im Innersten, und freue dich nur so lange bis zur Auferstehung, nimm den friedenstiftenden Leib und laß erblühen die Krone des rechtschaffenen Propheten, unter welchem seligen Hirten wir das Gesetz des Herrn lernten, indem er es mit milder Stimme vortrug. Wohlan, wenn der verdiente Mann uns diese Gaben geschenkt hat, dann bestreiche nichts anderes als Balsam den Leib des Heiligen. Du aber sollst daran denken, durch Gebete vom Herrn zu erbitten, daß nicht der brausende Löwe in deine Herde gelange.«

In der ersten Zeile steht nicht die »Anrufung der Erde« im Mittelpunkt, sondern christliches Gedankengut: Es wird auf die Auferstehung angespielt, ein zentrales Thema des christlichen Glaubens, welches nochmals mit dem Erblühen der »Krone des ewigen Lebens« in der zweiten Zeile anklingt. Bemerkenswert ist, daß eng verbunden mit dem Auferstehungsgedanken der »friedenstiftende Leib« genannt wird. Will man dieses Attribut nicht als Floskel auffassen, dann wird man in diesem Begriff eine wichtige Eigenschaft des Gaudentius für die Gemeinde bzw. für die Gemeinden sehen. Die folgenden Verse erklären auch, worin das »Friedenstiften« besteht: nämlich in der Verkündigung des Gebotes der Nächstenliebe und der Gottesliebe.

Danach werden die Gaben des Lebenden und des Toten gegenübergestellt. Bei Lebzeiten beschenkte der Bischof die Gläubigen mit der Lehre des Gebotes Jesu. Daher soll statt der Verwesung nur Balsam den Leichnam bestreichen. Ein häufig bezeugter Topos in den Legenden ist der Hinweis, daß der Körper des Heiligen nicht verwese und »süßer Wohlgeruch« bei der Öffnung der Heiligengräber aufsteige. Genau dies wird auch bei der Exhumierung des Leichnams des heiligen Severin (Eugippius, vit. Sev. 44,6) geschildert, um ein Beispiel aus Norikum anzuführen.

Dieser Hinweis auf die Heiligkeit (und damit auf die Gleichstellung mit den Märtyrern) spielt eine entscheidende Rolle für den letzten Gedanken des Gedichtes, daß nämlich der Heilige als Fürbitter für die Gemeinde bei Gott eintritt. Üblicherweise ist es umgekehrt: die Seele des Verstorbenen bedarf des Gebetes der Lebenden, wie wir von Augustinus u. a. erfahren.

Die Gedanken aller Verse sind eng miteinander verknüpft und in einer logischen Folge angeführt. Unabhängig davon, welches Verbum in der sechsten Zeile zu ergänzen ist, und unabhängig davon, ob man *corpus* oder *balsama* als Subjekt auffaßt, steht die Aussage im Vordergrund, daß es sich um ein Heiligengrab handelt.

Eine Frage aber bleibt: Warum wurde der Bischof nicht in *Celeia*, sondern 13 km entfernt in Prebold begraben? Solange der Bereich von Prebold archäologisch nicht näher erforscht ist, darf man nicht ausschließen, daß es hier eine frühchristliche Kirche und Gemeinde gegeben hat. Wenn diese existiert haben, dann ist zu vermuten, daß es sich bei Prebold entweder um den Heimatort oder um den Besitz des Bischofs von *Celeia*/Celje gehandelt hat, wo er begraben werden wollte.

Die genannte Eigenschaft des Bischofs als Friedensstifter regt natürlich auch zu verschiedenen Spekulationen an, die jedoch von der Datierung der Grabinschrift abhängig sind. Wenn Gaudentius zur Zeit der Gotenherrschaft über Norikum gelebt hätte, dann könnte er etwa vermittelnd zwischen arianisch-gotischer und katholisch-romanischer Gemeinde gewirkt haben. Die Vermutungen ließen sich fortsetzen. Eine nähere Aussage wäre nur durch eine engere Datierung der Inschrift zu erreichen. Vorerst wird man sie nur allgemein in das 5. Jahrhundert (2. Hälfte?) oder 6. Jahrhundert einordnen können. Da es, abgesehen von den Werken des Kirchenschriftstellers Victorinus in *Poetovio* (Ptuj), keine in Norikum entstandenen literarischen Zeugnisse gibt, stellt das überlieferte Gedicht eine Besonderheit dar.

Lit.: F. Lukman, Časopis za zgodovino narodopisje 21 (1926) 112ff. R. Egger, Mitteilungen des Vereines klassischer Philologen 4 (1927) 3ff. F. Lukman, Bogoslovni Vestnik 8 (1928) 117ff. V. Hoffiller/B. Saria, Antike Inschriften aus Jugoslavien 1 (1938) 9f.

Prebold: Pfarrkirche (Nordwand) ganzjährig zugänglich.

Rifnik bei Šentjur

Ungefähr 11 km östlich der antiken Stadt *Celeia*/Celje erhebt sich bei Šentjur über dem Tal des Flusses Voglajna der Berg Rifnik (568 m), an dessen nördlichem Ausläufer die mittelalterliche Burg Reichenegg liegt. Die Kuppe des Rifnik trägt eine spätantike Siedlung, in der zwei frühchristliche Kirchen zutage kamen (Abb. 22). Vom Rifnik aus ergibt sich eine eindrucksvolle Fernsicht in alle Richtungen.

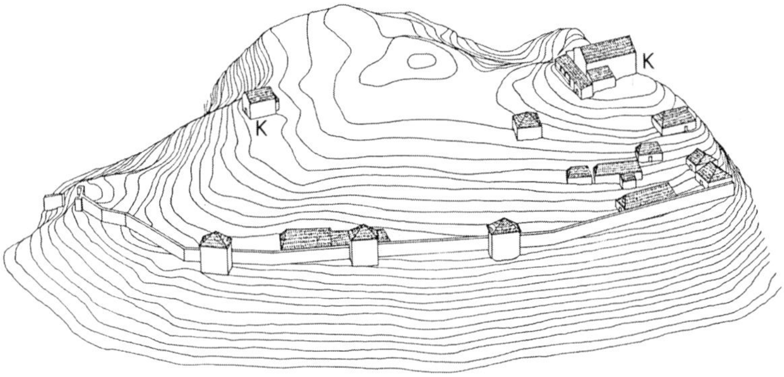

Abb. 22: Rifnik: Rekonstruktion der befestigten Siedlung mit den beiden Kirchen (K).

Die Funde auf der Kuppe des Berges reichen bis in die Jungsteinzeit, bis ans Ende des 4. Jahrtausends v. Chr. zurück. Aus der römischen Kaiserzeit stammen Kleinfunde wie Fibeln, Lampen und Gefäßfragmente. In den Mauern einer frühchristlichen Kirche waren Grabinschriften und Weihealtäre des 2. Jahrhunderts verbaut. Die Weiheinschriften nennen eine Wassergottheit namens *Aquon*, dessen Heiligtum am Berggipfel vermutet wird. Da die Verehrung eines Fluß- oder Quellgottes auf dem Berggipfel jedoch ungewöhnlich erscheint, können die Weihealtäre ebenso wie die Teile von Grabdenkmälern als Baumaterial in der Spätantike herbeigeschafft worden sein.

Die Kuppe des Rifnik umfaßt ein Areal von ca. 1,5 Hektar, wobei die Südseite durch eine mächtige Befestigungsmauer geschützt ist, die in einer zweiten Bauperiode mit zusätz-

lichen Türmen verstärkt wurde (Abb. 22). Die anderen Seiten des Berges fallen steil ab, so daß dort keine starken Befestigungswerke notwendig waren.
Die größere Kirche liegt am höchsten Punkt des Rifnik. Im rechteckigen Kirchensaal (16,10 × 9,55 m) ist in der östlichen Hälfte der Bereich des erhöhten Presbyteriums abgetrennt (Abb. 23). Nur geringe Spuren lassen noch die Klerusbank und die Begrenzung des Altarraumes erkennen. Reste einer Reliquienkammer und damit ein Hinweis auf den Standort des Altares wurden nicht entdeckt. In der Nordwestecke der Kirche wird durch ein ganz niedriges viertelkreisförmiges Mäuerchen ein seichtes Becken für Fußwaschungen (s. S. 43) abgetrennt.
Aufgrund der Geländesituation liegt der Narthex mit seinem asymmetrischen Eingang niedriger und besitzt zwei Treppen, die in den Kirchensaal und in den nördlich anschließenden Kultraum führen (Abb. 23).

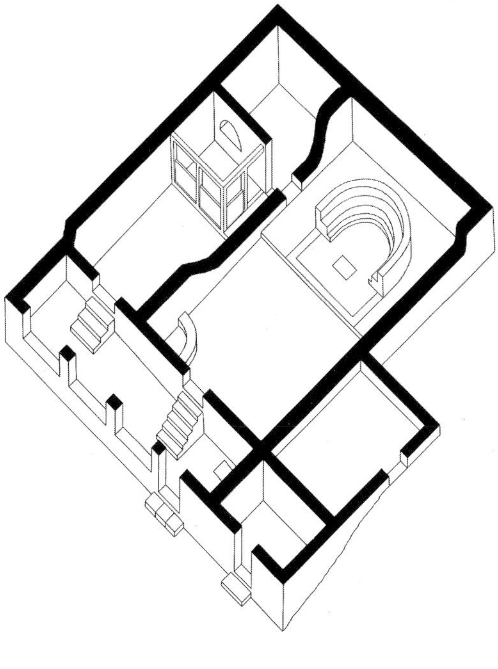

Abb. 23: Rifnik: Rekonstruktion der östlichen Kirchenanlage.

In einer Ecke des Narthex befand sich das Steinplattengrab von zwei privilegierten Personen, vielleicht Kirchenstiftern. Es handelte sich bei den beiden Toten um eine ältere Frau und einen jüngeren Mann. Der abgetrennte Raum am Ostende läßt sich als Sakristei verstehen, weil er einen Zugang zum Presbyterium des Kirchensaales besitzt. Der kultisch bedeutsame Bereich war einst an zwei Seiten durch Holzschranken abgetrennt, von denen sich die Spuren im Estrichboden erhielten. Die Ostmauer des Raumabschnittes bildet eine kleine Nische, deren asymmetrische Anordnung durch eine Tür in die Sakristei bedingt ist. Man versuchte, den Raum als Taufraum zu erklären, welcher das viertelkreisförmige angebliche Taufbecken in der Kirche ersetzen sollte. Doch ließen sich innerhalb des abgeschrankten Raumteiles keine Spuren eines vertieften Beckens finden. Da im Kirchensaal keine Reliquienkammer vorhanden war, diente die Nische wohl eher zur Unterbringung der notwendigen Märtyrergebeine und erklärt so das besondere Abgrenzen und Hervorheben des Raumteiles durch die hölzerne Schrankenanlage.
An der Südseite der Kirche sind zwei Wohnräume angebaut (Abb. 24). Der größere besaß einen Estrichboden, der kleinere einen Holzboden. Daß diese Räume zum Aufenthalt von Armen oder Klerikern dienten, kann man nur vermuten. Aschenschichten auf den Böden der Kirche lassen eine Brandzerstörung erschließen.
Südwestlich der Kirche kam eine enorm tiefe, ausgemauerte Zisterne ans Tageslicht. In sie wurde das Regenwasser von der großen Dachfläche der Kirche geleitet, um auch in Zeiten der Belagerung die Trinkwasserversorgung sicherzustellen. Ansonsten holte man das Trinkwasser aus Brunnen, die außerhalb der Befestigungsmauer lagen, etwa dort, wo heute einzelne Häuser stehen.
Ungefähr 80 m nordwestlich des beschriebenen Gotteshauses kam vor kurzem eine weitere, allerdings kleinere Kirche zutage

Abb. 24: Rifnik: rekonstruierte Ansicht der östlichen Kirche.

(Abb. 22). In dieser Apsidenkirche (10,5 × 6,5 m) blieben keinerlei Spuren der Innenausstattung erhalten. Nur das Grab eines Stifters oder Priesters konnte noch festgestellt werden. Aufgrund des schlechten Erhaltungszustandes ist es schwierig, den Kirchenbau zu datieren. Die Ausgräberin zog in Betracht, daß es sich möglicherweise um eine Kirche für den arianischen Gottesdienst während der Gotenherrschaft (493–536) handle (s. S. 58f.). Begründet wird dies damit, daß während dieser Zeit nur zwei bis drei gotische Familien zur Kontrolle der Siedlung ausreichten und deshalb auch keine größere Kirche benötigt wurde.

Nur sieben aus Stein errichtete Häuser mit einem Raum oder mehreren Räumen sind bisher am Südhang des Rifnik faßbar. Im größten Haus war im 6. Jahrhundert eine Schmiede untergebracht. Am Südabhang, ca. 90 m von der Befestigungsmauer entfernt, legten die Archäologen 110 Gräber aus der 2. Hälfte des 5. Jahrhunderts und aus dem 6. Jahrhundert frei. Neben kostbarem Schmuck und Trachtzubehör (Abb. 25) waren einigen Toten auch kleine Töpfe beigegeben worden. Manche Frauen trugen nicht nur Schmuck in römischer Tradition, sondern auch solchen gotischer oder langobardischer Formen.

Lit.: L. Bolta, Rifnik pri Šentjuru (1981). D. Pirkmajer, Rifnik. Arheološko najdišče/Archäologischer Fundort (1994) 42ff. S. Ciglenečki, Pólis Norikón. Poznoantične višinske utrdbe med Celjem in Brežicami (1992) 43ff.

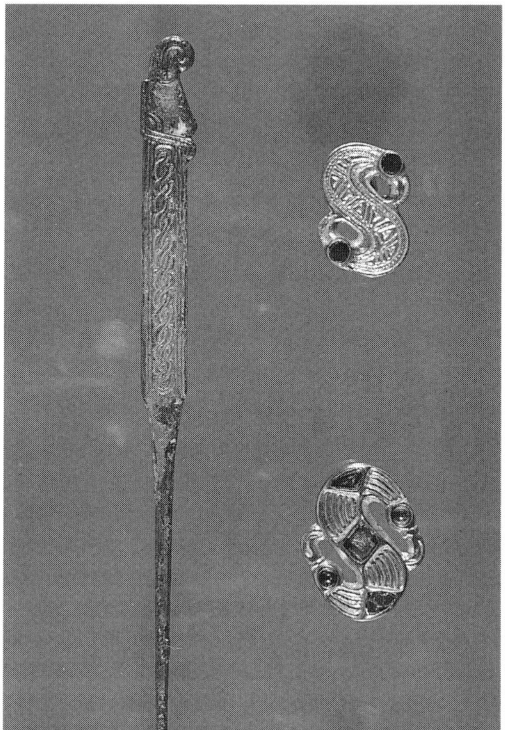

Abb. 25: Vergoldete Gewandnadel und Fibeln mit Almandineinlagen, die in Gräbern am Rifnik gefunden wurden.

Rifnik bei Sentjur: Kirchen, Häuser und Befestigungsmauer konserviert; ganzjährig zugänglich. Funde im Pokrajinski muzej Celje.

Vranje bei Sevnica

Die Höhensiedlung von Vranje bei Sevnica (Oberlichtenwald) liegt südöstlich von *Celeia*/Celje, im südöstlichen Zipfel der Provinz Binnennorikum. Der 445 m hohe Hügel fällt an der Ostseite ca. 100 m steil ab gegen den Lončar-Bach, einem Save-Zufluß. In 6 km Entfernung verlief entlang dem linken Ufer die Römerstraße zwischen den Städten *Celeia* und *Neviodunum*.

Die Beobachtung alter Siedlungsspuren drückt sich in dem Flurnamen »Ajdovski gradec«, d. h. Heidenburg, aus. Bereits im Jahre 1811 hatte ein Bauer Grabungen durchgeführt, deren Ergebnisse ein Gym-

Abb. 26: Vranje: Plan der Siedlung mit der Kirchenanlage (1, 2, 3), den zugehörigen Nebengebäuden (5, 6, 8), der Zisterne (4) und Resten der Befestigung (10, 12).

nasiallehrer schriftlich festgehalten hat. Diese archäologischen Beobachtungen gehören zu den ersten auf dem Gebiet Sloweniens. Die Inschrift- und Relieffunde sandte der Ausgräber an das Steiermärkische Museum Joanneum in Graz.

Die Siedlungsspuren auf der Hügelkuppe reichen bis in die Zeit der Urnenfelderkultur (1100–900 v. Chr.) zurück. Der Beginn der spätantiken Siedlungstätigkeit der romanischen Bevölkerung auf dem Hügel ist wahrscheinlich erst in der zweiten Hälfte des 5. Jahrhunderts anzusetzen. Seit dem Tod Odoakers († 493), des ersten germanischen Königs Italiens, lag Vranje auf ostgotischem Territorium (Reich des Theoderich) bis zum byzantinisch-gotischen Krieg 536. Etwa ein Jahrzehnt später, im Jahre 547/48, kam das Gebiet an die Langobarden. Die Anlage bestand bis ans Ende des 6. Jahrhunderts, bis zur Einwanderung der Slawen, die Vranje gewaltsam zerstörten.

Im Bereich des Gipfelplateaus befindet sich eine Kirchenanlage, die aus drei Sakralbauten besteht (Farbabb. 3). In der unmittelbaren Umgebung konnten bislang Wohnbauten und eine Zisterne freigelegt werden. Eine Befestigungsmauer wurde bei den letzten Grabungen nicht festgestellt. Doch an den günstigen Punkten für einen Zugang an der Ost- und an der Westseite wurde jeweils ein Wehrturm angelegt. Dazwischen könnte beispielsweise eine Palisade ausreichenden Schutz geboten haben (Abb. 26).

Die genannten drei Sakralbauten liegen auf zwei Ebenen mit einem Höhenunterschied von ca. vier Metern. Die obere Kirche (13,75 × 10,70 m) für die Eucharistiefeier besitzt eine eingezogene Apsis an der Ostseite (Abb. 27). Das erhöhte Presbyterium nimmt

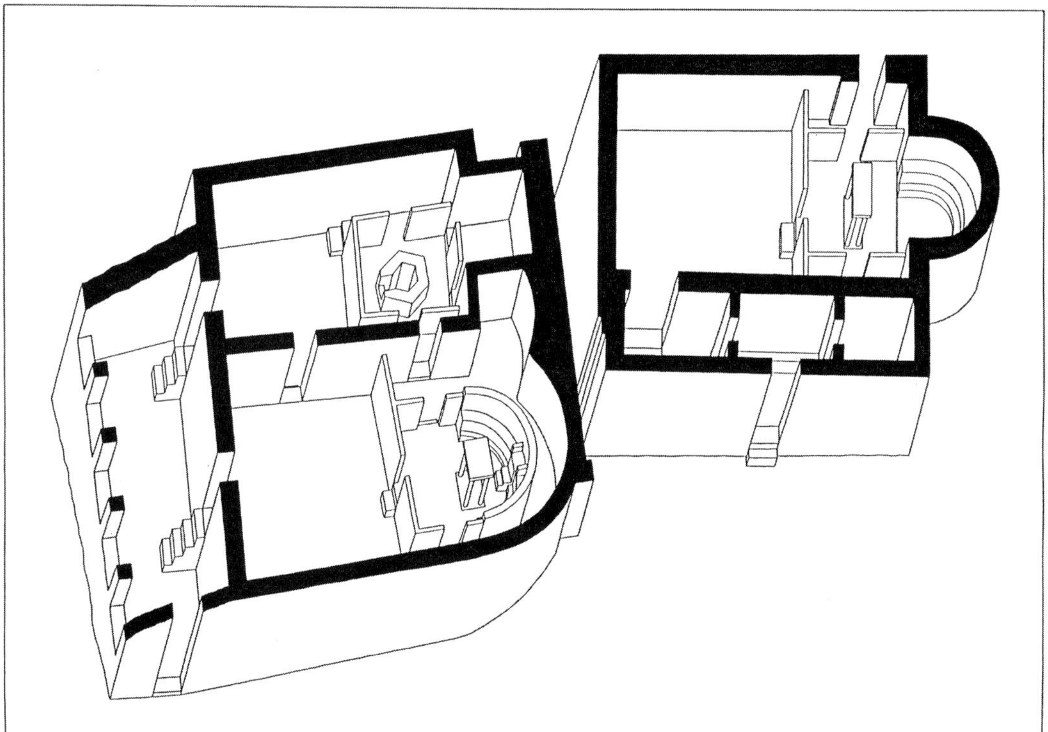

Abb. 27: Vranje: Rekonstruktion der Doppelkirche mit dem Baptisterium.

ungefähr ein Drittel des Kirchensaales ein und wurde einst von Holzschranken begrenzt. Über zwei Stufen in der Achse war der Altarraum mit dem Laienraum verbunden. Die Holzschranken umfaßten an drei Seiten das Presbyterium, in dessen Mitte bei den Grabungen eine 90 cm tiefe Grube im Fels feststellbar war. Diese Grube diente ursprünglich der Unterbringung von Reliquien. Darüber stand einst ein Tischaltar. Gemauerte Reste einer Klerusbank fanden sich nicht mehr, so daß demnach nur eine hölzerne Bank in Frage käme.

An der Nordostecke des Presbyteriums weisen ein Wandpfeiler und eine Mörtellage auf eine Tür hin, die in eine anschließende Sakristei führte. Doch blieben am Hang keine Reste des Sakristeiraumes mehr erhalten.

Die langgestreckte Vorhalle an der Südseite der Kirche ist in drei Raumabschnitte gegliedert. Der westliche Raum führte zur Kirchentür, deren ursprünglich hölzerner Schwelle ein Trittstein aus einem umgedrehten Sarkophagdeckel vorgelegt ist. Unmittelbar vor dem Eingang befand sich ein Grab in den Felsen eingetieft, in welchem ein Skelett in Rückenlage und die Knochen zweier älterer Bestattungen gefunden wurden; Beigaben fehlten. Der mittlere Raum der Vorhalle war ebenfalls von außen gesondert zugänglich und besaß an der Kirchenmauer eine niedrige Bank. Der östliche Raum bot Platz für zwei in den Felsen eingetiefte Gräber. In einem davon lagen zwei Skelette, bei denen auch eine Silbernadel und eine Glasperle gefunden wurden.

Von der Kirche führten ursprünglich zwei Holztreppen zu den beiden tiefer liegenden aneinandergefügten Sakralbauten (16,40 × 14,70 m). Der nördliche diente als Baptisterium, der südliche als Firmungskirche (Konsignatorium). An der Ostseite des Baptisteriums ist eine einspringende Apsis auf rechteckiger Grundfläche vorgezogen, in deren Zentrum sich eine Reliquienkammer befindet, die mit einer Marmorplatte abgedeckt war. Darunter entdeckte man bereits am Beginn unseres Jahrhunderts einen kleinen steinernen Schrein, in dessen Innerem sich die Reste eines hölzernen Reliquienkästchens samt Bronzebeschlägen und Schloß befanden. Da die Bedeutung des Fundes damals nicht klar war, gibt es keine weiteren Beobachtungen zum Inhalt des Kästchens. Heute kleben noch Stoffreste an einem Holzfragment an. Das Einhüllen von Reliquien in Stofftücher wurde bereits mehrmals im Alpenraum beobachtet. Über der Deckplatte der Reliquienkammer stand einst wahrscheinlich ein Tischaltar, wie man aufgrund von Parallelen vermutet. Eine Holzschranke trennte die eckige Apsis vom Taufraum, ließ aber zwei seitliche Zugänge frei.

Das östliche Raumdrittel nahm der eigentliche, erhöhte Taufbereich ein, der über Stufen an den Langhauswänden zugänglich war. Holzschranken, die an der Nord- und Südseite einen Zugang offen ließen, umgaben das eingetiefte Taufbecken (Abb. 27, 28). Das Becken besitzt außen eine sechseckige Form und ist innen hufeisenförmig gebildet und mit Stufen ausgestattet. Zwischen dem Baptisterium und der Firmungskirche mußte es für den Ablauf der liturgischen Handlungen ursprünglich eine Tür gegeben haben.

Das Konsignatorium wird an der Ostseite von einer Apsis begrenzt, deren Bogen auf die Kirchenbreite bezogen ist. Die Apsismauer ist in ihrem größeren Abschnitt auch Terrassenmauer und deshalb den Geländebedingungen angepaßt. Die Klerusbank mit einem geringeren Radius als der Apsisbogen ist von der Wand abgerückt und begrenzt das erhöhte Presbyterium. Die Priesterbank ist bis zu einem Meter hoch erhalten, samt vorgelegter Stufe (Fußbank). Im Bogenscheitel sind noch zwei Stufen erhalten, die zum erhöhten Thron (Kathedra) führten, der an der Stirnseite mit Steinplatten verkleidet und seitlich verputzt war.

Vor der Klerusbank stand einst ein marmorner Altartisch. Das Presbyterium umgaben Holzschranken, die an allen drei Seiten jeweils einen Zugang offen ließen (Abb. 27). In der Südwestecke der Firmungskirche befand sich ein Grab, in dem in zeitlichen Abständen insgesamt fünf Tote bestattet worden waren. In diesem Fall waren sie mit der Blickrichtung nach Süden begraben worden, d.h. sie schauten nach Süden »zur Fülle des Lichts, aus welcher der Herr kommt«. Dem Konsignatorium und dem Baptisterium war an der Westseite auf tieferem Niveau eine gemeinsame Vorhalle angebaut. Treppen mußten von hier aus zu den beiden Sakralräumen geführt haben.

Die Sakralbauten besaßen Holzschindeldächer, wobei die Vorhallen und die einspringende Apsis der oberen Kirche sicher in ihrer Traufhöhe abgesetzt waren. Das Baptisterium und das Konsignatorium werden in der Rekonstruktion mit aneinanderstoßenden Satteldächern dargestellt. Die Kirchenräume bekamen ihr Licht durch grünliche Glasfenster.

Auf dem Areal der Kirchen gab es zumindest an einer Stelle ein älteres Wohngebäude, von dem sich noch Heizkanalreste und Estrichreste zweier älterer Böden fanden. An den Kirchen selbst mußten im Laufe der Zeit Ausbesserungsarbeiten durchgeführt und die Terrassenmauer verstärkt werden. An den Estrichböden konnte man die Spuren von Feuereinwirkung feststellen. Sie weisen wie die verbrannten Verputzstücke und die Holzasche auf Brandzerstörung hin.

In der Sakristei zwischen dem Baptisterium und dem Konsignatorium kamen auffallend viele schalenförmige Glaslampen zutage, die in der Antike mit Öl gefüllt und mit einem Docht versehen waren. Sie wurden an Bronzeketten aufgehängt, von denen man ein Exemplar in der Apsis der Firmungskirche fand (Abb. 28).

Baptisterium und Konsignatorium sind liturgisch und funktional miteinander verbunden, was sich auch im Bauplan ausdrückt. Der Taufe der Erwachsenen folgte ja meist die Spendung der Firmung *(consignatio)*. Der Auferstehungsgedanke ist sowohl mit

Abb. 28: Vranje: Konsignatorium und Baptisterium im Zustand der Ausgrabung.

der Taufe als auch mit dem Märtyrer verbunden (s. S. 115). Dies wurde im Baukonzept durch das Aneinanderfügen der abgeschrankten Raumbereiche mit dem Taufbecken und dem Märtyrergrab besonders deutlich gemacht. Der von J. Christern geprägte Begriff des Memorialbaptisteriums trifft hier zu.

Das Konsignatorium diente sicherlich nicht nur dem Taufunterricht und der Firmung, sondern auch für die Gedächtnisfeiern anläßlich der Todestage der Märtyrer. Ebensolche Feiern haben vermutlich den verstorbenen Kirchenstiftern und Priestern mit ihren Familien gegolten, deren Gräber in den Kirchen entdeckt wurden. Nur diesem privilegierten Personenkreis war es zu jener Zeit möglich, sich nahe den Märtyrern begraben

zu lassen, während die übrigen Gläubigen außerhalb der Siedlung bestattet wurden.
Westlich der unteren Terrasse konnte eine Zisterne mit 100 000 Liter Fassungsvermögen erforscht werden, in welcher sich – einmalig für den Alpenraum – Teile der Holzkonstruktion erhalten hatten. Zisternen sind in Karstgebieten des Mittelmeerraumes oft bei Kirchen oder sogar unter deren Böden zu finden. Die gemauerte Zisterne in Vranje war überdacht, um das Wasser vor Verschmutzung und Erwärmung zu schützen. Der Balkenboden besaß eine Öffnung für

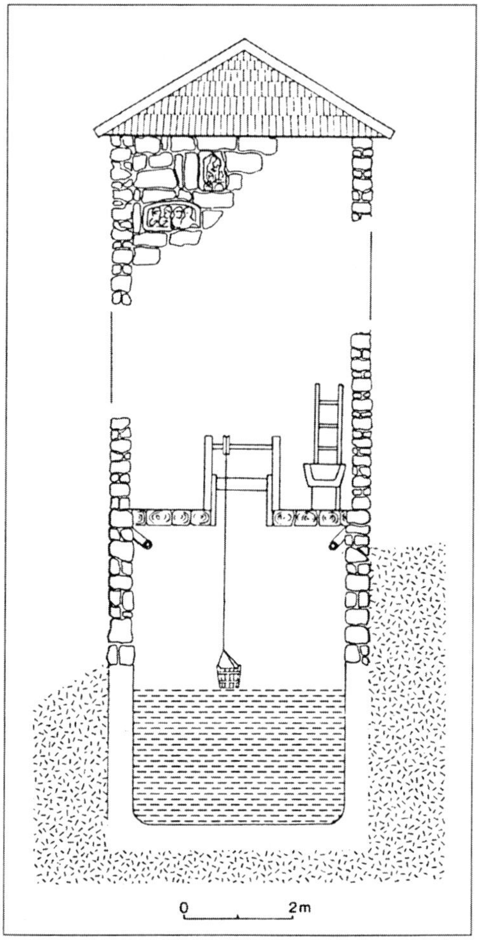

Abb. 29: Vranje: Rekonstruktion der Zisterne aufgrund der erhaltenen Holzreste.

eine Winde, um den hölzernen Eimer hinabzulassen (Abb. 29). Abgesehen von Balken und Brettern blieben Rollen der Winde, eine Leiter und ein Holztrog erhalten.
Wichtig für das Verständnis der Kirchen in Vranje sind auch drei Gebäude südöstlich von ihnen (Abb. 26: 5, 6, 8). Das große Gebäude 5 besaß nordseitig einen zentralen Wohnraum, dem eine Vorratskammer, eine Küche und vielleicht ein Schlafraum angeschlossen waren. Der südseitige Raum wird als Schuppen interpretiert. Das einräumige Haus 6 war mit einer Bodenheizung ausgestattet. Aufgrund des Fehlens von Funden vermuten die Ausgräber, daß dieser Raum zur Aufbewahrung von vergänglichem Material, wie Kleider und Schriften, diente, für die ein offenes Feuer im Raum eine Gefahr gewesen wäre. Paulinus von Nola bezeugt beispielsweise für das Pilgerheiligtum in Cimitile, daß den Gläubigen ein eigenes Zimmer zum Lesen der Heiligen Schrift zur Verfügung stand. Im Wohngebäude 8 war ursprünglich auch eine Küche vorhanden, wie dies ebenfalls in den anderen bisher erforschten Wohnbauten der Fall war (Abb. 26: 7, 9, 10, 11).
Die einzelnen Kirchen hatten verhältnismäßig bescheidene Dimensionen, doch ergaben sie zusammen ein eindrucksvolles Ensemble frühchristlicher Architektur (Abb. 27). Obwohl auch die Gebäude (5, 6, 8) unmittelbar neben den Kirchen erforscht sind, bereitet die Interpretation der Gesamtanlage Schwierigkeiten. Einige Archäologen vermuteten, daß vielleicht der Bischof von Celeia hierher um die Mitte des 5. Jahrhunderts seinen Sitz verlegte. Mit einem solchen Vorgang könnte man aber nur rechnen, wenn auch die städtische Verwaltung auf den Ajdovski gradec verlegt worden wäre. Einen anderen Aspekt bilden in den Kirchen die Reliquien, die Gegenstand der Märtyrerverehrung waren und zum Ziel von lokalen Wallfahrten werden konnten. Für einen bedeutenderen Pilgerort bieten die Kirchen zu wenig Gläubigen Platz. Auch an eine Ver-

bindung mit einer Mönchsgemeinde wurde schon gedacht, wobei R. Bratož im besonderen auf weibliche Asketen hinwies, die innerhalb einer Christengemeinde lebten.
Die Siedlung mit ihren steingebauten Kirchen, ihrer Befestigung und den vielen steingebauten Häusern war eindeutig als Dauersiedlung angelegt und nicht als zeitweilig aufgesuchte Fluchtburg.
Von den Friedhöfen der Siedlung wurde bisher nur ein kleines Gräberfeld mit 41 Bestattungen freigelegt. Aufgrund des schlechten Erhaltungszustandes ließ sich das Geschlecht nur an 20 Skeletten bestimmen. Die Untersuchung der Zähne zeigte, daß der Kariesbefall 58 Prozent der Bevölkerung betraf. Die Ausrichtung der Gräber ist regellos; nur wenige (22 Prozent) enthielten Beigaben. Aus Männergräbern stammen eine Amulettbüchse, eine Bronzekette, ein Eisenmesser, ein Feuerstahl (eiserner Feuerschläger), eine Bronze- und eine Eisenschnalle sowie zwei Henkeltöpfchen. Bei Frauen- bzw. Mädchenbestattungen fanden sich ein Knochenkamm, drei Bronzeohrringe, drei Eisenarmreife, ein Spinnwirtel aus Bein und Glasperlen zweier Halsketten. Die Funde stellen einen wesentlichen Hinweis auf den Beginn der Siedlung um die Mitte des 5. Jahrhunderts dar.
Das Gebiet um Vranje eignete sich nur in geringem Maß für Ackerbau, besser dagegen für Viehzucht, Weide- und Forstwirtschaft. Zahlreiche Tierknochenfunde geben Aufschluß darüber, welche Fleischarten die Bewohner von Vranje bevorzugten. Den größten Knochenanteil stellten Schafe bzw. Ziegen, Schweine und Rinder. In geringerer Menge dienten Hühner und Tauben zur Nahrung. Auch Wildtiere (Hirsch, Wildschwein, Reh, Feldhase und Biber) wurden relativ wenig gegessen; ihr Knochenanteil machte nur 2,5 Prozent aus. An Fischen wurden Karpfen, Flußbarbe und eine Art Lachs nachgewiesen. Neben dem Handwerk boten den Siedlern von Vranje Transportdienste auf dem Savefluß oder zu Lande eine weitere Erwerbsquelle.

Lit.: P. Petru/T. Ulbert, Vranje bei Sevnica. Frühchristliche Kirchenanlagen auf dem Ajdovski gradec (1975). T. Knific, Arheološki vestnik 30 (1979) 732ff. S. Ciglenečki, Pólis Norikón (1992) 56ff. T. Knific, Arheološki vestnik 45 (1994) 211ff. J. Dular/S. Ciglenečki/A. Dular, Kučar (1995) 181f., 184ff. R. Bratož, Antiquité Tardive 4 (1996) 136.

Ajdovski gradec bei Vranje: Kirchen, Wohnbauten und Zisternen sind konserviert. Ganzjährig zugänglich. Funde im Narodni muzej in Ljubljana.

Bela Krajina und Suha Krajina

Kučar bei Podzemlj

Der Kučar bei Podzemlj befindet sich unmittelbar am Fluß Kolpa, der an dieser Stelle die Grenze zwischen Slowenien und Kroatien bildet. Der zweigipfelige, allseitig abfallende Hügel (220 m hoch) liegt in einer der schönsten Landschaften Sloweniens, in der Ebene der Bela Krajina (Weißkrain). Einerseits führen von hier zwei Pässe über die Gorjanci-Berge (Uskokengebirge) in das Dolenjsko-Gebiet (Unterkrain), andererseits bietet das Tal des Ribnik-Baches eine rasche Verbindung zu den Randgebieten Pannoniens.
Die befestigte Anlage, von der hier die Rede ist, erstreckte sich allein über die nördliche Kuppe des Kučar und umfaßte nur eine Fläche von ca. 1 ha. Eine Befestigungsmauer mit Türmen umschließt im wesentlichen zwei Kirchen und ein sehr großes mehrräumiges Gebäude, die alle am Südrand der Hügelkuppe liegen. Der nördliche Teil des Hügels ist einem Steinbruch zum Opfer gefallen.
Die kleinere Kirche (22,75 × 8,40 m) befindet sich etwa am höchsten Punkt und stellt einen rechteckigen Saal mit freistehender Klerusbank und Presbyterium dar (Abb. 30). Eine Sakristei und eine Vorhalle mit Priester- oder Stiftergrab bilden die notwendigen Nebenräume. Sorgfältig zugeschlagene Steine an den Enden der Klerusbank waren wahrscheinlich die solide Basis für Säulen, wie wir dies aus der Bischofskirche in Teurnia (s. S. 134) kennen. Wie dort auch befand sich in der Mitte zwischen den Säulen die Reliquiengrube und darüber ein marmorner Altartisch. Die Schrankenanlage war wahrscheinlich aus Holz.
Die zweite, etwas größere Kirche liegt ca.

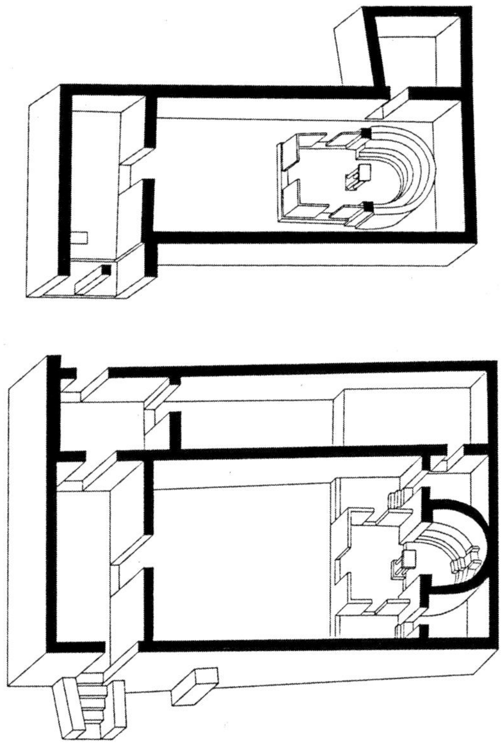

Abb. 30: Kučar: Rekonstruktion der beiden Kirchen.

2 m tiefer und berührt mit ihrer Nordostecke fast schon die kleinere Kirche. Der Apsidenkirche (25 × 10,6 m) ist an der Westseite ein Narthex vorgelagert, dessen südseitiger Eingang vielleicht ein Vordach hatte. Der langgestreckte Raum an der Nordseite stellte vermutlich eine nach außen offene Halle dar, die keinen Mörtelestrich hatte. Am Westende der Halle befand sich noch ein Raum unbekannter Bestimmung. Die beiden Sakri-

steiräume an der Apsis besaßen ursprünglich eine niedrigere Dachhöhe als die Apsis, so daß diese im Baukörper deutlich vortrat. In der Apsis blieben Fundamentreste der Klerusbank und im Boden Spuren von den hölzernen Schranken des Presbyteriums erhalten. Eine Reliquiengrube ließ sich in dieser Kirche nicht nachweisen, doch befand sich ursprünglich sicher ein Altartisch in der Presbyteriumsmitte.

Der große Platz südlich der Kirchen wird einerseits durch die Befestigungsmauer und andererseits durch ein großes Gebäude (24,5×18,5 m) abgeschlossen. Ein darin befindlicher Saal (9,8 × 7,2 m) war zusammen mit einem Nebenraum durch Heizkanäle, die unter dem Boden verliefen, von einer Feuerungsstelle im Hof aus zu erwärmen.

An der Südostecke der kleineren Kirche befindet sich ein kleines, schlecht erhaltenes Mauergeviert mit Innenmaßen von 1,80 × 1,80 m und mit einer geringen Mauerstärke von ca. 40 cm. In der Südostecke war eine Vertiefung von ca. 70 × 80 cm zu beobachten. Nach Meinung des Ausgräbers handelt es sich hier um das Baptisterium. Ungewöhnlich ist allerdings für ein Baptisterium, daß der ganze Raum vom Becken und von ungewöhnlich hohen Stufen eingenommen wird. Da die Taufe eine entscheidende Rolle für den Christen spielt, würde man gerade bei einer Doppelkirche ein größeres Bauwerk erwarten, in dem – wie üblich – rings um das Taufbecken noch Platz bleibt. Die Funktion eines benachbarten einräumigen Gebäudes ließ sich nicht mehr bestimmen.

Die Kirchenbauten entstanden alle im ersten Drittel des 5. Jahrhunderts und endeten den Funden zufolge gegen die Mitte des 6. Jahrhunderts. Nachdem auf dem Kučar keine sonstigen Wohngebäude aus dieser Zeit nachgewiesen sind, stellt sich die Frage, wer die Kirchen benutzte. S. Ciglenečki dachte daran, daß die Gläubigen aus den umliegenden Weilern zur Meßfeier kamen und am selben Tag nach Hause zurückkehrten. Eine solche Vorstellung ist von unserer heutigen Pfarrorganisation geprägt, die es jedoch damals nicht gab: Da die Christengemeinden auch in einem Haus ihres Dorfes die Messe feiern konnten, entstand gar nicht das Bedürfnis, an einem entfernten Ort die Kirche zu besuchen.

Nach S. Ciglenečki wäre der obengenannte große Saal als repräsentativer Raum einem »engeren Kreis von Würdenträgern« zugedacht gewesen. Und so sei die »Präsenz einer höher gestellten Person in der Hierarchie, vielleicht auch die eines Bischofs ohne Zweifel« auf dem Kučar anzunehmen. Diese Auffassung überrascht im ersten Augenblick, weil wir wissen, daß die Bischöfe in den Städten residieren mußten. Andererseits erfahren wir aus schriftlichen Quellen, daß trotz mehrmaligen Verbots auch innerhalb von Bistümern, die sich im allgemeinen mit den römischen Verwaltungsbezirken decken, Bischofssitze gegründet wurden. Ein Bischofssitz fern von einer Christengemeinde bleibt dennoch schwer verständlich, wenn man nicht davon ausgeht, daß befestigte Plätze der militärischen (und zivilen?) Verwaltung für diese Veränderungen maßgeblich waren.

Die Errichtung der Befestigungsmauer stellte ein noch größeres Bauprojekt als das der Kirchen dar und mußte von der staatlichen Macht in Verbindung mit einem militärischen Konzept angeordnet worden sein. Die Sicherung und Verwaltung der fruchtbaren Landschaft der Bela Krajina sowie die Kontrolle des Flußüberganges wären Aufgabe des militärischen Kommandos auf dem Kučar gewesen. Die Befestigung hatte aber nur einen Sinn, wenn auch ausreichend Soldaten vorhanden waren. Die Mauertürme waren gleichzeitig Wohnraum für die Soldaten, wie die Ausgrabungen auf dem Korinjski hrib (s. S. 81) zeigten.

Vor diesem Hintergrund wäre auch die Veränderung der kirchlichen Organisation verständlich, die sich den realen Gegebenheiten anpaßte (s. S. 44). Blicken wir daher nochmals auf die beschriebenen Bauten. Die größere Kirche hätte demnach für die Eucharistiefeier mit dem Bischof gedient. Die kleinere Kirche mit den Reliquien war die Gedächtniskirche für einen Märtyrer oder Heiligen und deshalb markant auf einer höheren Terrasse errichtet worden. In dieser Kirche befand sich daher das Grab eines Stifters, der sich nahe beim Heiligen bestatten ließ, der ihm Helfer sein sollte am Tag der Auferstehung. Ein weiteres Grab östlich der Gedächtniskirche ist im gleichen Sinne zu verstehen. Die Reliquien eines besonderen Märtyrers werteten den Bischofssitz auf, wie dies auch in Doppelkirchen von Parentium/Poreč und Pola erkennbar ist. Reliquien waren auch stets Anziehungspunkt für Pilger. Für Naïssus (Niš, Serbien) erfahren wir beispielsweise, daß sich am Tag des Märtyrerfestes soviel Gläubige versammelt hatten wie in Thessaloniki am Fest des heiligen Demetrios. Wenn wir solche Nachrichten hören, wird auch der große Platz südlich vor den Kirchen verständlich.

Lit.: J. Dular/S. Ciglenečki/A. Dular, Kučar (1995) 71 ff.

Kučar: Die Reste der frühchristlichen Kirche und der Türme wurden zugeschüttet. (Ein Steinbruchunternehmen trägt zunehmend den Berg ab.) Funde sollen im Belokranjski muzej (Regionalmuseum Bela Krajina) in Metlika ausgestellt werden.

Korinjski hrib bei Veliki Korinj

Im hügeligen Gebiet südlich des Flußes Krka zwischen dem Mala Gora und der Suha Krajina erhebt sich weithin sichtbar der Korinjski hrib (728 m) über dem Dorf Veliki Korinj. Die befestigte Anlage umfaßt ein Areal von 1,3 Hektar. Für die Errichtung in der zweiten Hälfte des 5. Jahrhunderts und für die Benutzung im 6. Jahrhundert waren die Lage an einem wichtigen Straßenzug ebenso wie das nahe Eisenvorkommen von Bedeutung. Damit konnte die Eisengewinnung kontrolliert werden; das Eisen wurde nachweislich auch innerhalb der Befestigung verarbeitet.
Der Befestigungsring der Anlage bestand anfangs nur aus Holz. Zu einem späteren Zeitpunkt errichtete man steingemauerte Türme, zwischen denen eine Holzpalisade verlief. Einen zusätzlichen Schutz boten an mehreren Seiten steile Felsabbrüche. Die Türme dienten nicht nur für Wache und Verteidigung, sondern auch als Wohnraum für die Soldaten. In das Untergeschoß eines Turmes war eine Zisterne eingebaut, um bei Gefahr die Wasserversorgung zu gewährleisten.
An erhöhter Stelle, etwa im Zentrum der Befestigung, liegen die Fundamente einer Apsidenkirche (18,0 × 9,2 m) mit einem Narthex an der Westseite und einem langgestreckten Raum an der Nordwand (Abb. 31). In der Apsis konnten geringe Reste einer Klerusbank und die Ausdehnung des Presbyteriums festgestellt werden. Wie in der Kirche auf dem Rifnik war in der Nordwestecke des Kirchensaales ein seichtes viertelkreisförmiges Becken für Fußwaschungen angelegt (s. S. 43). Der nördliche Raum besaß einen Lehmboden und diente aufgrund des Taufbeckens als Baptisterium sowie als Sakristei. Die Grabkammer im Narthex enthielt mehrere Skelette privilegierter Personen. Das Privileg bestand darin, sich nahe den Märtyrerreliquien begraben zu lassen, weshalb man annehmen darf, daß der Altar mit Reliquien ausgestattet war.
Der militärische Charakter der Anlage auf dem Korinjski hrib ist eindeutig. Man kann

Abb. 31: Korinjski hrib: Ostansicht der Kirche mit Taufbecken (T) und seichtem Becken (B).

davon ausgehen, daß gleichzeitig mit den Türmen der Befestigung auch die steinerne Kirche von den Soldaten errichtet wurde. Über die Zusammensetzung der Christengemeinde wird nur die Erforschung des hangabwärts liegenden Gräberfeldes Aufschluß geben können.

Lit.: S. Ciglenečki, Archeologia Austriaca 68 (1984) 313 ff. Ders., Arheološki vestnik 36 (1985) 255 ff.

Korinjski hrib: Die Ausgrabungen sind wieder zugeschüttet. Funde im Narodni muzej (Nationalmuseum) in Ljubljana.

Im Laibacher Becken, Save- und Isonzotal

Ljubljana – EMONA

Die heutige Hauptstadt Sloweniens Ljubljana (Laibach) steht auf den Resten der römischen Stadt *Emona*. Das fruchtbare Becken von Ljubljana wird von der Ljubljanica und der Sava durchflossen. Die Stadt Emona wurde in den ersten Regierungsjahren des Kaisers Tiberius (14–37) gegründet. Sie zeigt ein rechtwinkliges Straßennetz, war einst mit einer mächtigen Stadtmauer umgeben und mit 26 Türmen bewehrt. Zusätzlich schützten zwei Gräben die Stadt, welche an der wichtigen Verbindung zwischen Oberitalien und Pannonien lag.

Das älteste Zeugnis für ein christliches Leben in Emona liefert uns der Kirchenvater Hieronymus, der um 376/377 Briefe an die Mönche und geweihten Jungfrauen der Stadt richtete. Auf die Existenz eines Klosters kann daraus jedoch nicht geschlossen werden. Vor 380 gelangte der Priester Maximus auf den Bischofsstuhl von Emona. Er unterstützte im Jahre 381 bei der Synode in Aquileia die Initiative des Bischofs Ambrosius von Mailand, die arianischen Bischöfe zu verurteilen. Ebenso ist Bischof Maximus zehn Jahre später bei der Synode in Mailand zu finden, als es darum ging, den Mönch Jovinianus zu verurteilen. Dieser bekämpfte die herrschende Lehrmeinung, daß verheiratete Frauen oder Witwen »minderwertiger« seien als Jungfrauen. Maßgeblich für seine Verurteilung als Häretiker war allerdings, daß Jovinianus die Jungfräulichkeit Marias in Verbindung mit der Geburt Jesu leugnete. Bischof Maximus aus Emona war also eine Persönlichkeit, die sich mit den theologischen Problemen der Zeit auseinandersetzte und sich nicht nur in der eigenen Diözese engagierte.

Daß die Gesellschaft von Emona Ende des 4. Jahrhunderts nicht nur aus Christen bestand, zeigt uns die Tatsache, daß im Jahre 388 Kaiser Theodosius bei seinem feierlichen Einzug in die Stadt von heidnischen Priestern in vollem Ornat empfangen wurde.

Der bischöfliche Baukomplex

Im nordwestlichen Teil der antiken Stadt Emona entdeckte man ein Baptisterium, das in einen größeren Baukomplex einbezogen war. Das quadratische Baptisterium (8,5 × 8,5 m) besitzt in der Mitte ein achteckiges Taufbecken mit Stufen an der Nord- und Südseite (Abb. 32). Das aus Ziegeln gemauerte Becken war ursprünglich mit Marmorplatten verkleidet. An den erhöhten Beckenrand schlossen sich sternförmig acht ovale Fundamente für Säulen an, die einen Baldachin trugen. Den gesamten Raum des Baptisteriums schmückte ein fünffarbiges Mosaik. Rauten, Rechtecke und Kreise mit Ornamenten bildeten das Dekorsystem der einen Hälfte. Die andere Hälfte füllten Kreise und Kurvenmuster, in die ebenfalls Ornamente eingefügt waren. Die Dichte der Details erinnert an das Muster orientalischer Teppiche. Einzelnen Feldern waren Inschriften eingefügt, welche die Namen der Stifter und die Größe der gestifteten Flächen nannten (die Größen reichen von 1,8 bis 10,8 Quadratmeter). Die Werkleute der Mosaiken stammten aus dem oberen Adria-Raum.

Dem Südeingang in das Baptisterium war eine lange Halle vorgebaut, deren Bodenmosaiken in den Inschriften drei weitere Stifter und vor allem den Erbauer der Anlage nen-

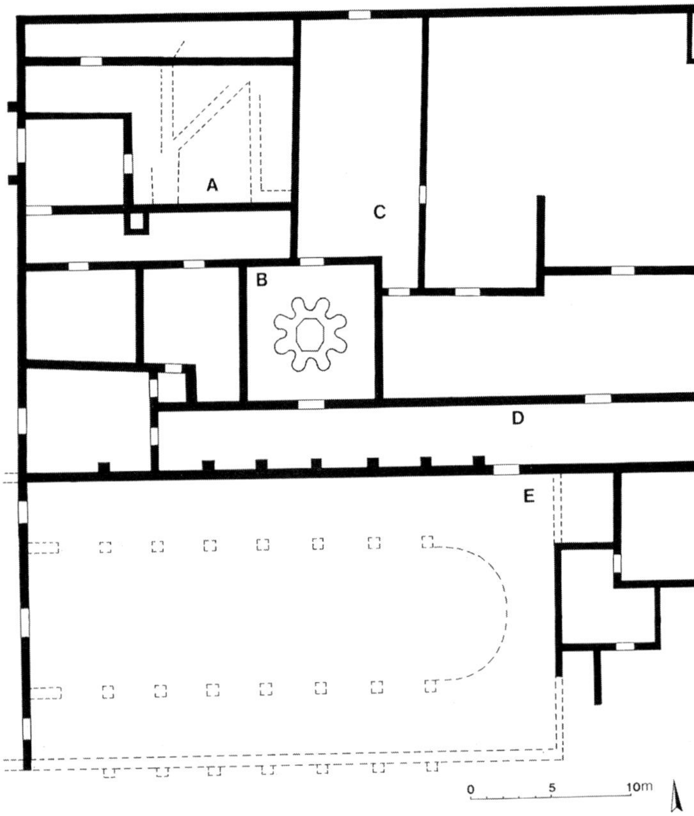

Abb. 32: Ljubljana (Laibach): bischöflicher Baukomplex mit Baptisterium (B) und vermuteter Lage der Kirche (E).

nen. Dem zufolge hatte der Archidiakon Antioc(h)us das Baptisterium und die Halle errichten lassen. Die Inschriftfelder sind einem Ornamentsystem aus Kreisen und Quadraten eingefügt (Farbabb. 23).

Zu zwei Münzschatzfunden, die unter dem Boden des Baptisteriums ans Tageslicht kamen, gehört als jüngste Münze eine Prägung aus der Zeit um 400/408. Erst nach diesem Datum also kann das Baptisterium erbaut worden sein.

Von Antiochus weiß man, daß er als Archidiakon den Bischof bei seinen Aufgaben unterstützte und als aussichtsreicher Anwärter für das Bischofsamt galt. Er hatte den würdigen Taufraum sicher im Hinblick darauf errichtet, ihn als späterer Bischof selbst einmal benutzen zu können.

Aufgrund der massiven Zerstörung der antiken Baureste blieben ansonsten wenig Spuren, die uns ein genaueres Bild von dem einst eindrucksvollen Bischofskomplex vermitteln könnten. Der Taufraum hatte einen Zugang von der Halle her, weshalb auch die Stufen im Taufbecken nordsüdlich ausgerichtet und die Inschriften wie üblich auf den Eingang bezogen sind. Die Halle ist an die mit Wandpfeilern gegliederte Außenwand einer Kirche angebaut (Abb. 32, D). Die Bischofskirche selbst wurde durch die angrenzenden modernen Wohnhäuser zerstört.

Nordwestlich des Baptisteriums befindet sich ein repräsentativer Saal (8,40 × 16,20 m) mit Fußbodenheizung und Mosaikboden (Abb. 32, A). Diesen Saal kann man analog zum bischöflichen Kirchenkomplex in Genf (s. S. 180) als Empfangsraum *(salutatorium)* deuten. Einer der benachbarten Räume mit Mosaikboden (Abb. 32, C) diente der Beleh-

rung der Taufbewerber, während sich die anderen Zimmer keinem bestimmten Tätigkeits- oder Aufgabenbereich zuordnen lassen.
Wir lernten in Emona einen Teil des bischöflichen Baukomplexes kennen, der sich etwa im Umfang mit jenem in Genf oder Aquileia vergleichen läßt. Im Jahre 388, als Theodosius von der städtischen Führungsschicht empfangen wurde, war diese überwiegend heidnisch. Etwa 25 Jahre später kauften christliche Stifter fast eine ganze *Insula*, d. h. einen Stadtteil innerhalb von vier rechtwinkligen Straßen. Diese Stifter stammten sicher aus der sozial gehobenen Schicht, in deren Händen auch die Verwaltung lag.

Lit.: L. Plesničar-Gec, Starokrščanski center v Emoni (1983).

Ljubljana: Erjavčeva cesta 15: Frühchristlicher Baukomplex ist konserviert (Außenstelle des Stadtmuseums). Über den Mosaikböden wurde ein Schutzdach errichtet. Ganzjährig zugänglich. Funde im Stadtmuseum (Mestni muzej).

Ajdna bei Potoki

Der Ajdna (1048 m) ist ein Vorberg der Karawanken im Savatal und ragt mit seinen Felswänden eindrucksvoll oberhalb des Dorfes Potoki 500 m steil auf. Vom Tal aus betrachtet, würde man keine Siedlung auf dem schmalen Felsberg vermuten. Nur ein leicht eingeschnittener Sattel trennt ihn vom Gebirge. Die kleine Siedlungsfläche (0,4 Hektar) ist von Südwesten her – und da nur sehr schwer – zugänglich. Eine Befestigungsmauer war in diesem Gelände deshalb nicht nötig (Abb. 33).

Abb. 33: Ajdna bei Potoki: Luftaufnahme der konservierten Kirchenanlage.

Im Jahre 1978 wurde auf dem Ajdna mit der Freilegung einer frühchristlichen Kirche des 5. und 6. Jahrhunderts begonnen. Die rechteckige Saalkirche (12,6 × 7,7 m) zeigt im östlichen Drittel ein erhöhtes Presbyterium, das die ganze Kirchenbreite einnimmt (Abb. 34).

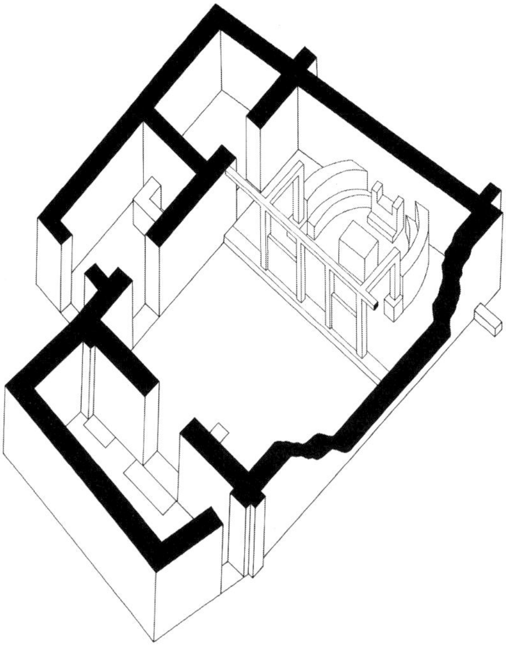

Abb. 34: Ajdna bei Potoki: Rekonstruktion der Kirche.

Die Klerusbank mit einer Rückenlehne ist unmittelbar an die Ostwand angesetzt; in ihrer Mitte blieb die Kathedra mit Armlehnen und einer vorgelegten Stufe verhältnismäßig gut erhalten. Nach den bisher bekannten Beispielen im Alpenraum ist die Ausführung des Altares in Bruchsteinmauerwerk als kompakter Block ungewöhnlich und vorerst einmalig. Man darf vermuten, daß in dem gemauerten Altar ursprünglich ein Hohlraum für das Reliquienkästchen vorhanden war, von dem sich Ziernägel, Scharniere, Griff und Schloß aus Bronze sowie ein Fingerknochen im Schutt zwischen Klerusbank und Altar fanden (Farbabb. 5). Nördlich des Presbyteriums führte eine Tür in die Sakristei. Zwischen Fels und Sakristeimauer entdeckte man eine Grabkammer. Westlich an die Sakristei schließt ein weiterer schmaler Raum mit einem kleinen Einbau (Becken oder Nische?) an, der in seiner Funktion noch nicht bestimmt ist. Der Narthex an der Westseite der Kirche war von Süden her zugänglich.

In fast allen Teilen der Kirche kamen Bruchstücke von Wandmalerei zutage, zu der auch ein gemaltes Kreuz gehört. Ein derartig reicher Fund an Wandfresken stellt eine Besonderheit in den Kirchen des Alpenraumes dar. Erst die Bearbeitung des Materials, die noch aussteht, wird uns einen Eindruck von der Ausgestaltung des Innenraumes vermitteln können.

Abgesehen von der Grabkammer bei der Sakristei wurden neun weitere Bestattungen innen und außen an der Kirche freigelegt. Bei den Toten handelt es sich um Männer, Frauen und Kinder, die einem privilegierten Personenkreis – wie Kirchenstiftern oder Klerikern und deren Familien – angehörten, weil sie entgegen römischem Recht innerhalb der Siedlung bei der Kirche bestattet wurden.

Auf den schmalen Terrassen der Bergkuppe sind im Gelände mehr als zehn Wohnbauten erkennbar, von denen drei teilweise freigelegt wurden; dabei fand sich auch eine kleine Zisterne. Funde wie Gefäßbruchstücke und Metallobjekte belegen eine Siedlungstätigkeit auf dem Ajdna im 5. und 6. Jahrhundert.

Lit.: F. Leben/ A. Valič, Arheološki vestnik 29 (1978) 532ff.; A. Valič, Varstvo spomenikov 27 (1985) 265ff.

Ajdna: Über der konservierten frühchristlichen Kirche wurde ein Schutzdach errichtet. Ganzjährig zugänglich. Funde sind noch in Bearbeitung.

Tonovcov grad bei Kobarid

Erst vor kurzem wurde auf dem 772 m hohen »Tonovcov grad« in der engen und eindrucksvollen Schlucht des Isonzotales eine befestigte Höhensiedlung mit einer Doppelkirchenanlage entdeckt. Dieser Abschnitt des Isonzotales erlangte durch eine Schlacht mit Giftgaseinsatz im Ersten Weltkrieg traurige Berühmtheit.

Im Waldboden des Hügels zeichnen sich noch heute die Mauergrundrisse zahlreicher Häuser durch Erhebungen und Einsenkungen ab. Der Befestigungsmauerverlauf ist im Gelände gut sichtbar. Mit der Ausgrabung einer frühchristlichen Kirchenanlage wurde 1996 begonnen (Abb. 35). Der zuständige Archäologe S. Ciglenečki und seine Mitarbeiter legten zwei rechteckige Kirchensäle (A, B) und eine Gedächtniskapelle (C) mit dem Grab einer privilegierten Person frei. Eine dritte Kirche (D) wurde zu einem späteren Zeitpunkt an der Südseite der Kapelle hinzugefügt, als vielleicht für den Zustrom von Pilgern mehr Platz benötigt wurde. Weitere zwölf Gräber privilegierter Personen fanden sich an der Ostseite der Kirchenanlage. Bei dem Sakralraum B handelt es sich aufgrund eines Taufbeckens um ein Baptisterium. Die Kirche A wäre demnach in der ersten Bauperiode für die Eucharistiefeier und nach Errichtung des dritten Kirchensaales für die Firmung *(consignatio)* verwendet worden (vgl. S. 73ff.).

Eine weitere Kirche wird vom Ausgräber an einem anderen Punkt der Siedlung vermutet, weil während der Ostgotenherrschaft (493–536) neben der katholischen, romanischen Bevölkerung auch eine arianische Christengemeinde bestand (s. S. 59f.). Die befestigte Anlage, nur 25 km von Cividale entfernt, hatte die Aufgabe, mögliche Einfallspforten nach Italien zu sperren.

Die bisher bekannten Kleinfunde stammen – abgesehen von jenen der späten Latènezeit – aus dem späten 4., aus dem 5. und 6. Jahrhundert.

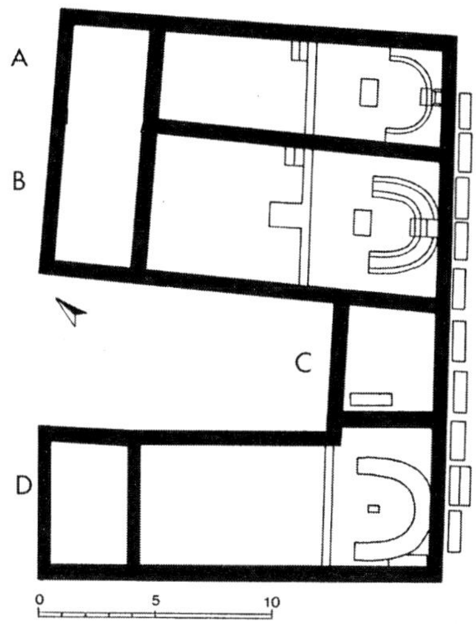

Abb. 35: Tonovcov grad bei Kobarid: Grundriß der drei Kirchen. Taufkirche (B), Grabkapelle (C) und später angebaute Kirche (D).

Lit.: S. Ciglenečki, Aquileia Nostra 65 (1994) 186ff. Ders., Kronika 42/1 (1994) 1ff. Ders., Tonovcov grad bei Kobarid. Führer zu den Ausgrabungen (1997).

Tonovcov grad: Die Kirchenanlage wird konserviert und der Öffentlichkeit zugänglich gemacht. Funde im Kobariski muzej in Kobarid.

Im Kanal- und Tagliamentotal

Hoischhügel bei Maglern

Der 696 m hohe Hoischhügel bei Maglern in der Gemeinde Arnoldstein liegt im Kanaltal zwischen dem Fluß Gailitz und dem einmündenden Klausbach. Schon in der Antike führte durch die Enge des Kanaltales eine wichtige Straße von der Adria in den Ostalpenraum. Daraus erklärt sich die strategisch bedeutsame Lage des Hügels, an dem heute die Autobahn unmittelbar vorbeiführt. In der Völkerwanderungszeit hieß die befestigte Siedlung auf dem Hoischhügel *Meclaria* und führte damit den Namen der einstigen römischen Straßenstation fort.

Bei Grabungen im Jahre 1914 legte man Abschnitte der Befestigungsmauern des 5. und 6. Jahrhunderts frei. Die mit Türmen bewehrte Mauer schützte eine Fläche von ca. 1,4 Hektar. Zwar ist über die Wohnbauten auf dem Hoischhügel kaum etwas bekannt, doch zeugt eine gemauerte frühchristliche Kirche von einer dauerhaften Besiedlung.

Das ständige Abbrechen des Westhanges hat dazu geführt, daß von den Fundamenten der Kirche nur der Ostteil erhalten blieb (Abb. 36). Von der Apsiswand abgerückt, bot eine halbrunde Bank den Klerikern während der Meßfeier Platz. An den Apsismauern schlossen Sakristeiräume an. Bruchstücke von Marmorsäulchen stammen vom Altartisch. Die scheinbare Breite (13,30 m) der Kirche ohne Gliederung in drei Schiffe hat bereits den Ausgräber verwundert und zu keiner befriedigenden Rekonstruktion geführt. Wenn auch der erhaltene Abschnitt gering ist, so läßt sich das Gotteshaus, wie die Bischofskirche (1. Bauperiode) in Teurnia und in Duel (s. S. 133f., 127), klar dem Kirchentyp mit Querannex zuordnen. Die Breite (7,30 m) der Apsis entspricht der Breite des Kirchenschiffes, und vor dem Ansatz der Apsis liegen querschiffähnliche Räume (Querannexe), welche dann als vorspringende Baukörper zusammen mit dem Kirchenschiff ein Maß von 13,30 m ergeben. Den Standplatz des Altares darf man etwa an der Sehne der Apsis annehmen, und man muß damit rechnen, daß das Presbyterium noch weiter nach Westen in das Kirchenschiff hineinreichte. Aufgrund der Lage an der Hangkante ist ein westseitiger Zugang auszuschließen. Die Eingangstüren befanden sich wie in Teurnia an den Langhauswänden, die vermutlich von einer Halle begleitet wurden (Abb. 36). Die ursprüngliche Länge kann man daher auf ca. 22 m schätzen. Damit ordnet sich das Gotteshaus in Größe und Bautypus in die Reihe der Kirchen des Alpenraumes gut ein.

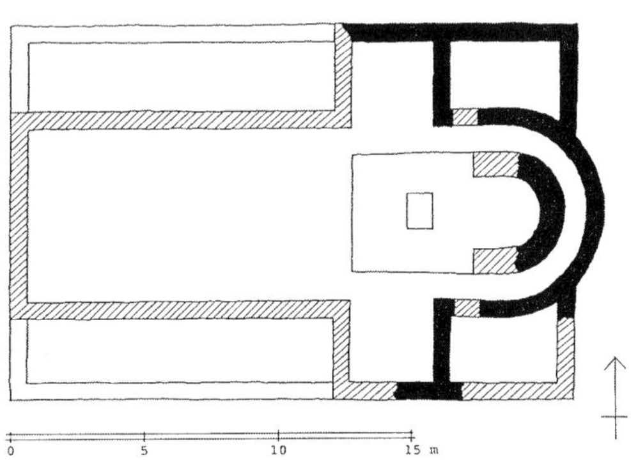

Abb. 36: Hoischhügel bei Maglern: Grundrißrekonstruktion der Kirche.

Ein bedeutender Fund, aus dem sich zeitliche Hinweise ablesen lassen, war ein Schatzfund von ca. 15 *Solidi* (Goldmünzen) innerhalb der befestigten Höhensiedlung. Leider konnte nur ein Teil des Münzfundes – und dieser erst Jahre später – der wissenschaftlichen Bestimmung zugeführt werden. Die jüngste bekannte Münze im Schatzfund ist eine langobardische Nachahmung eines in Ravenna geprägten *Solidus* des Kaisers Justinus I. aus der Zeit zwischen 570 bis 585 n. Chr. Demnach kann der Schatz frühestens in diesen Jahren vergraben worden sein. Der Anlaß für das Verbergen des Schatzes könnte die slawische Landnahme gewesen sein. Da weitere Beobachtungen fehlen, bleibt dies aber Spekulation.
In der Langobardengeschichte des Paulus Diaconus wird erwähnt, daß Taso und Kako, die Söhne Gisulfs, des Herzogs von Friaul, das Land der Slawen, das *Zellia* genannt wird, bis zum Ort *Meclaria* besaßen. Diese Slawen entrichteten bis in die Zeit des Herzogs Ratchis (737–744) Zahlungen an die Herzöge von Friaul. Vor diesem Hintergrund kommt dem Hoischhügel eine Schlüsselstellung in der Geschichte der Spätantike und des Frühmittelalters zu. Umfassende Ausgrabungen könnten hier viele Fragen klären, die für die Geschichte Kärntens, für die Epoche der Völkerwanderung im Alpenraum und für die Langobardenzeit von Bedeutung sind. Denn: Das 7. und die erste Hälfte des 8. Jahrhunderts gelten immer noch als »dunkle Jahrhunderte«, weil dieser Zeitraum bisher archäologisch nicht erfaßbar ist.

Lit.: Paulus Diaconus, Historia Langobardorum 4, 38. R. Egger, Frühchristliche Kirchenbauten im südlichen Norikum (1916) 93ff. H. Dolenz, Carinthia I 145 (1955) 121. F. Stefan, Numismatische Zeitschrift 70 (NF 30) (1937) 43ff. (Schatzfund). M. Fuchs, Fundberichte aus Österreich 23 (1984) 281. G. Piccottini, Neues aus Alt-Villach 4 (1967) 169ff. (Benefiziarier).

Hoischhügel: Frühchristliche Kirche und sonstige Gebäudereste wurden zugeschüttet. Funde im Museum der Stadt Villach.

Invillino – IBLIGO

Auf dem weithin sichtbaren Hügel »Colle di Zuca« bei Invillino im Tagliamento-Tal wurde eine frühchristliche Kirchenanlage des 5./6. Jahrhunderts von deutschen Archäologen erforscht und vom italienischen Denkmalamt konserviert und mit einem Schutzdach überspannt. Die Kirche liegt auf einem Plateau nordwestlich der Gipfelkuppe (Abb. 38). Über Spuren einer Befestigung oder von Wohnhäusern ist noch nichts bekannt.
Die rechteckige Saalkirche (27,60 × 10,80 m) besitzt westseitig einen Narthex und wird nordseitig von einer Reihe von Räumen begleitet, zu denen auch die Sakristei gehört (Abb. 37). An der Nordwestecke liegt das Baptisterium, das mit einem Sakralbau auf einem Drei-Apsiden-Grundriß (Trikonchos) verbunden ist.
Von der Innenausstattung der Kirche blieben die Fundamente der Klerusbank und des Presbyteriums erhalten. Eine hölzerne Schrankenanlage faßte ursprünglich das Presbyterium ein und trennte an dessen Westkante den Ostteil des Kirchenraumes ab. Zwischen den Längswänden und den Ecken des Presbyteriums befanden sich Durchgänge, die wahrscheinlich mit Vorhängen zu verschließen waren. An der Westseite des Altarraumes war ein kleiner Ambo (Lesepult) und ein schmaler Gang (Solea) angefügt, den ebenfalls Holzschranken umgaben und der vermutlich für die Kommunionspendung von Bedeutung war. Vom

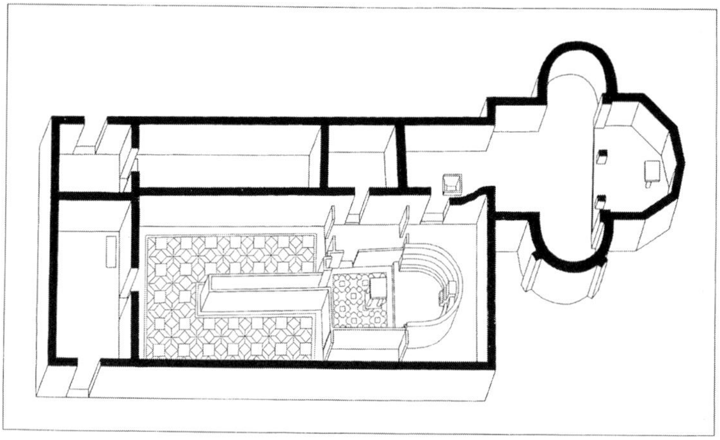

Abb. 37: Invillino: Rekonstruktion der Kirche mit Baptisterium und Memorialkapelle.

Altar konnte noch die seichte Grube, in der die Altarbasisplatte lag, festgestellt werden. Eine vertiefte Reliquienkammer unter dem Altar gab es nicht.
Den Kirchenboden, einschließlich den des Presbyteriums, schmückt ein Mosaikboden aus geometrischem Ornamentsystem. Den Feldern sind vegetabile, gegenständliche oder geometrische Motive und Inschriften eingefügt (Abb. 38). Die Randzonen und die Solea sind mit größeren Kalksteinwürfeln belegt. Gräber einzelner privilegierter Personen, wie Priester oder Kirchenstifter/innen, befanden sich im nördlichen langgestreckten Nebenraum und im Narthex.
Das Baptisterium bildete mit dem Trikonchos eine räumliche Einheit. Das quadratische Taufbecken mit Stufen war in den Boden eingesenkt und besaß keinen Wasserabfluß. Im Trikonchos war die Ostapsis durch drei Arkaden, deren Pfeilerfundamente sich erhielten, deutlich hervorgehoben. Die Bögen waren sicherlich mit Vorhängen verschließbar, wie dies bei Apsiden mit Reliquien gebräuchlich ist. In der Ostapsis wird der Standort eines einstigen Altares vermu-

Abb. 38: Invillino: Ostansicht der konservierten Kirche mit Mosaikboden.

tet. Unter dem Boden wurde bisher noch nicht gegraben.
Da im Alpenraum für die Kirchenanlage vergleichbare Baukonzepte fehlen, sei auf das gut erhaltene frühchristliche Pilgerheiligtum von Tebessa (Theveste, Algerien) zum Verständnis verwiesen. Dort ist eine dreischiffige Basilika mit einem Trikonchos verbunden. In einem Nachbarraum des Trikonchos befand sich das Baptisterium. Der Grabungsbefund zeigte, daß die Mittelapsis über einem älteren Reliquiengrab errichtet wurde, das von einem Mosaik mit einer Gedächtnisinschrift für die Märtyrer abgedeckt war. Über einem starken Fundament im Mittelpunkt des Trikonchos vermutet man die ursprüngliche sichtbare Aufstellung eines Sarkophags der Märtyrerin Crispina.
In diesem Sinne dürfen wir auch den Trikonchos in Invillino als Gedächtnisbau für einen Märtyrer betrachten. Zudem ist die Verbindung von Taufe und Märtyrergrab mehrfach zu belegen (s. S. 42). Daraus erklärt sich auch, weshalb die frühmittelalterliche Kirche des 8./9. Jahrhunderts über dem Trikonchos errichtet wurde.
Das Baukonzept der frühchristlichen Kirchenanlage zeugt von großem architektonischem Talent: Der große Kirchensaal war als schlichter Baukörper (mit Satteldach) gestaltet, dem gegenüber der kleinere Sakralbau durch seine gegliederte Baumasse besonders wirkungsvoll zur Geltung kam.
Ibligo wird von Paulus Diakonus als langobardische Befestigung schriftlich bezeugt. Auf dem Nachbarhügel des Colle di Zuca, nämlich auf dem Colle Santino, existierte zur gleichen Zeit eine Siedlung, aber keine Kirche. Unter den Funden gibt es dort lediglich einen langobardischen Schwertknauf. Man kann daher vermuten, daß die Kirche auf dem Colle di Zuca auch indirekt auf den militärischen und zivilen Verwaltungssitz *Ibligo* hinweist.

Lit.: V. Bierbrauer, Invillino – Ibligo in Friaul 1 (1987), 2 (1988).

Invillino, Colle di Zuca: Schutzdach über der Kirchenanlage, Mosaikböden am Ort. Ganzjährig zugänglich. Funde im Civico museo archeologico »Iulium Carnicum« in Zuglio.

Zuglio – IULIUM CARNICUM

Zuglio, die antike Stadt *Iulium Carnicum*, liegt an der wichtigen Straße, die vom Tagliamento-Tal über den Plöckenpaß ins Gailtal und weiter ins Drautal führt. Vom Forum und Kapitolstempel der römischen Stadt sind die eindrucksvollen Ruinen noch zu sehen. In der Spätantike wird Iulium Carnicum Bischofssitz.
Oberhalb von Zuglio fand man auf dem steilen Hügel mit der Kirche S. Pietro bereits 1453 eine Bischofsgrabinschrift, die heute verschollen ist, aber vom Humanisten Cyriacus Aconitanus aufgezeichnet wurde: *Hic in pace q[iescit] / Ienuarius h[uius] / s(an)c(tae) ec(c)l(esiae) presu[l qui eam] / rexit ann(os) X[...] / deposit(us) prid[ie idus] / nobembr(a)s co[ns(ulatu) Fa]usti v(iri) c(larissimi) Iuni[oris].* – »Hier ruht in Frieden Ienuarius, der Vorstand (= Bischof) der heiligen Kirche, welcher sie zehn (dreizehn?) Jahre leitete, wurde am 12. November bestattet unter dem Konsulat des Faustus, des *vir clarissimus* (d.h. im Jahre 490).« Aus dem 6. Jahrhundert ist der Bischof Maxentius aufgrund seiner Teilnahme an Kirchenversammlungen und der Unterzeichnung eines Briefes (591) bekannt.
1873/74 legte man ungefähr 170 m südlich des Forums eine frühchristliche Kirche frei. Knapp daneben fand man fast ein Jahrhun-

dert später (1965) die Mauerreste einer zweiten Kirche, die zur Hälfte dem Neubau eines Hauses zum Opfer fiel; sie ist noch schlechter dokumentiert als die Entdeckung des vorigen Jahrhunderts. Die größere Kirche besteht aus einem langrechteckigen Saal (26,60 m × 12,50 m), dem im Osten wie an der Westseite Räume angefügt sind (Abb. 39). Von der Inneneinrichtung erkannte man noch die Klerusbank, an deren nördliches Ende ein Steinquader der Chorschrankenanlage anschloß. Die Felder des Mosaikbodens waren auf die Inneneinrichtung abgestimmt. Der Bereich um die Klerusbank zeigte andere geometrische Ornamente als die Flächen neben dem Presbyterium oder in der Westhälfte der Kirche. Die Motive sind sehr ähnlich jenen in der frühchristlichen Kirche von Invillino (S. 90). Die Gräber unmittelbar im Westen der Kirche stammen von Priestern oder Stiftern. Die Kirche wurde vor dem 8. Jahrhundert durch Brand zerstört; ein genauerer Zeitpunkt der Zerstörung kann nicht angegeben werden.

Die zweite Kirche (17,20 m × 9,70 m) besitzt eine hufeisenförmige Apsis, wie wir sie beim Baptisterium in Genf (S. 178) und in Kirchen Galliens finden. Der Westseite war ein Narthex vorgelegt (Abb. 39). Ca. 9 m östlich der Kirche kamen drei ringförmige Stufen zutage, die von einem Taufbecken stammen. Die größere Kirche hatte für die Eucharistiefeier der Christengemeinde gedient. Über die

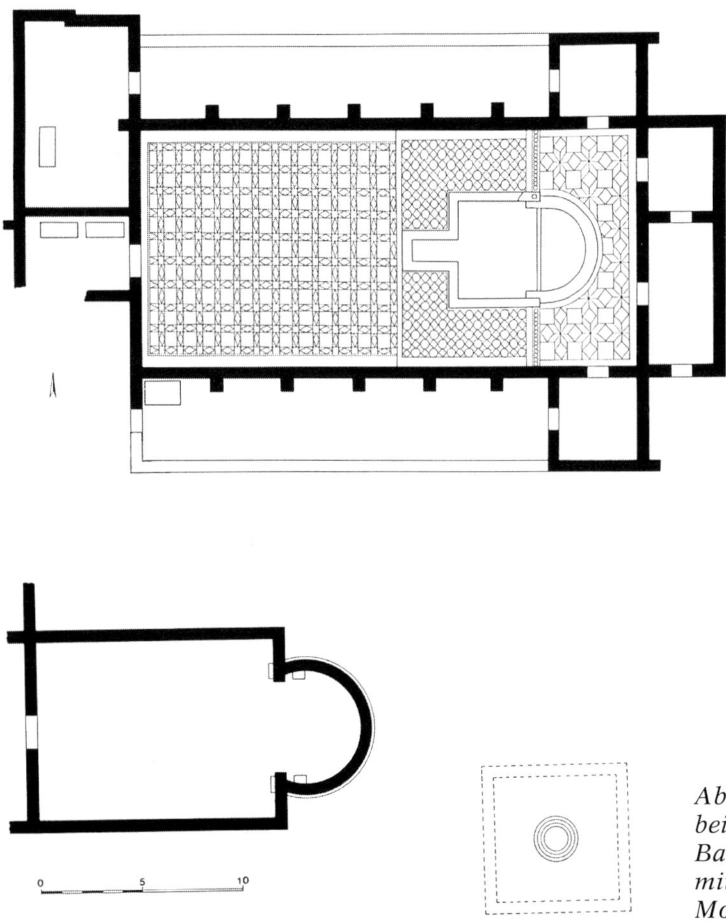

Abb. 39: Zuglio: Plan der beiden Kirchen und des Baptisteriums. Bischofskirche mit schematisch dargestelltem Mosaikboden.

Funktion der kleineren Kirche kann man nur Vermutungen anstellen. Sie diente vielleicht dem Bischof als Belehrungsraum und als Firmungskirche in Verbindung mit dem benachbarten Baptisterium. Bei einer möglichen Ausstattung mit Reliquien konnte die Märtyrerverehrung in diesem Sakralbau eine bedeutende Rolle spielen.

Die gesamte Kirchenanlage wird um 400 n. Chr. entstanden sein. Im späten 5. Jahrhundert, noch vor 490, scheint der Bischofssitz auf den Hügel San Pietro verlegt worden zu sein, wofür die Grabinschrift und Reste einer weiteren frühchristlichen Kirche ein Hinweis sind, die zuletzt bei Restaurierungsarbeiten zutage traten. Am gleichen Platz folgte eine Kirche des 8. Jahrhunderts, die kostbare marmorne Chorschranken mit Flechtwerkreliefs besaß. Um 700 zieht ein Bischof Fidentius von Iulium Carnicum an den langobardischen Herzogssitz von Cividale, wobei die Ursachen hierfür im dunkeln liegen. Sein Nachfolger Amator wurde zwar noch ernannt, kehrte aber nicht mehr nach Zuglio zurück, was das Ende dieses Bischofssitzes bedeutete.

Einer modernen archäologischen Erforschung käme große Bedeutung zu, weil hier das Verhältnis der Kirchen von unbefestigten Städten in Tallagen zu jenen in den befestigten Höhensiedlungen beispielhaft geklärt werden könnte.

Lit.: F. Quai, La sede episcopale del Forum Iulium Carnicum (1973). M. Mirabella Roberti, Antichità Altoadriatiche 9 (1976) 91ff.

Zuglio: Frühchristliche Kirchen (südlich des Museums) im Gelände nicht sichtbar. Funde im Civico museo archeologico »Iulium Carnicum«.

Entlang der Drau

Ptuj – POETOVIO

Die fruchtbaren Weinberge, die Ufer der Drau und die Dächer der Stadt werden heute vom Schloß in Ptuj (Pettau) überragt. Die Stadt liegt zwischen Maribor und Varaždin und war in der Antike ein wichtiger Verkehrsknotenpunkt, an dem im Laufe der Zeit verschiedene Legionen stationiert waren. Außerdem war Poetovio Sitz der Zollverwaltung, in der zahlreiche kaiserliche Sklaven und Freigelassene orientalischer Abstammung ihren Dienst taten. Seit Kaiser Traian (98–117) war Poetovio Mittelpunkt eines städtischen Verwaltungsbezirkes. Lag anfangs das Stadtzentrum in der Ebene am rechten Drauufer, so wurden in der Völkerwanderungszeit die Hügel (Schloßberg, Panoramaberg) am linken Drauufer zum Siedlungsschwerpunkt.

In Poetovio erlitt der Bischof Victorinus im Jahr 303 oder 304 den Märtyrertod. Er war Kirchenschriftsteller und gleichzeitig der einzige antike Autor, den die Alpen- und die Donauprovinzen während der Römerzeit hervorbrachten. Victorinus war Anhänger des Chiliasmus, der Lehre, die eine Wiederkehr Christi nach tausend (chilia) Jahren beim Jüngsten Gericht verkündete. Bereits um 380 hören wir von arianisch und katholisch gesinnten Christen in Poetovio. Bei den Bischofswahlen ging der Arianer Julianus Valens gegenüber dem katholischen Kandidaten Marcus als Sieger hervor. Doch wurde Bischof Valens von der Kirchenversammlung in Aquileia im Jahr 381 in Abwesenheit wegen seiner arianischen Gesinnung verurteilt. In einem Schreiben der versammelten Bischöfe an Kaiser Gratian, Valentinian II. und Theodosius wurde dem Bischof Valens provokatorisches Verhalten nachgesagt, so daß er zu einem Glaubensbruder nach Mailand fliehen mußte. Aus dieser Nachricht schlossen manche Forscher, daß es mindestens eine arianische Kirche in Poetovio und damit zwei Christengemeinden, nämlich eine katholische und eine arianische, gab. Wäre dies tatsächlich der Fall gewesen, so hätte jede der beiden Gemeinden ihren eigenen Bischof wählen können und es wäre nicht zu den erwähnten Auseinandersetzungen gekommen. Spätere Quellen erwähnen den Bischofssitz nicht mehr, wenngleich er weiterbestand.

Trotz einiger seltener Funde können wir bisher die Kirchenbauten in ihrer architektonischen Gestalt in Poetovio nicht fassen. Auf dem Schloßberg von Ptuj legte man die Reste zweier Apsiden frei und fand spätantike Architekturteile, die einer frühchristlichen Kirche zugeordnet wurden. Ein abschließendes Urteil ist jedoch erst möglich, sobald alle Architekturteile auch in Zeichnung veröffentlicht und geprüft sind. Aus dem Bereich der heutigen Propsteikirche (St. Georg) stammen die Fragmente eines Schrankenpfeilers und einer Schrankenplatte, die ohne Zweifel zu einer frühchristlichen Kirche gehörten (Farbabb. 6a). Der Schrankenpfeiler zeigt ein Weinrankenmotiv, das von einer Taube mit Kreuz, einem Christussymbol, bekrönt wird und an das Wort des Herrn erinnern soll: »Ich bin der Weinstock und das Leben.«

Als eindeutige Zeugnisse des frühen Christentums und ihrer einstigen Verwendung in einer Kirche können zwei Bronzeleuchter aus Rogoznica bei Ptuj gelten (Abb. 40). Sie

Abb. 40: Rogoznica bei Ptuj: Leuchter mit Christogramm und Stifterinschriften.

zeigen ein Christogramm, auf dessen Umfassungsring unter anderem die Stifternamen eingraviert sind; in einem Fall handelt es sich um Pusinius, im anderen um die beiden Brüder Intimius und Maximilianus.

Auf dem Gebiet des Panoramahügels in Ptuj wurde bisher eine Fläche von 12 × 15 m ergraben, wobei man in ca. 1,20 m Tiefe die Reste eines stark zerstörten spätantiken Mosaiks fand (Abb. 41). Des weiteren ka-

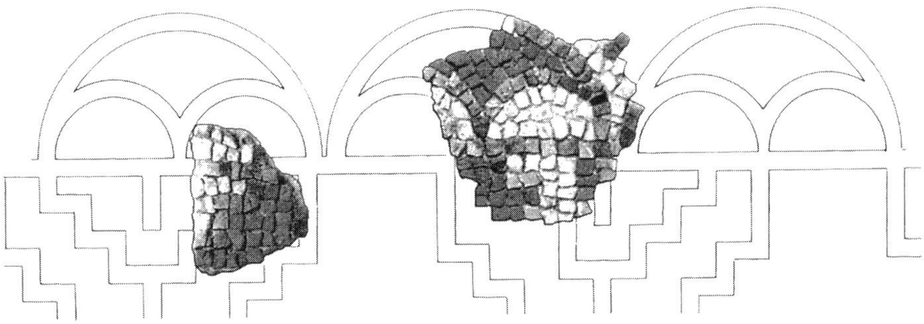

Abb. 41: Ptuj: Mosaikreste einer frühchristlichen Kirche.

men dem Ausgräber zufolge marmorne Architekturfragmente zutage, wie z. B. eine Altarbasisplatte mit Einarbeitungen für die Säulchen, von denen ebenfalls Bruchstücke gefunden wurden. Bisher wurden jedoch weder Pläne noch die Fundstücke publiziert.

Lit.: J. Klemenc, Ptujski grad v kašni antiki (1950) 9ff. Taf. 16–17. Plan 1. J. Šašel, Kronika 9 (1961) 120 ff. J. Klemenc, Arheološki vestnik 18 (1967) 118 ff. P. Korošec, Arheološki vestnik 31 (1980) 55 ff. I. Tušek, Varstvo spomenikov 26 (1984) 246. T. Knific/M. Sagadin, Pismo brez pisava (1991) 14 ff.

Ptuj: Funde im Regionalmuseum Ptuj (Pokrajinski muzej Ptuj)

Hemmaberg bei Globasnitz – IUENNA

Der Hemmaberg bei Globasnitz, ein 840 m hoher Vorberg der Karawanken, ist mit seinen markanten Felsabbrüchen weithin im Jauntal sichtbar. Er liegt an einer einst wichtigen römischen Straße, die von der Stadt *Virunum* bei Maria Saal nach Südosten und schließlich über das Miestal in die Stadt *Celeia* (Celje/Cilli) führte. In einer Urkunde des 12. Jahrhunderts heißt der Hemmaberg Iunberch und im 17. Jahrhundert wird er noch als Jaunberg bezeichnet. Dieser Bergname leitet sich von der römischen Straßenstation *Juenna* bei der heutigen Ortschaft Globasnitz her und geht letztlich auf die keltische Gottheit Jouenat zurück, die in einem Heiligtum auf dem Hemmaberg verehrt wurde.

Aber schon lange vor den Kelten siedelten Menschen in der Mittelbronzezeit (1500–1250 v. Chr.) auf dem Hemmaberg, wovon zahlreiche Gefäßbruchstücke und Reste eines Brandgrabes zeugen. Das Scherbenmaterial ab der späten Latènezeit (ab ca. 50 v. Chr.) und frühen römischen Kaiserzeit wird in Verbindung mit dem heiligen Bezirk des Jouenat zu sehen sein, der in der Inschrift eines kleinen römischen Weihealtars genannt ist. Das Heiligtum wurde noch besucht, als um 400 n. Chr. die Bewohner der römischen Straßenstation Iuenna auf den Hemmaberg zogen, weil die Völkerwanderung unsichere Zeiten für Gut und Leben brachte.

Neben dem Weg zur Kuppe des Hemmaberges liegt das Gräberfeld der Siedlung aus der Zeit zwischen 400 und 600. Bisher kamen 125 Gräber zutage. Nur einige der Frauen- und Mädchengräber besaßen persönlichen Schmuck und Trachtzubehör, wie Ohrringe, Gewandnadeln, Fibeln, Glasperlenketten, Armreife und Fingerringe. Diese Funde weisen die Toten als Angehörige der romanischen Bevölkerung aus, d. h. sie waren Träger römischer Kultur. Fast alle waren mit der Blickrichtung nach Osten und nur gelegentlich nach Süden bestattet (s. S. 76).

Auf halber Höhe der Bergkuppe war ein Befestigungsring vorhanden, der aber nicht aus einer Mauer bestand, sondern aus einem ca. 2 Meter hohen Wall aus Bauschutt, Steinen und Erde. Er überbaut an einer Stelle ein weitgehend abgetragenes Haus des 5. Jahrhunderts. Entstanden ist der Steinwall erst im 6. Jahrhundert. Wahrscheinlich bot eine Holzpalisade auf dem Wall eine ausreichende Verteidigungsmöglichkeit im steilen Gelände.

Die erste Kirche

Eine erste Kirche (ca. 17,35 × 12,5 m) errichteten die Bewohner der Siedlung um 400 auf dem ebenen Baugelände am Ostrand des Gipfelplateaus (Abb. 42: J). Die Mauern dieser Apsidenkirche sind bis auf die Fundamente abgetragen worden, als man für die benachbarte Kirche St. Hemma (Farbabb. 7) Steinmaterial brauchte. Dennoch ließen sich noch viele Details erkennen oder erschließen. An der Apsis stand eine Klerusbank, vor der sich das erhöhte Presbyterium erstreckte, in dessen Mitte die Reliquiengrube den Standort des einstigen Altares anzeigt. Nordseitig gegenüber dem Presbyterium ist eine Sakristei und ein weiterer Raum mit Heizkanal angefügt. Über die Verwendung des bodengeheizten Raumes können nur Vermutungen angestellt werden. Da es im Raum kein offenes Feuer gab, könnte man an ein Skriptorium (Schreibstube) denken, in welchem die Bibel und liturgische Texte abgeschrieben und Briefe verfaßt wurden. Ebenso wäre ein Lese- und Aufbewahrungsraum für die Heilige Schrift denkbar, wie dies Bischof Paulinus für die Kirchenanlage von Nola bezeugt.

An der Südseite der Apsis schloß ein Grabraum mit separatem ostseitigem Eingang an. Das Grab mit erhaltenem Skelett war ausge-

1 *Celje/Slowenien: Mosaikstiftung des Diakon Justinianus. Insgesamt fanden sich 13 solcher Stifterinschriften bzw. Reste davon in den Mosaiken der frühchristlichen Kirche am nordwestlichen Rand der antiken Stadt Celeia.*

2 *Celje: Taufbecken mit Resten der Marmorverkleidung.*

3 *Vranje/Slowenien: Luftaufnahme der Kirchen, Nebengebäude und der Zisterne.*

4 *Prebold/Slowenien: Grabinschrift des Bischofs Gaudentius; vgl. dazu S. 69.*

5 *Ajdna bei Potoki/Slowenien: erhaltene Teile des Reliquienkästchens.*

6 *a) Ptuj/Slowenien: Schrankenpfeiler mit Relief eines Weinstockes und einer Taube mit Kreuz.*

6 *b) St. Peter in Holz/Österreich: Wandmalerei mit Gesichtsfragment einer Heiligen und Rekonstruktion (Bischofskirche von Teurnia).*

7 *Hemmaberg bei Globasnitz/Österreich: Luftaufnahme der fünf Kirchen, der Nebengebäude und der Kirche St. Hemma (rechts oben).*

8 *Hemmaberg: Mosaik mit der Darstellung eines Pfaues aus der Apsis mit dem Reliquiengrab in der östlichen Doppelkirche.*

9 *Hemmaberg: Mosaik mit der Darstellung eines Kranichs in der östlichen Doppelkirche.*

10 *Hemmaberg/Österreich: Ballonaufnahme der westlichen Doppelkirche im Zustand der Ausgrabung.*

11 *Hemmaberg: Ansicht der östlichen Doppelkirche mit Baptisterium im konservierten Zustand. Die Böden sind mit Kies beschüttet (weißer Kies = Mosaik, roter Kies = Ziegelsplittestrich).*

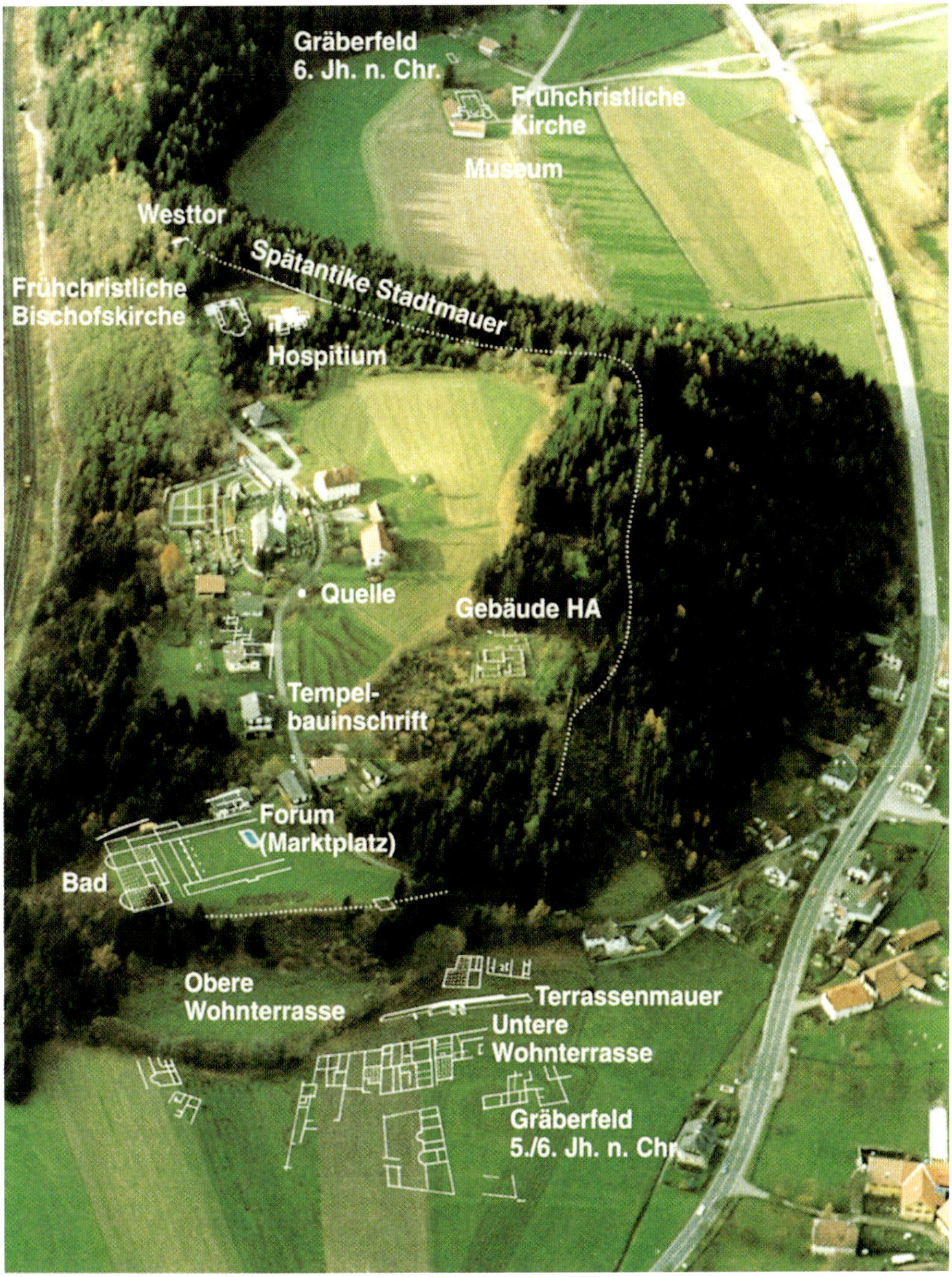

12 *St. Peter in Holz/Österreich: Ruinen der römischen Stadt Teurnia mit Bischofskirche und Kirche außerhalb der Stadtmauern.*

13 *St. Peter in Holz/Österreich: Mosaikboden in der Gedächtniskapelle für einen Märtyrer der Kirche außerhalb der Stadtmauern von Teurnia; vgl. dazu S. 138f.*

14 *Säben/Südtirol (Italien): Blick auf den Burgberg mit dem Benediktinerinnenkloster und der Hl.-Kreuz-Kirche. Darunter Marienkirchen und Weinberg mit der Ausgrabung einer frühchristlichen Kirche.*

15 *Genf/Schweiz: Plan der verschiedenen Bauperioden des bischöflichen Kirchenkomplexes unter der Kathedrale St-Pierre.*

16 *Genf: Ostansicht der Ausgrabungen unter dem Boden der Kathedrale St-Pierre.*

17 Sion (Sitten)/Schweiz: Luftaufnahme der Begräbniskirche im Zustand der Ausgrabung.

18 Schmuck und Trachtzubehör: Kreuzförmige Gürtelschließe (St. Peter in Holz/Österreich), Hirschfibel und Hahnenfibel (Hemmaberg/Österreich), kreuzförmiger Anhänger einer ringförmigen Lampe (Kučar/Slowenien).

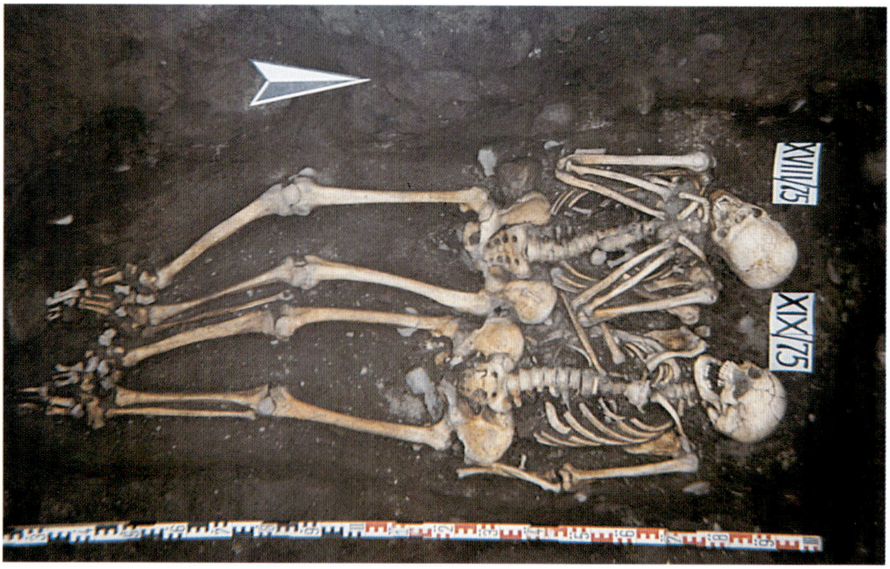

19 *St. Peter in Holz/Österreich: zwei Skelette einer Erdbestattung im östlichen Gräberfeld von Teurnia.*

20 *St. Peter in Holz: gemauerte Grabkammern im westlichen Gräberfeld von Teurnia.*

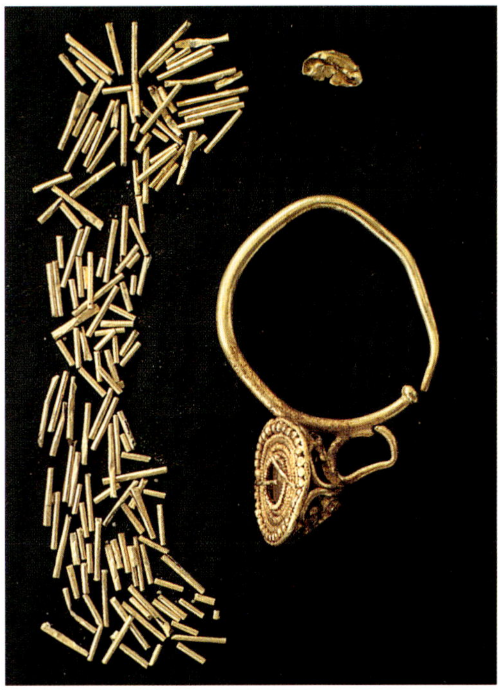

21 *Oben: Fingerring mit Christogramm (Enns/Österreich), Gürtelschnalle mit Christogramm (Ernsthofen/Österreich) und Rückseite eines Spiegels mit Kreuzen (Ljubljana/Slowenien). Unten: Frauendarstellung mit Haarnetz (Herculaneum), daneben: Goldhülsen vom Haarnetz und byzantinischer Goldohrring (St. Peter in Holz).*

22 a) *Goldmünze (Tremissis) des Kaisers Anastasius, 491–518, (St. Peter in Holz/Österreich), Vorderseite: Kaiserbüste. Rückseite: Siegesgöttin.*
b) *Silbermünze (Viertelsiliqua) des Ostgotenkönigs Athalarich, 526–534 (Hemmaberg/Österreich). Vorderseite: Büste des Kaisers Justinianus. Rückseite: Titel und Name Athalarichs.*
c) *Eichgewicht mit griechischer Gewichtsangabe von 5 Goldmünzen (Solidi) und von einem Solidus (Hemmaberg). Kaiser Justinian ordnete an, die Eichgewichte in der Kirche aufzubewahren.*

23 *Ljubljana/Slowenien: Inschrift des Archidiakon Antiochus, der das Baptisterium und eine Halle stiftete.*

mauert und mit Ziegelsplittestrich ausgestattet. Weitere 10 Gräber befanden sich in den außen offenen Hallen an der Süd- und Westwand der Kirche. Die Hallen waren wahrscheinlich aus Holz aufgeführt, so daß nur zwei gemauerte Pfeilerfundamente das abfallende Felsniveau auszugleichen hatten. In den erwähnten Gräbern fanden sich Skelette von Männern, Frauen und Kindern. Die privilegierte soziale Stellung der Bestatteten wird dadurch deutlich, daß sie entgegen den römischen Gesetzen innerhalb der Siedlung begraben werden konnten. Maßgeblich für die Wahl dieses Begräbnisplatzes war auch hier die Nähe der Märtyrerreliquien, welche in der Grube unter dem Altar geborgen waren.

Um das Regenwasser von großen Flächen des Kirchendaches zu nutzen, legte man im Kalkfelsen eingetieft, mit Lehm und Mauerwerk ausgekleidet, eine Zisterne an. Darüber muß man sich eine Holzdecke mit einer Schöpfluke und ein Schutzdach vorstellen.

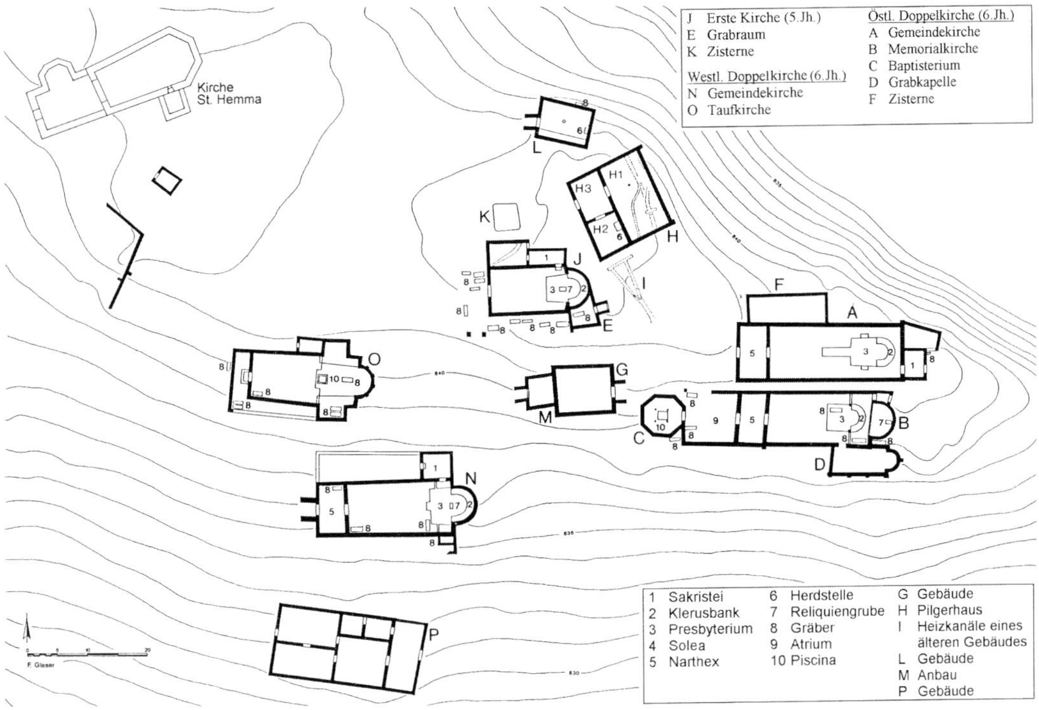

Abb. 42: Hemmaberg: Plan des Pilgerheiligtums.

Die östliche Doppelkirche

Ungefähr 25 Meter östlich der Kirche errichtete man auf dem äußersten Felssporn am Beginn des 6. Jahrhunderts eine parallele Doppelkirchenanlage mit einem Baptisterium (Abb. 42: A, B, C u. Farbabb. 11). Die nördliche (A) der beiden Kirchen diente für die Eucharistiefeier der Gemeinde. Die Gesamtlänge des Gotteshauses mit einem Vorraum an der Westseite und einer Sakristei im Osten beträgt 32,20 m bei einer Breite von 9,80 m. Im Kirchensaal befand sich das erhöhte Presbyterium, das ostseitig eine freistehende Klerusbank abschloß. Seitlich führten Treppenstufen zu diesem erhöhten

Altarraum, der von Marmorschranken eingefaßt war. Vom Presbyterium führte ein abgeschrankter Gang (Solea) gegen die Kirchenmitte, der vielleicht für die Kommunionspendung diente. Eine Reliquiengrube unter dem Altar in der Presbyteriummitte war in dieser Kirche nicht vorhanden.
Den Boden des Kirchensaales bedeckten ursprünglich fünffarbige Mosaiken mit einer Fläche von 140 Quadratmetern. Die Gliederung der Ornamentflächen war auf die Inneneinrichtung der Kirche abgestimmt. Die Vogelmotive, darunter Enten und Kraniche, in Flechtbandschlingen mit Kreisen und Quadraten (Farbabb. 9) reichten von der Eingangstür bis zur Westkante der Solea. Dagegen folgten links und rechts der Solea sternförmige Blütenmotive (Abb. 43). Entlang den Presbyteriumkanten schmückten ein Ornament aus Kreissegmenten und rings um die Klerusbank ein Weinrankenmotiv den Boden. Die Wahl der Ornamente zeigt, daß Fachleute aus einer Werkstatt des oberen Adriaraumes die Mosaiken verlegt hatten.

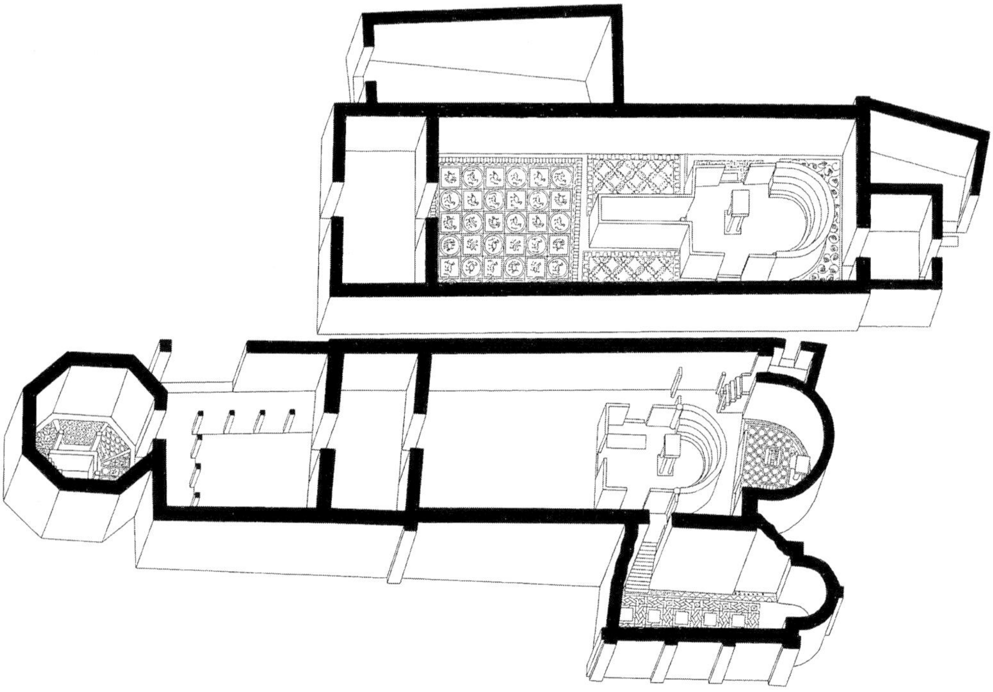

Abb. 43: Hemmaberg: Rekonstruktion der östlichen Doppelkirche.

Die südliche Kirche (26,40 × 9,45 m) besaß nur in der Apsis einen Mosaikschmuck im Gegensatz zum Ziegelsplittestrich des übrigen Raumes (Abb. 42: B). Im Scheitel der Apsis hatte eine Grube zur Aufnahme von Reliquien gedient. Über der Reliquienkammer darf man einen Tisch wie in der Memorialkapelle in Teurnia (s. S. 138) vermuten. Die Apsis hatte, wie wir bereits wissen, in der römischen Baukunst die Aufgabe, einen bestimmten Platz im Raum besonders hervorzuheben. Hier geschah dies zusätzlich durch den Mosaikboden mit Kreisbandschlingen, Stifterinschrift und Pfau. Der Pfau als Ewigkeitssymbol bekam seinen Sinn links und rechts des Märtyrergrabes (Farbabb. 8). Schließlich trennte eine Holzschranke mit zwei seitlichen Zugängen die Apsis vollständig vom Kirchenschiff und war vermutlich wie ein Altarraum mit Vorhängen zu verschließen (Abb. 43). Der vornehmste Platz, die Apsis, war in dieser Kirche dem Märtyrer vorbehalten, während Klerusbank und Presbyterium gegen die Kirchenmitte gerückt wurden. Der Sakralbau ist demnach als Gedächtniskirche für einen Märtyrer (Memorialkirche) aufzufassen.

Die südlich anschließende Grabkapelle (Abb. 42: D) mit Mosaikausstattung wiederholt in verkleinerter Form den Grundriß der Memorialkirche. Die Lage der Kapelle ist ganz gezielt gewählt worden: Die Stifterinnen, deren Skelette in den Gräbern freigelegt wurden, sollten möglichst nahe beim Märtyrer begraben sein. Eine Treppe verband die Kapelle mit der Südkirche (Abb. 43). In der Nische vor dem östlichen Stifteringrab könnte ursprünglich eine Inschrift aufgemalt gewesen sein. Das Bodenmosaik zeigt Medaillonschlingen, denen wiederum Ornamente eingeschrieben sind. In den Feldern waren vielleicht einst Vogelmotive eingefügt.

An der Westseite der Kirche (B) leiteten ein Vorraum und ein Atrium zum oktogonalen Baptisterium (Abb. 42: C) über, in dessen Zentrum das ursprünglich mit Marmorplatten ausgekleidete Taufbecken eingetieft war. Die Treppe an der Westseite ermöglichte das Hinabsteigen des Täuflings. Aufgrund der geringen Tiefe des Beckens ist allerdings ein völliges Untertauchen des Täuflings nicht wahrscheinlich. Zwischen den Holzsäulen des Baldachins dürfen wir Vorhänge vermuten. Entsprechend dem Grundriß des Baptisteriums gliederten acht trapezförmige Felder den Mosaikboden. Die West-Ost-Richtung betonte man, indem man diesen Feldern Vogelmotive, Enten und Pfaue, zuordnete, während die übrigen Abschnitte ausschließlich Ornamente zeigten.

Die Taufe wurde beispielsweise vom Apostel Paulus oder dem Schriftsteller Tertullian mit der Auferstehung Christi in Beziehung gesetzt. Vor diesem Hintergrund werden beim Baptisterium die drei Gräber verständlich, in denen Stifter die Auferstehung erwarten wollten. Auch die Achtzahl, ausgedrückt durch die acht Ecken des Baptisteriums, ist mit dem Auferstehungsgedanken verbunden: Der achte Tag (= Sonntag) ist Tag des Heils, der Auferstehung Christi.

Die mosaikgeschmückten Räume des Baptisteriums und der Apsis bilden gleichsam zwei Pole der langgestreckten Anlage: In der Taufe wurde der Katechumene zu »Neuem Leben« geboren, hat anschließend in der Kirche die »Firmung« empfangen; und in der Apsis befand sich das Grab des Märtyrers, der dem Neugetauften Vorbild sein sollte. An diesem Konzept läßt sich eine Bedeutungssteigerung von Westen nach Osten ablesen.

Der Plan einer Doppelkirche ist normalerweise nur für ein ebenes Gelände geeignet. Auf dem Hemmaberg hatte man keine Mühe gescheut, dieses Baukonzept auf einem Felssporn zu verwirklichen. Man ging daher möglichst rationell vor und legte die Kirchen auf zwei Ebenen mit einem Höhenunterschied von 1,00 bis 1,20 m an, um die Anschüttungshöhe zu reduzieren. Die nördliche Kirche wurde ganz an den Felsabfall gerückt. Obwohl man die Nordostecke gegenüber der idealen Flucht etwas einzog, mußte man ca. 2 m aufmauern, um das Bodenniveau zu erreichen. Für den Boden der südlichen Kirche mußten ein Drittel der Fläche aus dem Felsen gearbeitet und zwei Drittel bis zu 1,70 m angeschüttet werden. Die Stifterkapelle wurde in der gleichen Weise 1,40 m tiefer angelegt. Aus diesen Maßnahmen ergibt sich, daß die gewaltige Menge von ungefähr 200 Kubikmeter (= heute ca. 40 große Lastwagen) Erdmaterial für die Terrassen angeschüttet werden mußte.

Im Gegensatz zum älteren Gotteshaus zeugt die Doppelkirche von einer Differenzierung in Kult und Liturgie. Für die zentralen The-

men Eucharistiefeier, Taufe und Auferstehung (ausgedrückt durch das Märtyrergrab) wurde jeweils ein eigener Raum bzw. Raumteil geschaffen. Die Ausstattung nimmt darauf Bezug, so daß die Feierkirche, das Baptisterium und die Apsis mit dem Märtyrergrab jeweils einen Mosaikboden erhielten. Der Raum des Stiftergedächtnisses, die Grabkapelle, bekam den gleichen Schmuck.
Zur gleichen Zeit mit der Doppelkirche wurde nördlich der älteren Kirche (J) ein großes dreiräumiges Gebäude (14,00 × 13,70 m) errichtet (Abb. 42: H). Der große Saal von 12,80 × 6,85 m lichter Weite wurde an der Ostseite weit auf den Hang hinausgerückt, so daß an der Nordecke eine Anschüttung von 1,65 m bis zum Estrichniveau notwendig war. Trotz starker Zerstörungen ließen sich die Heizkanäle unter dem ursprünglichen Boden erkennen. Die Deutung des Saales (H 1) ergibt sich aus dem Befund im anschließenden Raum (H 2), der als Küche mit Herdstelle, Handmühle und erhaltenem großen Vorratsgefäß zu bestimmen ist. Die Küche (H 2) und das benachbarte Zimmer (vielleicht ein Schlaf- oder Vorraum) besaßen einst Holzböden. Das Gebäude H diente also zum gemeinsamen Mahl, wahrscheinlich aufgrund der Größe nicht nur Klerikern, sondern auch Pilgern.
Weiter nördlich liegt ein schlichtes einräumiges Wohnhaus (Abb. 42: L), das vermutlich in der Mitte eine Raumteilung aus Holz und an der Ostwand eine Feuerstelle besaß. Unmittelbar am nördlichen Hausfundament kam die Bestattung eines Kleinkindes zutage. Da es nach römischer Rechtsauffassung noch durch keine Riten in die Gesellschaft eingeführt war und deshalb kein reguläres Begräbnis bekam, hatte man diesen »ungestörten Platz« unter der Dachtraufe gewählt.
Das Gebäude G (Abb. 42) westlich des oktogonalen Baptisteriums war aufgrund der Mauerstärken wahrscheinlich zweigeschossig und diente ebenfalls Wohnzwecken.

Die westliche Doppelkirche

Ungefähr 20 Meter südwestlich der älteren Kirche (J) wurde eine weitere zeitgleiche Doppelkirchenanlage vom Beginn des 6. Jahrhunderts entdeckt (Farbabb. 10). Der südliche Sakralbau (Abb. 42: N) stellt eine Apsidenkirche (29,30 × 9,55 m) dar, der an der Westseite ein Narthex mit einem Portalbau vorgelagert ist. An die Apsiswand war innen eine Klerusbank angebaut, von welcher geringe Reste erhalten blieben. Das erhöhte, großteils zerstörte Presbyterium besaß fünffarbigen Mosaikschmuck: Geometrische Elemente aus Halbkreisen gliederten die Apsis (Abb. 44), während vor dieser Rauten und Dreiecke mit Füllornamenten den Presbyteriumboden schmückten. In dem Füllornament des Blattes verrät sich die Werkstatt. Die gleiche Blattform wurde in der östlichen Doppelkirche, nämlich in der Apsis, im Baptisterium und in der Grabkapelle verwendet.
Am Standort des einstigen Altares blieben viele Details der eingetieften Reliquiengrube erhalten (Abb. 12b). Drei vertikale Marmorplatten trugen ursprünglich die Basisplatte der Mensa, wobei die Westseite offen blieb. Dem nördlichen und südlichen Marmorstein war an der Innenseite ein Kreuz eingemeißelt worden. In diese ausgekleidete Grube stellte man eine Marmorkiste. Sie war aus einem älteren Block gefertigt worden, dessen Relief man abschlug, als man an drei Seiten Kreuze herausarbeitete. Im Inneren der Steinkiste fanden sich noch die originalen Gebeine einer Märtyrerin und ein silberner Fingerring. Die Gebeine waren jedoch ursprünglich in einem kleinen Schrein aus Kalksandstein geborgen, dessen Fragmente in der Umgebung gefunden wurden. Gesicherte originale Märtyrergebeine in diesem Umfang stellen im Alpenraum eine Seltenheit dar. Das Frauenskelett weist einen verheilten Schlüsselbein- und Wirbelbruch auf. Letzterer hatte jedoch zur Lähmung der Beine geführt. An den Bruchstellen der

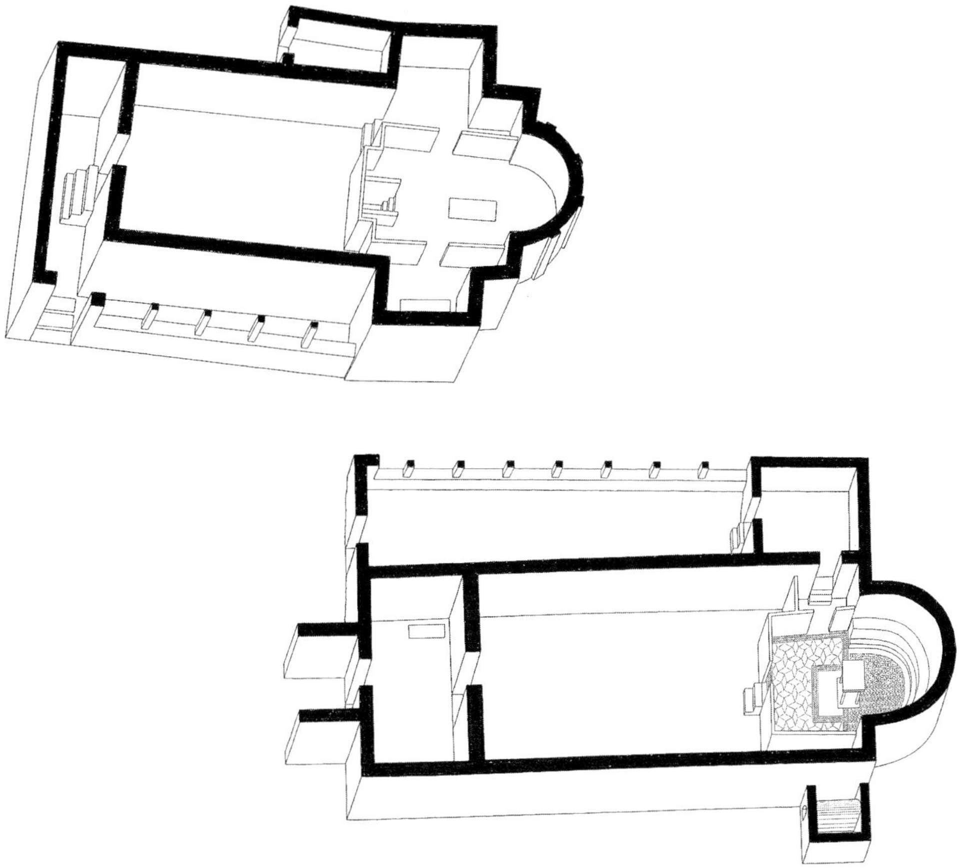

Abb. 44: Hemmaberg: Rekonstruktion der westlichen Doppelkirche.

Langknochen waren deutliche Abriebspuren festzustellen, die wohl beim Transport entstanden sind. Unter anderem fehlten ein Großteil des Schädels und eine Beckenschaufel, die vermutlich von der abziehenden römischen Bevölkerung um 600 in den Süden mitgenommen wurden. Die Bearbeitung des Reliquienschreines läßt auf die Herkunft der Gebeine schließen (Abb. 13). Der Schrein ist wie ein kleiner Sarkophag mit dachförmigem Deckel ausgestattet, an dessen Ecken wie an den Langseiten Akrotere ausgeformt sind. Diese zeigen jeweils ein Kreuz, wobei der Reliefgrund rauh belassen wurde, da er mit rotem Stuck bedeckt wurde. Diese sog. Champlevé-Technik, die Steineinlegearbeit nachahmen sollte, ist im östlichen Mittelmeerraum, vor allem in Syrien und Cypern im 5. und 6. Jahrhundert wohlbekannt. In Kleinasien, den Balkanländern, Spanien und Frankreich gibt es bisher nur vereinzelt Beispiele dieser Bearbeitung.

Die Abschrankung des Presbyteriums war aus Holz. Unmittelbar neben der Südwestecke des Altarraumes und außen an der Südostecke befand sich jeweils ein Grab von Personen, denen eine Bestattung bei den Heiligen (»ad sanctos«) ermöglicht wurde. Weitere Stifter- oder Priestergräber wurden in der Südwestecke des Kirchensaales und im Narthex entdeckt. Nördlich gegenüber dem Presbyterium öffnete sich der Eingang

in die Sakristei, von welcher wiederum eine Tür nach Westen in eine langgestreckte offene Vorhalle mit Holzstützen führte.
Unter dem Kirchenboden konnten nicht nur Estrichreste und ein Heizkanal beobachtet, sondern auch zahlreiche Kleinfunde geborgen werden. Abgesehen von ostmediterraner und nordafrikanischer Terra sigillata kam hier eine alamannische Bügelfibel aus Silber mit Vergoldung zutage, die uns aufgrund ihrer Datierung einen wertvollen Hinweis auf die Entstehungszeit der Kirche am Beginn des 6. Jahrhunderts gibt. Dazu kommen noch eine Hahnen- und eine Pfauenfibel, die in der Baugrube und in der Planierung an der nördlichen Sakristeimauer gefunden wurden (Farbabb. 18).
Der nördliche Sakralbau (24,20 × 13,50 m) dieser Doppelanlage ist gegen Westen verschoben (Abb. 42: o). Die vom idealen Grundriß abweichende Mauerführung ist durch die Hanglage bedingt. Die Kirche ist mit einspringender Apsis und querschiffähnlichen Räumen (Querannexe) gestaltet, so daß der Grundriß an eine Kreuzform erinnert (Abb. 44). Das östliche Drittel besitzt ein erhöhtes Bodenniveau, das über Stufen an der Nord- und Südwand zu erreichen war. Das mittlere Drittel des Presbyteriumbereiches war abgeschrankt und besaß am Westende ein Taufbecken, von dem sich noch Reste des Bodens und der Gewände erhalten haben. Tiefe und Größe entspricht der Piscina im besprochenen oktogonalen Baptisterium, nur mit dem Unterschied, daß hier der Zugang ausschließlich von Osten her möglich war. Östlich des Taufbeckens befindet sich ein weitgehend zerstörtes Grab. Aufgrund der ähnlichen Situation im Baptisterium von Vranje (s. S. 74) könnte man an ein Reliquiengrab denken, doch spricht seine Größe eher für ein Stiftergrab. Weitere Gräber befinden sich im südlichen Querannex, in der Südwestecke des Kirchenschiffes und im Narthex; ein Kindergrab wurde außen an der Westwand des Narthex entdeckt. Der Narthex war von Süden her zugänglich; von hier aus konnte man über eine Treppe den höher gelegenen Kirchensaal betreten. Die Bestimmung eines kleinen Anbaues an der Nordseite des Gotteshauses ist unbekannt. Unter dem ursprünglichen Bodenniveau der Apsis konnten geringe Mauer- und Heizkanalreste eines abgetragenen Bauwerks festgestellt werden.
Das Gebäude (P) südlich der tiefer gelegenen Feierkirche (N) besitzt im großen quadratischen Raum ebenso wie im östlich anschließenden Reste einer Bodenheizung (Abb. 42). Funde wie eine Handmühle und Töpfe und Schüsseln vom Ende der Benützungsperiode am Ende des 6. Jahrhunderts lassen darauf schließen, daß dieses große Gebäude der Versorgung der Pilger gedient hat.

Die Bedeutung der zwei Doppelkirchen

Die errichteten Kirchenanlagen auf dem Hemmaberg stehen in keinem Verhältnis zum Bedarf an Sakralräumen in einer Siedlung dieser Größenordnung (Abb. 45). Die Finanzierung dieses enormen Bauvorhabens konnte auch nur über freies Kapital von Stiftern erfolgen, die sicherlich aus einer größeren Region kamen. Zugleich mußte den Stiftern der Hemmaberg bedeutend genug erscheinen, um hier Kirchen errichten zu lassen und sich damit einen privilegierten Begräbnisplatz zu sichern. Vermutlich stand im Zentrum die besondere Verehrung eines Märtyrers, ähnlich wie dies am Wallfahrtsort in Cimitile bei Nola der Fall war und wo Paulinus Sakralbauten errichten und weitere Reliquien zubringen ließ. In den ungestörten Gäbern des Kirchenkomplexes waren keine Beigaben vorhanden, die auf die Herkunft oder die gehobene soziale Stellung der Bestatteten hingewiesen hätten. Dieser privilegierte Personenkreis hat sich also ganz bewußt schlicht begraben lassen. Die Nähe beim Märtyrergrab war sichtbarer Ausdruck genug für ihre soziale Stellung (Stifter) oder für ihr Amt in der Gemeinde (Kleriker).

Abb. 45: Hemmaberg: Modell des Pilgerheiligtums mit den fünf Kirchen.

Nachdem alle liturgischen und kultischen Einrichtungen am Beginn des 6. Jahrhunderts verdoppelt wurden, muß man mit zwei Christengemeinden rechnen. Dies wird nur vor dem geschichtlichen Hintergrund verständlich: Ab dem Jahr 493 gehört Binnennorikum zum Ostgotenreich des Theoderich und geht mit dem Beginn des byzantinisch-gotischen Krieges um 536/539 wieder verloren. Die Errichtung der zwei Doppelkirchenanlagen fällt also in die Zeit, als es in Norikum eine zivile und militärische Verwaltung der Goten gab, die arianische Christen waren. Sie unterschieden sich von den Katholiken durch die Auffassung vom Wesen Christi und damit der Dreifaltigkeit (vgl. oben S. 58). Da sich in der Taufformel der Unterschied manifestierte, tauften die arianischen Geistlichen übergetretene Katholiken nochmals. Eine Doppelkirche ist demnach von der arianischen Christengemeinde, die andere von der katholischen Gemeinde genutzt worden.

Die westliche Doppelkirche (Abb. 42: N, O) hatten die Goten für den arianischen Gottesdienst errichtet. Nach dem Abzug der Goten nutzten Bewohner den Narthex der Kirche für Wohnzwecke, wie man aufgrund der hier gefundenen (ganzen oder zerbrochenen) Gefäße feststellen konnte.

Neben der gläubigen Haltung der Menschen haben gerade ein gewisses Konkurrenzverhältnis der Gemeinden, Anspruch und Prestige zu dieser enormen Bautätigkeit beigetragen. Die allgemein geübte Toleranz der Goten in religiösen Fragen war ein weiterer Faktor für diese Entwicklung und die Nähe der Sakralbauten beider Christengemeinden.

Die meisten Besucher des Hemmaberges fragen sich, warum die Doppelkirchen nicht auf dem ebenen Plateau, sondern mit riesigem Bauaufwand am abfallenden Hang errichtet worden waren. Doch auf dem Plateau befand sich das oben genannte Jouenat-Heiligtum, dessen Areal nach dem kaiserlichen Verbot des Heidentums an die zuständige Finanzverwaltung fiel. Die Beamten verkauften aber weder der einen noch der anderen Christengemeinde das Grundstück, damit keine Streitigkeiten in der Siedlung entstanden.

Durch die Grabungen auf dem Hemmaberg können wir erstmals im Alpenraum trotz Fehlens schriftlicher Zeugnisse ein Pilgerheiligtum (Wallfahrtsort) erfassen. Dank der günstigen Fundumstände für die Datierung der Sakralbauten trat der äußerst seltene Fall ein, daß die Grabungsergebnisse ein religions- und geistesgeschichtliches Phänomen erkennen lassen.

Lit.: F. Glaser, Das frühchristliche Pilgerheiligtum auf dem Hemmaberg (1991). Ders., Carinthia I 182 (1992) 19ff. Ders., Carinthia I 183 (1993) 165ff. S. Schretter, Carinthia I 183 (1993) 187ff. (Fibeln). F. Glaser, Rimska naselbina Juena in zgodnjerkrščanske cerkve na Sv. Hemi (1989).

Hemmaberg: Ganzjährig zugänglich; die Mauern der frühchristlichen Kirchen sind konserviert. Ausgrabungsfunde und frühchristliche Mosaiken sind im Archäologischen Museum zu Globasnitz zu besichtigen.

Maria Saal /Zollfeld – VIRUNUM

Nördlich von Klagenfurt dehnt sich die große Ebene des Zollfeldes aus. Unweit von Maria Saal lag die römische Stadt *Virunum*, geplant und ausgeführt mit einem rechtwinkeligen Straßennetz. Einen Hinweis auf den Bischof von Virunum gibt im Jahre 591 ein Brief, den die venetischen und rätischen Bischöfe an den byzantinischen Kaiser Maurikios sandten. In diesem Schreiben, das in griechischer Sprache abgefaßt war, ist für die Zeit um 550 eine *ecclesia Beconensis* bzw. *Beronensis* erwähnt. In einem byzantinischen Lexikon (Suda) aus der zweiten Hälfte des 10. Jahrhunderts, das auf ältere Quellen zurückgeht, wird in legendenhafter Form die Herkunft des Namens der norischen Stadt Bērounion (sprich: Wirunion) erklärt. Demnach war die griechische Namensform vom Schreiber nicht nach der Aussprache, sondern in klassischer Weise nach den Buchstaben ins Lateinische übertragen worden.
Auf dem Gelände der antiken Stadt Virunum befindet sich eine Kapelle des heiligen Antonius, die ein Schreiber der Stadt Klagenfurt, Dominikus Prunner, zum Dank für seine Römerfunde im Jahre 1692 stiftete. Er ließ neben den römischen Inschriften und Reliefs auch zwei Wandpfeilerkapitelle (Pilasterkapitelle) einmauern, die vielleicht von einer frühchristlichen Kirche stammen. Prunner war übrigens der erste, der einen Zusammenhang zwischen Verfärbungen im Getreide und den unter der Erde liegenden römischen Mauern herstellte.
Östlich dieser Kapelle (Prunner-Kreuz) zeigen Luftaufnahmen am Nordrand der Stadt

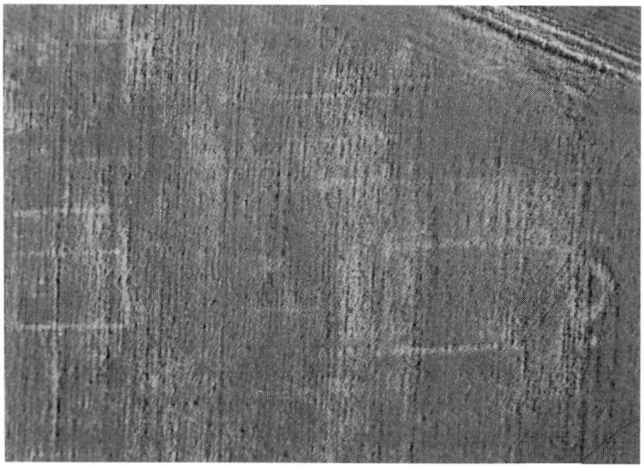

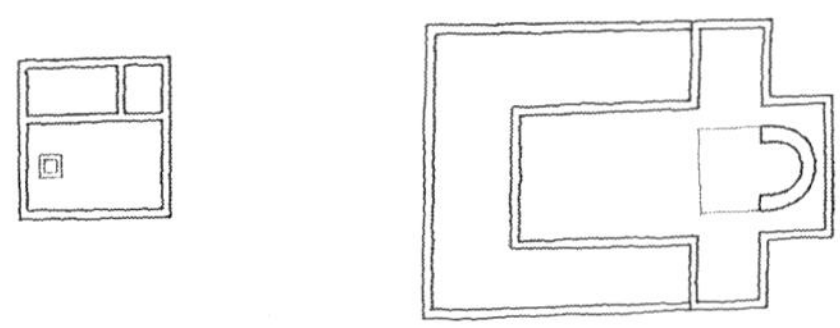

Abb. 46: Maria Saal/Zollfeld: Luftaufnahme der Bischofskirche von Virunum und Rekonstruktionszeichnung.

Virunum ein langgestrecktes Gebäude (ca. 30 × 9 m) mit einem freistehenden Halbrund, das man als Priesterbank am Ostende einer Kirche deuten kann (Abb. 46). Die Queran-nexe sind ebenfalls gut zu erkennen. In der verlängerten Längsachse der Kirche nach Westen befindet sich ein Gebäude mit einem quadratischen Einbau, der vielleicht ein Taufbecken im Baptisterium darstellt.
Eine Ausgrabung dieser Kirche könnte wichtige Forschungsfragen klären, vor allem aber auch zum Verständnis der Höhensiedlungen in der Umgebung, wie z. B. Grazerkogel und Ulrichsberg, beitragen.

Lit.: Suidae Lexikon (Hrsg. Ada Adler 1928) I 470 s. v. Berounion. R. Egger, Carinthia I 139 (1949) 181f. O. Harl, Jahrbuch des Römisch-Germanischen Zentralmuseums Mainz 36 (1989) 555ff.

Prunner-Kreuz: Ganzjährig zugänglich.

Grazerkogel bei St. Michael

Der allseitig abfallende Hügel ist weithin in der Ebene des Zollfeldes sichtbar. Er liegt zwischen den Ortschaften St. Michael am Zollfeld und St. Donat und ist von der römischen Stadt *Virunum* nur drei Kilometer entfernt. Die antiken Mauern des einstmals befestigten Grazerkogels waren im Laufe der Jahrhunderte als willkommenes Baumaterial abgetragen worden.
Am Beginn unseres Jahrhunderts legte man etwa in der Mitte des Plateaus auf der Kuppe des Grazerkogels die Fundamente einer rechteckigen Saalkirche (22 × 11m) frei. Die Deutung als frühchristliche Kirche ergab sich aus der freistehenden Klerusbank, dem einzigen Überrest des Altarraumes. In einer Entfernung von 22 Metern nördlich des genannten Gotteshauses kam ein Apsisfundament mit einer Spannweite von neun Metern und einer parallel geführten Mauer zutage, die auf eine Klerusbank hinweist.
Bislang versuchte man die beiden Sakralbauten als Doppelkirchenanlage zu deuten. Das heißt, eine Kirche sollte der Eucharistiefeier, die andere der Spendung der Firmung vorbehalten gewesen sein. Im Vergleich zu anderen Doppelkirchen des Alpen-Adria-Raumes erscheint der Abstand zwischen den beiden Gotteshäusern jedoch zu groß. Nach den jüngsten Entdeckungen in Oberlienz und in Lavant in Osttirol sowie auf dem Hemmaberg und auf dem Rifnik (Slowenien) ist viel mehr anzunehmen, daß auch hier eine Kirche der katholischen romanischen Bevölkerung und die andere der arianischen gotischen Christengemeinde diente. Eine davon wäre demnach erst während der Ostgotenherrschaft (493–536) errichtet worden.
Die Ausgräber beobachteten ferner Reste der Befestigungsmauer, die allerdings heute in der Oberfläche des Waldbodens nicht mehr deutlich erkennbar sind. Aufgrund der Nähe des Grazerkogels zu Virunum darf man vielleicht an eine Situation wie in *Tridentum*/Trient denken, wo sich außerhalb der Stadt die gotische Festung Verucca (heute Doss Trento) mit einer Kirchenanlage befand. Eine Klärung dieser Fragen können nur gründliche Ausgrabungen bringen. Dabei müßte man auch das Gräberfeld miteinbeziehen, das auf dem ansteigenden Berghang östlich des Grazerkogels liegt.

Lit.: E. Nowotny, Jb der k.k. Zentral-Kommission für die Erforschung und Erhaltung der Kunst- und historischen Denkmale. Neue Folge 3 (1905) 231ff. R. Egger, Frühchristliche Kirchenbauten im südlichen Norikum (1916) 106ff. F. Jantsch, Carinthia I 121 (1931) 9f. (Gräber). Mittheilungen der k.k. Central-Commission zur Erforschung und Erhaltung der Baudenkmale 11 (1866) LXXXIIf. (romanische Leuchter).

Grazerkogel: Mauerreste der frühchristlichen Kirchen sind nicht sichtbar.

Ulrichsberg

Der 1020 m hohe Ulrichsberg überragt im Westen das Zollfeld. In mittelalterlichen Urkunden ist er als *mons Carantanus* bezeugt und damit mit dem Namen Karantanien und Kärnten verbunden. Der Ulrichsberg weist Siedlungsspuren bereits seit dem 9. Jahrhundert v. Chr. auf.

Aufgrund von römerzeitlichen Weihinschriften für die keltische Göttin Noreia und den Gott Casuontanus vermutete man ein keltisches Heiligtum auf dem Berg. Bereits vor den ersten Ausgrabungen 1934 glaubte ein Heimatforscher, den Tempel zwischen den beiden Kuppen in einer leichten Senke lokalisieren zu können. Das dort entdeckte Gebäude deutete dann der Ausgräber tatsächlich als Kultbau, obwohl es für diesen Bautypus keine vergleichbaren Beispiele gibt und sonst keinerlei Hinweise auf eine sakrale Nutzung vorlagen. So handelt es sich bei dem »Wasserbecken« innerhalb des Baukomplexes auch nicht um ein kultisches Becken, sondern eindeutig um eine spätantike Zisterne.

In den 30er Jahren wurden neben einer frühchristlichen Kirche zahlreiche Wohn- und Nutzbauten aus dem 5. und 6. Jahrhundert freigelegt. Der heute noch im Gelände sichtbare Befestigungsring umschloß ein größeres Areal als das bisher ergrabene auf der Kuppe des Berges (Abb. 47). Vom Gräberfeld der Spätantike sind bislang nur einige Skelette beim Bau einer Forststraße entdeckt worden.

Die Kirche (27,2 × 16,1 m) war an einem der höchsten Punkte der Bergkuppe errichtet worden, indem man für die Apsis den Hang abgrub und im Westen für den Narthex anschüttete. Das Gotteshaus war durch den mittelalterlichen Steinraub bis auf die Fun-

Abb. 47: Ulrichsberg: Plan der befestigten Höhensiedlung mit der Kirche.

damente abgetragen worden. Leider legten die Ausgräber den Bau nicht vollständig frei, so daß für die Forschung offene Fragen bleiben.
Die Klerusbank befand sich vor der Apsis. Ein Reliquiengrab vor der Klerusbank, das auf den Standort des Altars hinweisen könnte, fehlt. Den Boden des Altarraumes schmückte ein Mosaik, von dem jedoch nur noch geringe Reste erhalten waren. Die farbigen Steinchen bildeten ein sternförmiges Rautenmuster und Quadrate mit stilisierten Blüten.
Was aber war in der Apsis untergebracht, wenn Klerusbank und Altar ihren Standort davor hatten? Aufgrund der Vergleiche (z. B. Hemmaberg oder Teurnia) darf man schließen, daß sich im Boden der Apsis ein eingetieftes Reliquiengrab befand, in welchem Gebeine eines Märtyrers oder eines Heiligen geborgen waren. Das erklärt auch, warum im Altarraum keine Reliquiengrube festzustellen war.

Lit.: R. Egger, Carinthia I 140 (1950) 29ff. Nachdruck des Artikels: Ders., Der Ulrichsberg. Ein heiliger Berg Kärntens (1976). Widerlegung des angeblichen keltischen Heiligtums bei: O. Harl, Archaeologia Austriaca 73 (1989) 101ff.

Ulrichsberg: Die Reste der frühchristlichen Kirche sind nicht sichtbar.

Kathreinkogel

Der 772 m hohe Kathreinkogel bei St. Egyden (Gem. Schiefling/See) ist weithin sichtbar und leicht von Velden am Wörthersee aus zu erreichen. Nimmt man einen Standort am Nordufer des Sees ein, so hebt sich die Silhouette des bewaldeten Berges von den hellgrauen Kalkfelsen der Karawanken ab (Abb. 48). Der Kogel fällt allseitig steil ab und bietet nur an der Westseite einen günstigen Zugang. Die Siedlungsspuren reichen bis ins 12./11. Jahrhundert v. Chr. zurück. Die Befestigungsmauer des 5. und 6. Jahrhunderts n. Chr. umfaßte ein Areal von etwas mehr als einem Hektar.
Bei den Ausgrabungen entdeckte man unmittelbar neben dem mittelalterlichen Got-

Abb. 48: Kathreinkogel: Ansicht von Norden mit Wörthersee und Karawanken im Hintergrund.

teshaus der hl. Katharina die Fundamente einer kleinen frühchristlichen Kirche (13,4 × 6,18 m). Trotz des Steinraubes konnte noch an der erhaltenen halbrunden Estrichkante der Standort der Klerusbank im rechteckigen Kirchensaal bestimmt werden. Der erhöhte Altarraum dürfte ursprünglich von hölzernen Schranken eingefaßt gewesen sein. Ein langgestreckter Raum, vielleicht der Narthex (Vorraum), liegt hier an der Südseite der Kirche. Östlich des Gotteshauses fand man ein Grab, das aufgrund der Lage innerhalb der Siedlung und in Kirchennähe von einem Priester oder Kirchenstifter stammt.
Unweit der Kirche entdeckten die Ausgräber eine ca. 4 m tiefe Zisterne. Das Auffinden einer weiteren Zisterne zeigt an, daß man der Wasserversorgung an diesem exponierten Ort große Aufmerksamkeit schenkte. Der spätantike Friedhof kam ca. 200 m südwestlich der Siedlung zutage.

Sowohl die geringe Ausdehnung und die extreme Lage der Siedlung als auch die geringen Ausmaße des Kirchenbaus lassen auf einen militärischen Charakter der Anlage schließen. Der Kirchensaal ist neben jenem auf dem Korinjski hrib (s. S. 81f.) bisher der kleinste im Ostalpenraum. Die Wohnbauten scheinen auf Terrassen unterhalb der Kuppe angelegt gewesen zu sein. Die laufenden Ausgrabungen werden nähere Aufschlüsse zur spätantiken Siedlung bringen.

Lit.: F. Jantsch, Mitteilungen der Anthropologischen Gesellschaft in Wien 68 (1938) 373. M. Fuchs, in: Archäologie Alpen Adria 1 (1988) 111ff. H. Rodriguez, in: Archäologie Alpen Adria 1 (1988) 143ff.

Kathreinkogel: Die Mauern der frühchristlichen Kirche sind konserviert und ganzjährig zugänglich. Das Museum befindet sich im Schutzbau über der Zisterne.

St. Stefan ob Waiern

Eine der wenigen frühchristlichen Inschriften Österreichs entdeckte man auf einer Marmorplatte in der Mauerkrone der malerischen Kirchenruine St. Stefan ob Waiern bei Feldkirchen. Im Mauerwerk der gotischen Kirche sind außerdem zahlreiche Reliefs und Architekturteile römischer Grabdenkmäler verbaut.

Abb. 49: St. Stefan ob Waiern: Grabinschrift der Christin Valeriana.

Der christliche Charakter der Inschrift wird durch ein Christogrammkreuz am Beginn der ersten Zeile angezeigt (Abb. 49). Zwar ist der rechte Teil der Platte weggebrochen, doch kann man die Inschrift ungefähr dem Sinn nach ergänzen, wenn man annimmt, daß in der Mitte der letzten Zeile *tetolum [posuit]* stand.

☧ *Valeria [na ... filia] / sibi et car[issimo coniugi] / suo Caroso [annorum ... def (uncto)] / tetolum [posuit]* – »Valeriana (die Tochter des ...) setzte für sich und ihren liebsten (mit ... Jahren verstorbenen) Gemahl Carosus diese Grabinschrift.«

In der Umgebung von St. Stefan ist bislang noch kein Gräberfeld des 5. und 6. Jahrhunderts bekannt, von dem die Inschrift stammen könnte. Da frühchristliche Inschriften im Ostalpenraum höchst selten sind, fehlen die vergleichbaren Beispiele für eine engere zeitliche Einordnung. Der Text läßt aber auf eine Christengemeinde im Raum Feldkirchen schließen und auf weitere Funde hoffen, welche die Spätantike erhellen.

Lit.: M. Fuchs/E. Weber, Archäologisches Korrespondenzblatt 21 (1991) 539ff. F. Jantsch, Carinthia I 125 (1935) 265f. (frührömisches Brandgrab).

St. Stefan ob Waiern: Die Inschrift befindet sich im Arnthofmuseum in Feldkirchen.

Kanzianiberg

Der steil aufragende 795 m hohe Kanzianiberg südwestlich des Faaker Sees in der Gemeinde Finkenstein ist vor allem durch seinen Klettergarten bekannt. Für den Anstieg ist dem Wanderer die Ostseite des Berges zu empfehlen, der Besiedlungsspuren seit der Jungsteinzeit aufweist.
Bevor man die mittelalterliche Kirche auf dem Gipfel erreicht, gelangt man auf halber Höhe zum Mesnerhaus, vor dem im Jahre 1938 ein Steinplattengrab mit zwei Skeletten gefunden wurde. Die beiden Bestattungen stammen aus dem 5. oder 6. Jahrhundert n. Chr. Ungefähr sechs Meter südöstlich dieses Grabes war bereits 1928 ein 31,5 cm hoher marmorner Reliquienschrein (35 × 23,5 cm) unter dem Kellerboden des Mesnerhauses entdeckt worden (Abb. 50). Im Inneren des spätantiken Schreines befand sich ein Elfenbeinkästchen mit einem dachförmigen Deckel. Der Boden war in eine Nut eingeschoben, während die vertikalen und schrägen Elfenbeinplatten mit bronzenen Bändern und Nieten verbunden waren. Über den Inhalt des Kästchens ist nichts bekannt. Ein vergleichbares Exemplar fand man beispielsweise im langobardischen Gräberfeld von Nocera Umbra (Italien).
Einzelne spätantike Funde und die Reste einer vermutlichen Wehrmauer östlich der heutigen Kirche sind weitere Hinweise auf eine befestigte Höhensiedlung des 5./6. Jahrhunderts. Über die Lage einer frühchristlichen Kirche läßt sich im Gelände kein Aufschluß gewinnen. Der beschriebene Reliquienbehälter kann jedoch auch aus einem Grabbau stammen. Der Brauch, Grabkammern mit Reliquien auszustatten, war in verschiedenen Regionen des römischen Reiches üblich. Ein bekanntes Beispiel im Alpenraum bieten dafür die Ausgrabungsergebnisse an der Kirche St. Stefan in Chur (s. S. 162f.).

Abb. 50: Kanzianiberg: Marmorner Reliquienschrein und Reliquienkästchen aus Elfenbein.

Lit.: L. Franz/W. Görlich, Germania 13 (1929) 143ff. C. Rupp, Das langobardische Gräberfeld von Nocera Umbra (Diss. Bonn 1994) Grab 148. S. Schretter, Carinthia I 183 (1993) 201 Nr. 15 (Hahnenfibel).

Kanzianiberg: Reliquiar befindet sich im Museum der Stadt Villach.

Tscheltschnigkogel (oder Kadischen) bei Villach

Unmittelbar westlich über Warmbad Villach erhebt sich der allseitig abfallende Tscheltschnigkogel mit einer Höhe von 696 m. Bei Ausgrabungen wurden Mauern und Türme einer spätantiken Befestigung freigelegt. Im ostseitigen Turm fand man vier kleine Säulchen mit Blattkranzkapitellen, die zu einem Altartisch gehörten. Am Fuß der befestigten Anlage wurde mittels Suchgräben nur unvollständig ein großes Gebäude erforscht, das man zunächst als römische Villa deutete. Wie wir inzwischen wissen, handelt es sich jedoch um eine frühchristliche Kirche mit rechteckigem Grundriß (15,6 × 7,5 m). Das Presbyterium ist mit der Klerusbank an die Ostwand der Kirche angebaut (Abb. 51), wie wir dies auch vom Ajdna (s. S. 85f.) kennen. Estrichreste einer Reliquienkammer geben einen Hinweis auf den ursprünglichen Standort des Altares, von dem ein Plattenfragment gefunden wurde. Bruchstücke von Marmorsäulchen kamen an der Südwand zutage. In den nördlichen Nebenräumen waren Gräber zu beobachten. Eine Sakristei und ein Narthex vervollständigen den Kirchenbau. Wie auch an anderen Orten (vgl. S. 70, 79, 81, 88) gehörte die Kirche zur militärisch bedeutsamen Anlage an der Straße von der oberen Adria in den Kärntner Zentralraum, die eine der Hauptverbindungen zwischen dem Süden und dem Ostalpengebiet darstellte.

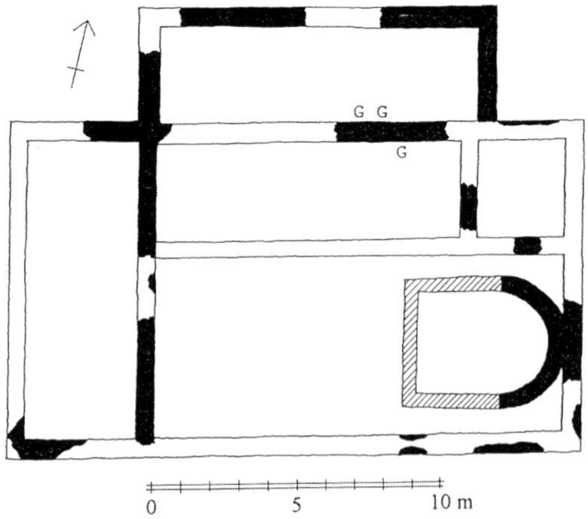

Abb. 51: Tscheltschnigkogel bei Warmbad Villach: ergänzter Grundriß der Kirche mit Gräbern (G).

Lit.: H. Dolenz, Carinthia I 128 (1938) 120f. Ders., Carinthia I 125 (1935) 133f. F. Glaser, Frühchristliche Denkmäler in Kärnten (1996) 66ff.

Tscheltschnigkogel: Presbyteriumfundamente der frühchristlichen Kirche und Abschnitte der Befestigungsmauern wurden konserviert. Ganzjährig zugänglich. Funde befinden sich im Kurhotel Warmbaderhof.

Duel bei Feistritz

Der 549 m hohe Hügel Duel liegt zwischen den beiden Ortschaften Feistritz/Drau und Nikelsdorf. Das Drautal weitet sich hier, und der Hügel bietet eine gute Sicht über die weite Ebene entlang des rechten Drauufers. Die Lage an einem Übergang (Kreuzen) vom Drautal in das Gailtal und damit weiter über den Pontebba-Paß in den Süden gibt dem in der Spätantike befestigten Duel eine überregionale Bedeutung.

Ausgrabungen in der Zwischenkriegszeit legten auf weiten Strecken die Befestigungsmauer und eine Reihe von Häusern frei, die innen an den Mauerring angebaut sind

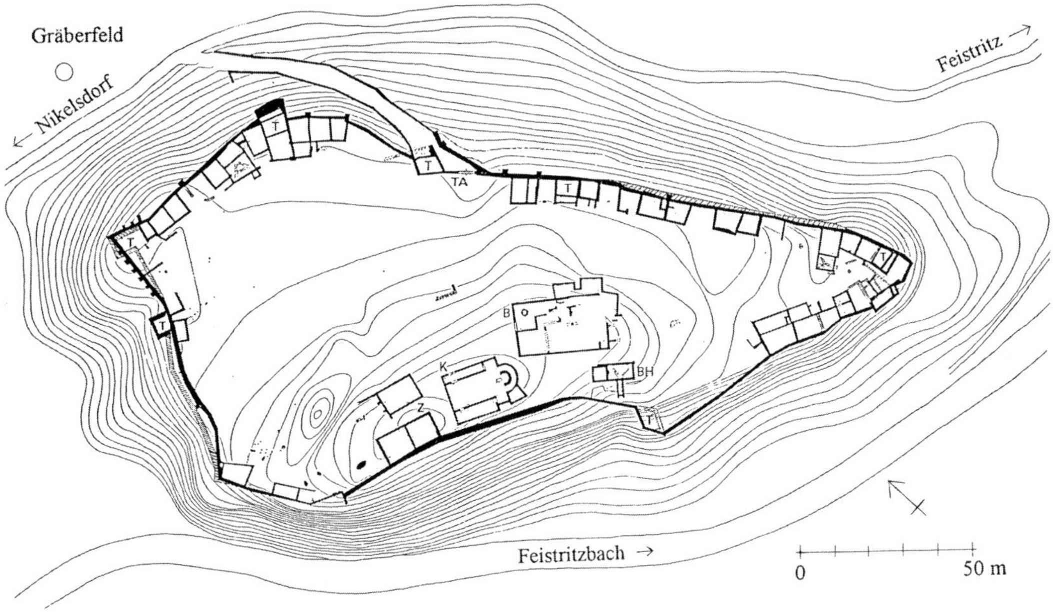

Abb. 52: Duel bei Feistritz: befestigte Höhensiedlung mit Kirche (K) und Baptisterium (B).

(Abb. 52). Zur Toranlage der Siedlung des 5. und 6. Jahrhunderts führt nordseitig eine Wegrampe mit einer Stützmauer hinauf. Sie bildete in der Spätantike wie auch heute den Zugang auf den Hügel.

Auf dem höchsten Punkt des Duel kamen die Fundamente einer frühchristlichen Kirche (21 × 14,5 m) zutage, die heute noch zu sehen sind (Abb. 52: K). Die Weite der ostseitigen Apsis entspricht dem acht Meter breiten Kirchensaal, dem an der Nordseite und auch an der Südseite offene Hallen vorgelagert waren. Vom Altarraum erhielten sich in einem kleinen Abstand zur Apsis die Klerusbank und davor im Fels eingetieft die Reliquiengrube, über der einst der Altar stand. Ihm gegenüber öffneten sich in der Breite des Altarraumes »querschiffähnliche Räume« (Querannexe), die auch von den seitlichen Hallen zugänglich waren. An der Südostseite der Apsis war eine Sakristei angefügt. Mörtelestrich bedeckte die Böden. Wandmalereifragmente mit rot-gelber Marmorierung dürften am ehesten von der Klerusbank stammen. Das Grundrißkonzept des Gotteshauses entspricht der ersten Bauperiode der Bischofskirche in Teurnia und gehört somit zu einem Bautypus, der auch im Alpenraum seine Verbreitung gefunden hat.

Auf einer Geländestufe nördlich unterhalb der Kirche befand sich ein Gebäude, das eine um ein Drittel größere Grundfläche als das Gotteshaus besitzt. Leider wurden nur Suchgräben angelegt, so daß uns der Grundriß und auch die Funktion des monumentalen Bauwerks unverständlich bleiben. Eine weitere Besonderheit ist das Taufbecken im nördlichen Raum dieses Gebäudes (Abb. 52: B). Der Grundriß des Beckenkranzes wird aus einem Quadrat mit Kreissegmenten gebildet (Abb. 53). Durch Hitze deformierte Fensterscheiben im Baptisterium sind Zeugnisse einer Brandzerstörung.

Für den Bau der befestigten Siedlung, mit dem man Ende des 5. Jahrhunderts begann, brach man römische Häuser in der Nähe von Nikelsdorf ab. Der Anstoß, eine solche

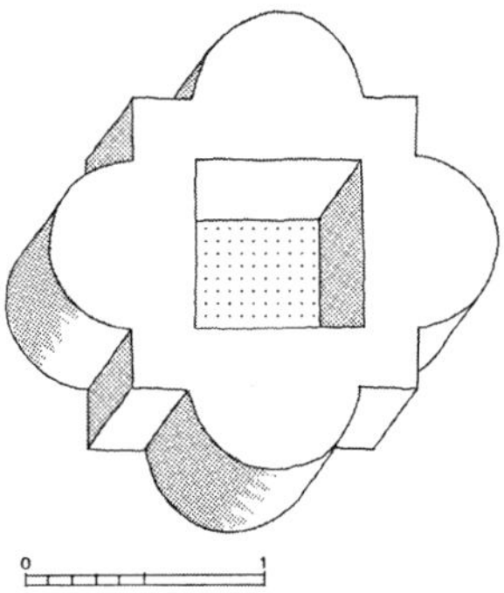

Abb. 53: Duel: Taufbecken.

befestigte Anlage mit militärischer Bedeutung zu errichten, ging nicht von der einheimischen Bevölkerung, sondern von der staatlichen Macht aus (vgl. S. 12). Als zwischen 493 und 536 Norikum zum Ostgotenreich gehörte, befand sich auf dem Duel auch eine militärische Besatzung unter gotischem Befehl. Das Reich des Theoderich war der Rechtsnachfolger des weströmischen Imperiums und anerkannte die Oberhoheit des byzantinischen Kaisers. Welche Rolle der Duel in den nachfolgenden bewegten Jahrzehnten gespielt hat, ist nur durch weitere Ausgrabungen zu klären. Das Ende der befestigten Anlage kam mit der Einwanderung der Slawen um 600/610. Von einem Kampf zwischen romanischer Bevölkerung und Slawen erfahren wir allerdings aus den schriftlichen Quellen nichts. Die Überlieferung berichtet nur von Konflikten zwischen Slawen und Baiern im oberen Drautal.

Lit.: R. Egger, Jahreshefte des Österreichischen Archäologischen Institutes 25 (1929) Beiblatt 189ff. R. Egger, Atti del III. congresso internazionale di archeologia cristiana (Ravenna 1932) = Studi di antichità cristiana 8 (1934) 290ff. U. Steinklauber, Carinthia I 180 (1990) 109ff. (Kleinfunde). H. Petrikovits, Lexikon der Germanischen Altertumskunde 6 (1985) 226ff. s. v. Duel.

Duel: Die frühchristliche Kirche wurde konserviert. Ganzjährig zugänglich. Funde im Landesmuseum für Kärnten, Klagenfurt.

Molzbichl

Die Ortschaft Molzbichl liegt vier Kilometer östlich von Spittal/Drau. Hier führte auch die römische Reichsstraße vorbei, welche die römische Stadt *Teurnia*/St. Peter in Holz mit *Santicum*/Villach verband. Zwischen Spittal und Molzbichl entdeckte man neben dieser einstigen römischen Schotterstraße Meilensteine in Edling und Grabbezirke in Baldersdorf. In Molzbichl stieß man bei Ausgrabungen unter der heutigen Pfarrkirche St. Tiburtius auf die Reste einer frühmittelalterlichen Klosterkirche, die vermutlich Tassilo III. im Zuge seiner rigorosen Missionspolitik zwischen 772 und 788 errichten ließ. Das Kloster ging, wie zahlreiche andere frühe baierische Klöster, im 10. Jahrhundert bereits zugrunde.

Erstmals in Kärnten wurden in Molzbichl auch auf den Flechtwerksteinen eine figurale Darstellung und Inschriften des 8. Jahrhunderts bekannt, die aus der ehemaligen Klosterkirche stammen. Auf einer Platte ist .]ONOS, eine Virgula und ein I und A zu lesen. Die Virgula könnte statt der Endung VS stehen und das Wort wäre dann vielleicht auf NONOSUS zu ergänzen. Die Erklärung gibt uns eine frühchristliche Inschriftplatte, die schon ca. 250 Jahre älter ist und noch während der Gotenherrschaft über Norikum (493–536) gesetzt wurde. Sie ist heute an der Frontseite des barocken Altares St. Tiburtius eingemauert. Der Text lautet (Abb. 54):

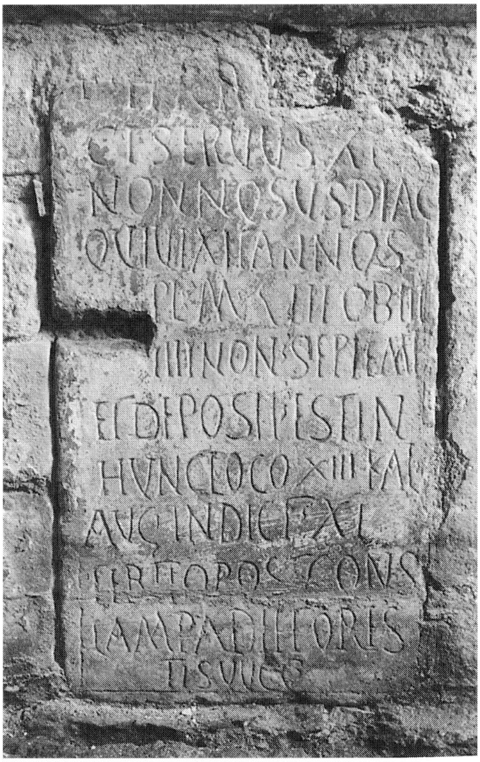

Abb. 54: Molzbichl: Verschlußplatte einer Reliquienkammer mit der Nennung des Diakons Nonnosus aus dem Jahr 533.

† Hic re[quies]/ci(t) servus Χρ[ι](στοῦ) / Nonnosus diac(onus) / qui vixit annos / pl(us) m(inus) CIII obiit / IIII Non(as) Septemb(res) / et deposit(us) est in / hunc loco XIII Kal(endas) / Aug(ustas) indict(ione) XI / tertio (anno) post cons(ulatum) / Lampadi et Ores/tis v(irorum) c(larissimorum). – »Im Namen des Vaters, des Sohnes und des Heiligen Geistes. Hier ruht der Diener Christi, der Diakon Nonnosus, der ca. 103 Jahre lebte. Er starb am 2. September und wurde am 20. Juli an diesem Ort im elften Jahr der Indiktion bestattet, drei Jahre nach dem Konsulat der *viri clarissimi* Lampadius und Orestes (d. h. im Jahre 533).«

Als Diakon muß Nonnosus nicht unbedingt dem Bischof von Teurnia zugeordnet gewesen sein, sondern er könnte auch den Abt eines Klosters unterstützt haben, wie dies beispielsweise die Regel des hl. Benedikt vorsieht. Eine frühchristliche Klosteranlage mit Kirche ist deshalb in der Umgebung des Fundortes nicht auszuschließen. Der Name Nonnosus bedeutet »der Alte« und würde gut zu einem Mönch passen, der im fortgeschrittenen Alter in das Kloster eintrat.

Nun zu den Daten, die auf der Inschriftplatte genannt sind: Wir erfahren zwar den Todestag des Nonnosus, 2. September, der für die Feier des jährlichen Gedächtnistages wichtig war, nicht aber das Todesjahr. Das Datum 20. Juli schließlich bezieht sich aufgrund der weiteren Formulierung nicht auf das Begräbnis des Nonnosus, sondern auf die neuerliche Beisetzung in einer Kirche. Die Übertragung der Gebeine aus dem ursprünglichen Grab in eine Kirche aber hatte die gleiche Bedeutung wie die Heiligsprechung heute. Klar ist demnach auch, daß es sich bei der Inschriftplatte um die Verschlußplatte einer Reliquienkammer handelt. Und da Reliquien immer anläßlich der Kirchenweihe deponiert wurden, ist die Inschriftplatte mit der Bedeutung einer Bauinschrift gleichzusetzen. Zieht man nun noch die Lebensjahre des Diakons in Betracht, so kann man eindeutig sagen, daß Nonnosus ein Zeitgenosse des hl. Severin († 482) war. Zu jener Zeit werden in Norikum erstmals Mönche bezeugt.

Wenn sich nun die eingangs erwähnte Inschrift auf dem Flechtwerkstein ebenfalls auf Nonnosus bezieht, dann darf man in dem Reliquiengrab hinter dem Altar der frühmittelalterlichen Kirche den Aufbewahrungsort für die Gebeine des Diakons vermuten. Dies bedeutet aber außerdem, daß das Grab des Nonnosus 250 Jahre lang, bis ins 8. Jahrhundert, bekannt blieb und daß es über die Einwanderungszeit der Slawen hinaus Restchristentum im ländlichen Raum gegeben hat.

Lit.: F. Glaser/K. Karpf, Ein karolingisches Kloster, Baierisches Missionszentrum in Kärnten, Wien 1989. F. Glaser, Carinthia I 179 (1989) 99ff. K. Amon, Carinthia I 180 (1990) 221ff.

Molzbichl: Inschriftplatte im Altar der Pfarrkirche. Funde im Frühmittelaltermuseum »Carantana« neben dem Pfarrhof.

Laubendorf

Die Ortschaft Laubendorf (Gem. Obermillstatt) liegt auf einem ca. 800 m hohen, langgestreckten und gegliederten Hochplateau zwischen Millstätter See und Millstätter Alpe. Bei Bauarbeiten im Jahre 1957 stieß man in Laubendorf auf eine frühchristliche Apsidenkirche (19,0 × 8,2 m), von der die Mauern stellenweise bis zu 1,60 m hoch erhalten sind.

Die Apsis ist gegenüber der Breite des Kirchenschiffes eingezogen und nimmt die Klerusbank auf, die noch in der Mitte die erhöhten Auftrittsstufen zur Kathedra (erhöhter Sitz) des zelebrierenden Priesters zeigt (Abb. 55). Kathedra samt Stufen waren mit Malerei versehen, die bunten Marmor nachahmten. Die Apsis erhellten Fenster mit grünlichem Glas. Eine Holzkonstruktion aus Säulen mit Architrav und aus halbhohen Schrankentafeln bildete die Begrenzung des Presbyteriums. Möglicherweise war die Schrankenanlage – wie bei vergleichbaren Ausführungen in Marmor – mit Reliefs versehen. Die verbleibenden Zwischenräume konnten mit Vorhängen geschlossen werden, wie zeitgenössische Darstellungen zeigen. Unmittelbar an der Sehne der Apsis kam eine 35 cm tiefe ausgemauerte Reliquiengrube (38 × 30 cm) zutage, über der sich einst der Altar befand. Wie man aufgrund der Mörtelabdrücke, die sich rings um die Reliquiengrube erhalten haben, feststellen konnte, wurde als Basisplatte für den Altar eine Grabinschriftplatte des 1. Jahrhunderts n. Chr. verwendet: Die Inschrift war nach unten gekehrt, so daß die ebene Rückseite als Standfläche des Altartisches dienen konnte. Da entsprechend tiefe Einarbeitungen, wie sie für marmorne Tischfüße vorkommen, fehlen, war der Altar wohl aus Holz gefertigt.

Die Böden der Kirche bestanden aus einem Mörtelestrich. Im Bereich des nordseitigen Hangabschnittes und an der Apsis hatte man das Mauerwerk mit Kalkmörtel, im restlichen Bereich nur mit Lehmmörtel gebunden. Die Verwendung der beiden unterschiedlichen Mörtelarten am selben Bauwerk ist in Teurnia im 5. und 6. Jahrhundert gebräuchlich und auch an der Bischofskirche der Stadt zu beobachten. Aus dem Vorkommen zweier Mörtelarten darf daher nicht schon auf zwei Bauperioden geschlossen werden.

Die Nebenräume der frühchristlichen Kirche in Laubendorf sind nicht erforscht. Die nordseitige Tür bietet aufgrund ihrer Lage einen Hinweis auf eine Sakristei. Da vor der westseitigen Tür keine Baureste nachzuweisen waren, handelt es sich bei dem langgestreckten Raum an der Südseite wohl um einen Narthex, einen Vorraum für die Ungetauften.

Ein etwa zylindrischer, versilberter Bronzebecher war auf dem Westende der Bank vor der Nordwand der Kirche gefunden worden. Im unregelmäßig geschnittenen und umgebogenen Rand sind zwei Ösen für einen Bügelhenkel gebohrt. Das kleine kübelförmige Gefäß war für den Transport geringer Flüssigkeitsmengen zu benutzen. Näheres über den Verwendungszweck im Kirchenbereich läßt sich nicht sagen.

Die aus Stein errichtete Kirche weist auf eine dauernde Besiedlung in Laubendorf im 5. und 6. Jahrhundert hin, auch wenn davon

Abb. 55: Laubendorf: Teilrekonstruktion der Kirche mit hölzerner Altarschrankenanlage.

noch keine Spuren bekannt geworden sind. Als Hinweis auf eine Vorgängersiedlung sind die älteren Baureste unter dem Kirchenboden zu werten, die man jedoch bisher nicht näher erforschte.
Siedlungsgeschichtlich ist Laubendorf deshalb für die Spätantike von Bedeutung, weil wir dadurch einen der seltenen Orte kennenlernen, der nicht zu den befestigten Höhensiedlungen gehört. Das Auffinden weiterer solcher Plätze in Terrassen- oder Tallagen könnte wesentlich zur Kenntnis der Siedlungs- und Wirtschaftsstruktur in der Spätantike beitragen.

Lit.: H. Dolenz, Festschrift G. Moro. Beigabe zur Carinthia I 152 (1962) 38ff. R. Egger, Carinthia I 151 (1961) 20ff. (Inschrift).

Laubendorf: Die Mauern der frühchristlichen Kirche sind konserviert. Ganzjährig zugänglich. Funde im Stiftsmuseum Millstadt im Stiftsgebäude.

St. Peter in Holz – TEURNIA

Die Ortschaft St. Peter in Holz liegt westlich der Stadt Spittal an der Drau und wird bestimmt durch einen allseitig abfallenden 600 m hohen Hügel (Holzer Berg), an dessen Südfuß die Drau und der Fischerbach fließen (Farbabb. 12). Maßgeblich für eine prähistorische Besiedlung des Hügels bereits in der Epoche der Urnenfelder- und Hallstattkultur war sicher auch die Quelle, die hoch über dem Talboden austritt. Scherbenfunde von Gefäßen lassen die Siedlungstätigkeit hier bis in das 11. Jahrhundert v. Chr. zurückverfolgen.

Nachdem 15 v. Chr. Norikum von den Römern kampflos besetzt worden war, wurde es um 50 n. Chr. als Provinz in das Imperium Romanum eingegliedert. Gleichzeitig wurden unter Kaiser Claudius (41–54) *Teurnia, Aguntum, Virunum* und *Celeia* zum *municipium* erhoben, d. h. die Siedlungen bekamen nach römischer Rechtsauffassung das »Stadtrecht« und einen Verwaltungsbezirk zugeteilt. Für Teurnia bedeutete dies eine planmäßige Ausgestaltung der Stadt. Am Ostfuß des Holzer Berges wurden zwei Wohnterrassen angelegt, auf einer höher

gelegenen Terrasse das Forum, der Kapitolstempel und die öffentlichen Bäder, ein typischer Ausdruck römischer Lebenskultur. Das Heiligtum des keltischen Heilgottes Grannus, von den Römern mit Apollon gleichgesetzt, wurde im 2. Jahrhundert zu einem Kurort ausgebaut. Zahlreiche Heilung suchende Pilger, sogar aus Kleinasien, förderten das wirtschaftliche Gedeihen der Stadt. Teurnia stieg um 400 zur Hauptstadt der Provinz Binnennorikum auf und wurde Sitz des Statthalters. Im 5. und 6. Jahrhundert bewohnte die Bevölkerung nur noch die Hügelkuppe, die mit einer Stadtmauer umgeben war. Die Bewohner benützten das Gebiet der ehemaligen Wohnterrassen am Bergfuß als Friedhof, weil das Ruinengelände landwirtschaftlich nicht nutzbar war.
Zur römischen Stadt Teurnia gehörte ein Verwaltungsbezirk, welcher Oberkärnten (westliches Kärnten), den Lungau und Teile des Kanaltales umfaßte. Die Größe dieses Verwaltungsbezirkes entsprach den Grenzen des Bistums von Teurnia. Für das Jahr 343 wird die Teilnahme der katholischen Bischöfe am Konzil in Serdica (Sofia) bezeugt. Man kann vermuten, daß auch der Bischof von Teurnia teilnahm. Demnach hätte es auch schon eine gewisse kirchliche Organisation in Norikum gegeben. Das Christentum hatte in der Stadt sicher stärker Fuß gefaßt als auf dem Lande. Um diese Zeit versammelte sich die Christengemeinde von Teurnia noch in Privathäusern.
In der Lebensbeschreibung des heiligen Severin wird etwa in der Zeit zwischen 469 und 482 der Bischof Paulinus von Teurnia erwähnt. Paulinus kennt den Heiligen persönlich, der ihm die Bischofswürde voraussagt und ihn vor Alamanneneinfällen brieflich warnt. Für die Zeit zwischen 540 und 561 bezeugen die Bischöfe Rätiens und Venetiens das Bistum Teurnia in ihrem Schreiben an den byzantinischen Kaiser Maurikios im Jahre 591. Im 6. Jahrhundert ist auch ein Bischof Leonianus von Teurnia bekannt, da er seine Unterschrift unter die Dokumente der Kirchenversammlung (Synode) von Grado zwischen 572 und 577 setzte. Leonianus gehört demnach, wie viele westliche Bischöfe, zu den Schismatikern, d. h. zu jenen Klerikern, die sich vom Papsttum abgespalten hatten (s. S. 60f.).

Die Bischofskirche

Nachdem im Jahre 1910 bei St. Peter in Holz eine Kirche außerhalb der Stadtmauern entdeckt worden war, hatte der Ausgräber R. Egger aufgrund der schriftlichen Zeugnisse geschlossen, daß sich innerhalb der Stadtmauern die Bischofskirche (Kathedrale) befinden muß. Er vermutete sie unter der heutigen Pfarrkirche von St. Peter in Holz (Farbabb. 12), was die Forschungsmeinung auf sieben Jahrzehnte hinaus bestimmte.
An den bisher bekannten frühchristlichen Kirchen in Nordtirol und in Kärnten läßt sich jedoch ein entscheidender Unterschied feststellen. In Kärnten befindet sich bislang keine heute bestehende Kirche über einer Kirche des 5. und 6. Jahrhunderts. In Nordtirol hingegen wurden alle frühchristlichen Sakralbauten unter heute bestehenden Kirchen entdeckt. Dies findet seine Erklärung darin, daß in Kärnten mit der Einwanderung der heidnischen Slawen die frühchristlichen Kultbauten zerstört und die christliche Kulttradition unterbrochen wurde. In Nordtirol dagegen gab es keine slawische Landnahme, sondern eine Besiedlung durch die christianisierten Baiern, so daß an dem Ort der frühchristlichen Kirchen ununterbrochen der Kult ausgeübt wurde. Aufgrund dieser Entdeckung konnte Eggers Vermutung nicht zutreffen. Wo aber lag nun die Bischofskirche von Teurnia?
Auf dem 10 Hektar großen Areal der spätantiken Stadt waren die unbewaldeten Teile auszuschließen, da die Luftaufnahmen keinen Hinweis auf eine mögliche Kirche geliefert hatten. Also blieb nur das Waldgebiet übrig. Hier hatten die Ausgrabungen gezeigt, daß sich auch mit geübtem Auge die Mauer-

verläufe einer Vielzahl von Häusern des 5./6. Jahrhunderts erkennen lassen. Aufgefallen war auch eine langgestreckte Mulde am westlichen Ausläufer des Holzer Berges, die von einem großen Gebäude der Spätantike herrühren konnte. Im Jahr 1984 brachte ein erster Suchgraben am Ostende der Mulde tatsächlich wenige Zentimeter unter dem Waldboden eine Apsismauer und 60 cm tiefer bereits die Klerusbank mit den Resten der Kathedra, des Bischofsthrones, zutage.

Die ältere einschiffige Bischofskirche

Bei der Fortsetzung der Ausgrabung wurde bald klar, daß es sich bei dem Gebäude um eine einschiffige Kirche aus dem 5. Jahrhundert handelte, die später, in der 1. Hälfte des 6. Jahrhunderts, zu einer »dreischiffigen« Anlage mit drei Apsiden erweitert wurde (Abb. 56). Die Ostseite der älteren einschiffigen Kirche (24,6 × 9,45) schloß eine weite Apsis ab, die mit ihrem Bogen in die Flucht der Langhausmauern überging (Abb. 9). Abgerückt von der Apsiswand blieb das hufeisenförmige Fundament der Klerusbank erhalten, an welche das Presbyterium mit dem Altarplatz anschloß. Vom Tischaltar (Mensa) aus Marmor war die Hälfte der Basisplatte erhalten. Unter dieser Platte stießen die Ausgräber auf die schuttgefüllte Reliquienkammer mit eingerissener Verschlußplatte. Aufgefundene Fragmente eines Glasgefäßes könnten von einem Reliquiar stammen, das in einer Nische der Kammer stand und die Knochensplitter eines Heiligen oder Märtyrers aufgenommen hatte.

Abb. 56: St. Peter in Holz: Ballonaufnahme der Bischofskirche von Teurnia im Zustand der Ausgrabung.

Von der Begrenzung des Altarraumes blieben Säulen, Schwellsteine, Schrankenplatten, halbhohe Pfeiler und Säulchen erhalten. Die zahlreichen Marmorbruchstücke erlaubten eine vollständige Rekonstruktion der Chorschrankenanlage (Abb. 9), was für den Alpenraum einzigartig ist.

An den Enden der Klerusbank standen kannelierte Säulen, an welche die Marmorschranken anschlossen und jeweils an allen drei Seiten Durchgänge frei ließen. Die Schrankenplatten waren in einer Nut der halbhohen Pfeiler verankert, die ihrerseits in passenden Einarbeitungen der Schwellsteine befestigt waren. Auf den Pfeilern gab es ebenfalls Zapflöcher, welche Säulchen aufnahmen. Über diesen verlief ein Holzbalken, von dem noch das Auflager am oberen Ende des kannelierten Säulenschaftes stammt. Die Verwendung eines Holzarchitravs ermöglichte ein leichteres Anbringen von Vorhängen (Abb. 15) und gab den Säulchen aufgrund der günstigeren Holzverbindungen besseren Halt. Die Reliefs der Schrankenplatten zeigten nach außen Kreuze und nach innen einen Dekor aus sich schneidenden Kreisen und Kreissegmenten (Abb. 10).

Nördlich und südlich des Altarraumes öffneten sich Räume (Querannexe) mit einem zusätzlichen Eingang an der Westseite. Im nördlichen Annex blieb eine Bank erhalten, auf der vielleicht höher gestellte Persönlichkeiten der Stadt während der Meßfeier Platz genommen hatten. Da keine schriftlichen Nachrichten vorliegen und der Befund bislang einmalig ist, sind wir auf Vermutungen angewiesen. Zur Kirche gehörte eine Sakristei an der südlichen Apsiswand und westlich vorgelagert ein Narthex. Dieser Vorraum war vom Süden her zu betreten und mit dem Kirchenschiff durch drei Türen verbunden.

Die jüngere dreischiffige Bischofskirche

Ein Brand in den ersten Jahrzehnten des 6. Jahrhunderts beschädigte die Bischofskirche schwer, was man zum Anlaß nahm, die Kirche nun zu vergrößern. (Sie bekam nun eine Länge von 28,70 m und eine Breite von 15,80 m.) Zumindest Teile der Chorschrankenanlage gingen zugrunde, wie für das Mauerwerk wiederverwendete rußgeschwärzte Schrankenfragmente zeigen. Andere Bruchstücke von Schrankenplatten fanden als Trittstein vor der Kirchentür Verwendung. Den stellenweise rötlich verbrannten Verputz hatte man bei der Wiederherstellung der Kirche weiß übertüncht. Die Apsismauer und die Klerusbank wurden nach dem Brand bis auf das Fundament abgetragen und durch den Neubau von drei Apsiden (Trikonchos) ersetzt (Abb. 57). Um eine entsprechende Verbindung mit der alten Bausubstanz zu bekommen, wurden die östlichen Querannexmauern bis auf einen Meter Höhe abgebrochen. Die mittlere Apsis nahm nun die Klerusbank mit einer Trittstufe auf. Im Scheitel der Bank befand sich die Kathedra mit erhöhter Sitzfläche, Armlehnen und drei Trittstufen (s. Umschlagbild). Links und rechts der Apsis führten Türen ins Freie. Ihre Schwellen und die Abbruchhöhen des älteren Mauerwerks sind Hinweise dafür, daß im Presbyterium drei gestaffelte Bodenniveaus vorhanden waren. Der Boden bestand wahrscheinlich aus Steinplatten.

Über dem Bischofsthron war in die Fensterzone ein Fresko gemalt, das eine Heilige in Lebensgröße in byzantinischer Hoftracht mit Haube und Diadem (Farbabb. 6b) und eine kleine Stifterfigur zeigte. Bei der Heiligen könnte es sich um die hl. Eufemia handeln. Ihre Verehrung wurde von den schismatischen Klerikern, zu denen auch der Bischof Leonianus von Teurnia (um 572/577) und seine Vorgänger gehörten (s. S. 60f.), besonders gefördert. Malereifragmente von Pflanzen mit Knospen oder Früchten stammen von der Hintergrundgestaltung des farbig gerahmten Bildes. Buchstabenfragmente weisen auf eine gemalte Inschrift hin, die sich vermutlich unterhalb des Bildes befand. Die Fensterkanten waren mit roten und grünen Streifen bemalt.

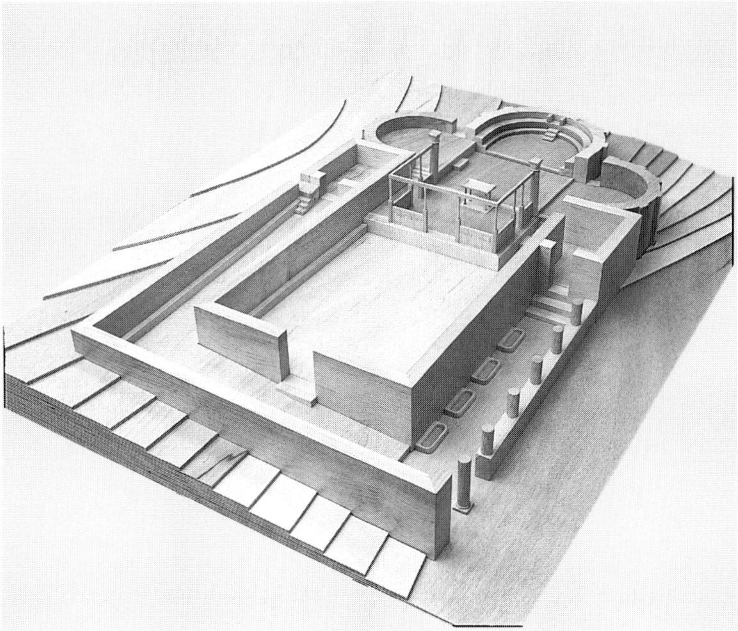

Abb. 57: St. Peter in Holz: Modell der Bischofskirche von Teurnia (2. Bauperiode).

Ein rot- und ockerfarbenes Gesims mit einem Fries aus Kreisornamenten sollte die marmorierte Fläche oberhalb der Klerusbank abschließen und zur Fensterzone überleiten. Die Fenster besaßen bunte Glasscheiben und ließen gebrochenes Licht in die Apsis fallen. Bei dieser Beleuchtung muß die weiß verputzte Klerusbank fast wie Marmor gewirkt haben. Die Schrankenanlage wurde in ihrer ursprünglichen Form erneuert und der Tischaltar am Platz des Märtyrergrabes belassen. Die Annexräume wurden durch Mauern vom Kirchenschiff getrennt; der südliche diente als Sakristei. An der Nord- und Südseite der Bischofskirche legte man nach außen offene Hallen an, die mit ihrem Boden dem ansteigenden Gelände angepaßt waren. Die südseitige, tiefer liegende Säulenhalle besaß neben dem Eingang eine Reihe von vier seichten Wasserbecken, die für die Fußwaschung dienten (s. S. 43). Von der Südhalle aus betrat der Gläubige den Narthex und erreichte den Westeingang des Kirchenschiffes. Aus der nördlichen Halle (oder Korridor) gelangte man über eine Treppe ins Freie.

Trotz der größeren Dimensionen der Kirche ergab sich durch die niedrigeren seitlichen Hallen und den abgesetzten Narthex ein gegliederter Baukörper. Die Wandflächen der Apsiden wurden zusätzlich durch die Wandpfeiler (Lisenen) aufgelockert (Abb. 58). Nachdem sich die »Seitenschiffe« nicht in das Kircheninnere öffneten und nicht für mehr Gläubige die Möglichkeit geschaffen wurde, am Gottesdienst teilzunehmen, kann die Vergrößerung der Kirche auch nicht etwa mit einer durchgreifenden Christianisierung des Alpenraumes in Zusammenhang stehen. Demnach hatte offenbar der vergrößerte Neubau der Kirche einen gewissen repräsentativen Charakter. Dies wäre durchaus zu vergleichen mit der Tatsache, daß in der Antike einzelne Städte im Tempelbau miteinander wetteiferten.

Das Xenodocheion (Hospitium)

Auf der Terrasse nordöstlich der Dreiapsidenkirche konnten Fundamente eines größeren Bauwerkes freigelegt werden

Abb. 58: St. Peter in Holz: Modell der Bischofskirche und des Hospitiums von Teurnia.

(Abb. 58). Auf die ursprüngliche Ausdehnung lassen nur noch ein 18 m langer Mauerrest sowie die Spuren eines Raumes mit Kanalheizung und ein zugehöriger Hof mit Feuerungsstelle schließen. Dieser Bau ist gründlich abgetragen worden, als man ein Stück weiter nordöstlich am Hang eine Herberge (Xenodocheion) errichtete. Die Identifikation als Xenodocheion ist erstmals im Alpen-Adria-Gebiet hier möglich, weil alle Räume des großen Gebäudes separate Eingänge besitzen. Zudem wissen wir aus der Literatur, daß solche Xenodocheia bei den Bischofskirchen errichtet wurden, weil der Bischof allen voran karitative Tätigkeit zu üben hatte. Dieses Gebäude ist also der sichtbar gebliebene Ausdruck der Sorge des Bischofs für die Armen, Kranken, Fremden, Pilger und Reisenden.

Das Bauwerk besitzt eine Nutzfläche von ca. 256 Quadratmetern, zu dem noch ein kleines einräumiges Häuschen gehört (Abb. 58). Die Mauern sind aus Bruchsteinen mit Erdmörtel aufgebaut und waren nicht verputzt. Die Holzböden waren mit Abstand zur Erde verlegt, um die zerstörerische Feuchtigkeit zu vermeiden. Ein kleiner Vorraum oder Vorbauten schützten die Eingänge vor dem Traufwasser der Dächer. In den nordseitigen Räumen befanden sich Trennwände aus Holz. Alle Zimmer, bis auf einen größeren Raum an der Südseite, haben die Archäologen leer vorgefunden. Dieser Umstand weist wohl auf eine bescheidene Holzeinrichtung, die für je ein kleines Zimmer vielleicht aus zwei Betten und einem Regal bestanden haben mag. Die Türen waren versperrbar, wie aufgefundene Schloßriegel bezeugen. Ein größerer Raum könnte als Speisesaal gedient haben, da man in ihm zerbrochenes Geschirr fand.

Mit dem Bau des Hospitiums, das eine größere Fläche bedeckt als die Bischofskirche in ihrer ersten Bauperiode, hat sich der Architekt dem Gelände unter rationellen Gesichtspunkten angepaßt und die Räume im wesentlichen auf drei Ebenen angelegt (Abb. 58). In der westlichen Hälfte war das Untergeschoß von der Hangseite im Süden, das Obergeschoß von Norden her zugänglich. Zwar wissen wir aus den literarischen Quellen von zahlreichen Hospitien in Gallien, doch sind sie bislang archäologisch nicht faßbar. Eine Ursache dafür ist, daß die spätantiken Siedlungen vielfach von mittelalterlichen Städten überbaut sind. In Kärnten dagegen sind die spätantiken Höhensiedlungen nicht überbaut worden und ermöglichen so der Archäologie detaillierte Erkenntnisse und Aussagen, die in anderen Regionen nur schwer zu gewinnen sind.

Die Kirche außerhalb der Stadtmauern

Wie schon oben erwähnt, war im Jahre 1908 anläßlich eines Wasserleitungsbaues eine frühchristliche Kirche auf dem Talboden westlich außerhalb der Stadtmauern entdeckt und ausgegraben worden (Farbabb. 12). Diese Kirche besitzt einen gegliederten Grundriß und hat einschließlich der vorspringenden Seitenkapellen eine Gesamtlänge von 32,80 m und eine maximale Breite von 20,30 m (Abb. 59). Hallen an den Langseiten und ein Narthex an der Westseite umgaben das Hauptschiff.

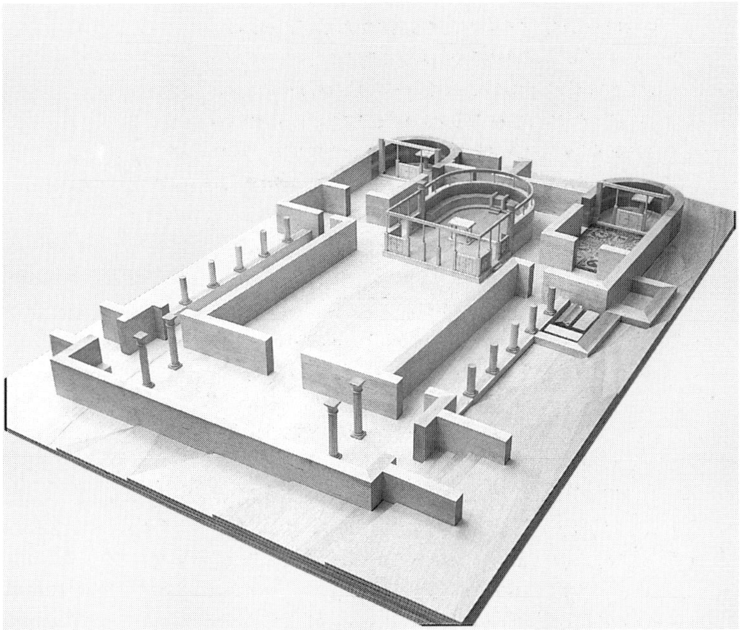

Abb. 59: St. Peter in Holz: Modell der Kirche außerhalb der Stadtmauern von Teurnia.

Im Ostteil des rechteckigen Kirchensaales befand sich das erhöhte Presbyterium mit einer freistehenden Klerusbank. Der Standort des Altares ist seit 1996 durch die Entdeckung des beschädigten marmornen Reliquienschreines zu bestimmen. Wie bei der beschriebenen Bischofskirche begrenzten reliefierte Schrankenplatten mit Kreisdekor und Kreuzen das Presbyterium (Abb. 10a–d, f). Auf den Schrankenpfeilern standen auch hier Säulchen, die einen hölzernen Architrav trugen. Wie G. Gruber zeigen konnte, setzte sich die Säulchenreihe auf der Klerusbank fort (Abb. 59), so daß der Altarraum ringsum mit Vorhängen zu verschließen war. Gegenüber dem Presbyterium öffneten sich nord- und südseitig querschiffähnliche Räume (Querannexe), wie wir sie ebenfalls bei der Bischofskirche beobachten konnten. Diese Querannexe besaßen Eingänge zu den Längshallen und zu den Seitenkapellen. In der abgeschrankten Apsis der südlichen Kapelle fand man – in den Boden eingesenkt – den aufgebrochenen und ausgeraubten Reliquienschrein vor, über welchem ein Marmortisch stand (Abb. 60). Auch in der nördlichen Seitenkapelle dürfte sich ein Reliquienschrein befunden haben, doch hatte dort die Zerstörung bereits so massiv eingegriffen, daß kein Befund vorliegt.

Die Marmorsäulen der Hallen an den Langseiten standen auf einem niedrigen Sockel (Abb. 59) und stammten ebenso wie die Säulen im Narthex von älteren römischen Bauten. An den Narthexsäulen ist gut zu erkennen, daß Schaft und Kapitell von Bauten unterschiedlicher Größe herbeigeschafft wurden. Aufgrund der Hanglage der Kirche führten die Türen nord- und südseitig in den Narthex; die genannten Säulen hatten die Auf-

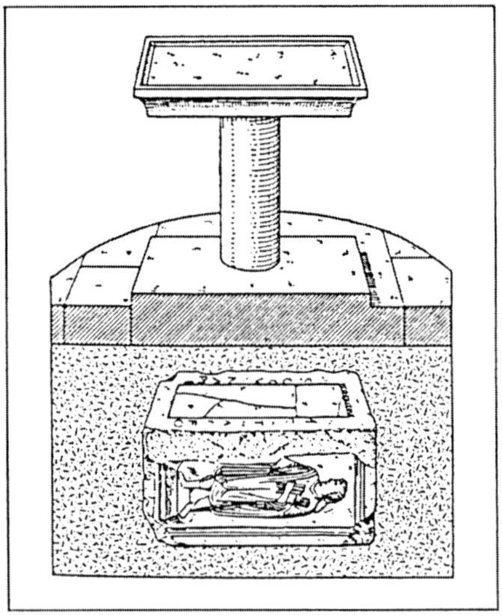

Abb. 60: St. Peter in Holz: Schnitt durch Altar und Reliquienschrein der Kirche außerhalb der Stadtmauern von Teurnia.

gabe, jeweils drei Bögen für das Dachauflager zu tragen und den Eingangsbereich repräsentativ zu gestalten. In alten Grabungsberichten werden Gräber im Narthex und in den langseitigen Hallen erwähnt. Es sollen bis zu 12 Bestattungen gewesen sein. Leider ist die Lage der Gräber weder in einer Zeichnung noch in einem Foto festgehalten worden.

Der Mosaikboden der südlichen Seitenkapelle

Besondere Beachtung erhielt stets die südliche Seitenkapelle wegen eines Mosaikbodens, um dessen Deutung sich viele Forscher bemühten. Die Apsis ist mit einem Marmorplattenbelag versehen und besitzt über dem Reliquiengrab eine Mensa mit einem Säulenfuß (Abb. 7). In der Mitte der Apsisöffnung ist eine reliefierte Schrankenplatte zwischen zwei halbhohen Pfeilern eingelassen, so daß seitliche Zugänge frei bleiben. In die Pfeiler waren ursprünglich Säulchen eingezapft, die zusammen mit den Pilastern der Durchgänge einen Architrav trugen (Abb. 59). Die Öffnungen waren auch hier wahrscheinlich mit Vorhängen zu schließen, um den Platz des Märtyrergrabes abzuschirmen.

Der erwähnte Mosaikboden (6,10 × 4,25 m) im Laienraum gibt in zwölf Feldern verschiedene Motive wieder (Farbabb. 13). Da im Gegensatz zu rein ornamental ausgerichteten Böden jedes Bildfeld eine andere Darstellung zeigt, muß man die Frage nach ihrem Symbolgehalt stellen. Die Wahl des Bildes im Sakralraum war ja nicht dem Zufall überlassen, sondern erfolgte durch einen theologisch gebildeten Kleriker. Darüber hinaus kommt dem Bildschmuck in Ergänzung zu Wort und Schrift ein didaktisches Element zu, wobei das Bild gleichzeitig als Niederschlag der verkündeten Lehre und der gläubigen Haltung zu verstehen ist. Eindrucksvoll wird dies durch Paulinus von Nola belegt, der das Bildprogramm für die neu errichtete Kirche am Wallfahrtsort des hl. Felix in Cimitile bei Nola schildert und die tiefere Bedeutung der Themen und ihren Zusammenhang erklärt.

Die Bildfelder sind auf den Westeingang der Kapelle ausgerichtet, so daß sie der Eintretende gleichsam an der Schwelle zu »lesen« beginnen kann, d. h. auf Farbabbildung 13 von unten nach oben, wobei sich offenbar Zusammenhänge in den einzelnen Reihen ergeben.

Erste Reihe: Im Feld vor der Türschwelle hebt ein weißer Storch auf schwarzem Grund eine Eidechse empor. Nach dem Sinn der heranzuziehenden Stellen im Physiologus würde dies bedeuten, daß Christus (Storch) den »alten Menschen« (Eidechse) von der Finsternis zum Licht emporhebt. Es ist übrigens das einzige Motiv auf schwarzem Hintergrund.

Der Ansatzpunkt für die frühchristliche Hasensymbolik liegt bereits im Alten Testament. Im Anschluß daran wird der Hase beim Lexikonverfasser Hesychius in einem Kommentar (zu Psalm 103,16) als Gleichnis für den Heiden oder den Katechumenen verwendet. Der Kirchenvater Augustinus (Sermo 99,6) vergleicht den Hasen mit dem Sünder. Analog zu einer Physiologusstelle wäre der eine sich rettende Hase jener, der zu Christus emporläuft, der andere jener, der dem Irdischen nachjagt und in die Hand des Bösen fällt. Die beiden Felder sollen also den Kampf von Gut und Böse, die Hinwendung von der Finsternis zum Licht ausdrücken.

Das Schachbrettmuster erklärt J. Hagenauer im Sinne der beiden bereits besprochenen Felder ebenfalls als Symbol für den Kampf zwischen Gut (Weiß) und Böse (Schwarz), in den Gott eingreift, wie die rote Farbe zeigen soll. Allerdings ist das mehrfarbige Schachbrettmotiv ein Füllornament (z.B. Dom in Aquileia, Anfang 4. Jh.) und kommt in der gleichen unregelmäßigen Form auch in der bekannten Villa in Desenzano (Gardasee) vor. Wenn man von einem Gesamtkonzept ausgeht, dann könnte an dieser Stelle des Mosaikbodens in Teurnia auch die Stifterinschrift in der Planung vorgesehen gewesen sein.

Zweite Reihe: Das zweite Feld in der Achse des Einganges zeigt einen Baum mit Vögeln im Geäst, der nach dem bekannten Bibelgleichnis vom Senfkorn (Matth. 13,3f.) als Sinnbild für die Kirche oder das Reich Gottes steht. Obwohl das Senfkorn zu den kleinsten Samen zählt, wird der Baum größer als die anderen, und Vögel nisten darin. Dieses Gleichnis Christi wird vom Kirchenvater Hieronymus (In Matth. 13,3f.) weiter ausgebaut: Bei ihm gelten die Zweige als Lehrsätze der Kirche und die Vögel als Seelen der Gläubigen. Hieronymus prägte dafür die Bezeichnung *arbor evangelica.* Wie die Beschäftigung mit den Gleichnissen in der Predigt ihren Niederschlag fand, so fand sie auch den entsprechenden Ausdruck im Bild. Im Bildfeld links vom Baum sehen wir ein Rind, das z.B. beim Kirchenvater Augustinus (In Joh. 10,7), bei Eucherius, Bischof von Lyon (Form. 4,27,17) und im ersten Korintherbrief (9,9 mit Hinweis auf Deuteronomium 25,4) als Symbol für die Apostel und ihre Glaubensverkündigung verwendet wird.

Mit der Entenmutter und ihren Jungen könnte die Mutter Kirche mit ihren Gläubigen aus verschiedenen Völkern gemeint sein. J. Hagenauer betont, daß auch das Neue Testament (Matth. 23,37) das Gleichnis vom Muttervogel kennt, wenn Christus zu den Kindern Jerusalems spricht und seine Tätigkeit mit dem Sammeln der Küken einer Henne vergleicht. Die Symbolik der zweiten Reihe geht also um eine Stufe weiter: Sie weist auf die Kirche, das Reich Gottes und dessen Verkündigung durch die apostolische Tätigkeit.

Dritte Reihe: Die dritte Bildfolge – Stifterinschrift, Kelch mit Taube und Hirsch – muß ebenfalls im Zusammenhang betrachtet werden. Es sei zuerst auf das Mosaik im Katechumeneum von Salona (Split, Dalmatien) verwiesen, wo neben den beiden Hirschen, die einen Brunnen mit Lebenswasser flankieren, auch der frühchristliche Taufpsalm beigeschrieben ist: »Wie der Hirsch nach dem Quellwasser dürstet, dürstet meine Seele nach dir, o Herr.« Die beiden Schlangen neben dem Kelch sind aufgrund der antiken Naturgeschichte mit der Hirschsymbolik verbunden: Der Hirsch wird vom Biß der Schlange nicht getötet, aber er bekommt durch das Gift einen unendlichen Durst, so daß er die Quellen aufsucht. In unserem Fall wird das Quellwasser durch die Taube, ein frühchristliches Christussymbol, sinngemäß ersetzt. Demnach ist in diesem Bildfeld Tauf- oder/und Altarsakrament gemeint.

Eigentlich erwartet man nach dem geläufigen Bildrepertoire einen zweiten Hirsch, doch kommt noch eine Bedeutungsebene hinzu, indem die Stifter hier ihren Namen setzen, um in Anlehnung an den Taufpsalm zu sagen: »Wie der Hirsch nach dem Quellwasser dürstet, so dürsten die Seelen des Ursus und der Ursina nach Gott.« Im

ursprünglichen Konzept könnte die Stifterinschrift rechts neben dem Eingang und in der dritten Reihe zwei gegenständige Hirsche geplant gewesen sein.
Vierte Reihe: Links sehen wir einen Adler, der in der Kirchenväterliteratur oft mit Christus gleichgesetzt wird. Der Adler schützt seine Jungen (= Gläubige) gegen die Schlange (= Teufel), wie dies sinngemäß bei Hieronymus (In Isaiam 66,1) und Ambrosius (Sermo 46,5f.) ausgeführt wird.
Auf dem Feld in der Mitte vor dem Altar säugt eine Hirschkuh ihr Junges. Bereits im Alten Testament gilt die Hirschkuh als Vorbild der Mutterliebe. Eine Gleichsetzung mit der Kirche oder mit Gott ist naheliegend.
In gleicher Weise stellt sicherlich auch der Reiher als Sieger über die Schlange (= Teufel) ein Christussymbol dar, wenn man sich zudem an den Psalm erinnert: »Auf Schlangen und Nattern schreitest Du, zertrittst den Löwen und den Drachen.«
Somit ergäbe sich eine Steigerung in der Thematik vom Eingang bis zum Altar. Ging es in der ersten Reihe etwa um die Hinwendung von der Finsternis zum Licht, war die zweite Reihe Ausdruck für die Ausbreitung des Glaubens bzw. des Reiches Gottes, gefolgt vom Tauf- oder Altarsakrament. Schließlich werden in den letzten drei Feldern der Sieg Christi über das Böse und die Liebe Gottes ausgedrückt. Wie der Gläubige des frühen Christentums aus der Lehre Verständnis für die Symbolik schöpfte, so soll der Deutungsversuch dem heutigen Besucher eine Anleitung zur Betrachtung bieten.
Als Rahmung der Bildfelder wird ein Volutenornament (»Laufender Hund«) verwendet, das der Meister nicht immer sinngemäß als unendliches Motiv bildet, sondern er unterbricht es gelegentlich und setzt gegenständige Voluten. Das gleiche gilt für die Reihe der Hakenkreuze entlang des Nordrandes: Sie haben ihren Ursprung im sogenannten Hakenkreuzmäander, einer beliebten und üblichen Randbordüre der römischen Mosaikkunst. Die Vorlage für die Kreise und übereck gestellten Quadrate wird ein Flechtbandmotiv geliefert haben.
Die oben bereits erwähnte Inschrift nennt die Stifter und den Grund der Stiftung: *Urs(u)s v(ir) s(pectabilis) / cum con/ i(u)g(e) sua Ursina / pro (v)oto sus(cepto) / fecer(u)nt h(a)ec.* »Ursus, *vir spectabilis*, und seine Gattin Ursina haben dieses (Mosaik) aufgrund eines übernommenen Gelübdes machen lassen.« *Vir spectabilis* ist der Titel hoher Staatsbeamter und kommt in der Provinz dem Statthalter zu. Das gleiche Rangprädikat hatte der Dux Servatus in der Nachbarprovinz Rätien geführt. Auch wenn wir wissen, daß Servatus sein Amt während der Herrschaft des Ostgotenkönigs Theoderich (493–526) innehatte, so ist für Ursus damit noch kein genauerer Zeitraum bestimmt. Allerdings hat sich dieser *vir spectabilis* durch seine Stiftung einen vornehmen Begräbnisplatz nächst dem Märtyrer gesichert, denn bei dem alten Mann, der im Marmorsarkophag an der Westseite der Kapelle begraben war, handelte es sich sicherlich um Ursus. Die alte Frau und die beiden jung verstorbenen Männer, in Steinplattengräbern der gleichen Grabkammer bestattet, waren wohl Gemahlin Ursina und die Söhne. In besonders eindrucksvoller Weise hat sich hier die Verbindung von Märtyrergrab, von gestiftetem Objekt und von Stiftergrab erhalten.

Die Kirche außerhalb der Stadtmauern ist vermutlich erst ab der Mitte des 5. Jahrhunderts gebaut worden. Sie bot Platz für die Grablegen der Bischöfe und der politisch führenden Persönlichkeiten der Provinzhauptstadt. Um 610 wurde sie im Zuge der slawischen Landnahme durch Brand zerstört.
Während der mehr als vierzigjährigen Ostgotenherrschaft (493–536) war Teurnia als Provinzhauptstadt nicht nur Sitz der zivilen und militärischen Verwaltung, sondern auch Residenz eines arianischen Bischofs (s. S. 59f.). In dieser Epoche nützte man die

Kirche außerhalb der Stadtmauern für den arianischen Gottesdienst. Daher entstand um 500 westlich dieser Kirche ein großer Saal (12,6×8,6 m) für die Amtshandlungen und repräsentativen Aufgaben dieses Bischofs. Nach dem Abzug der Ostgoten wurde die Kirche rekatholisiert und der nicht mehr benötigte Saal dem Verfall preisgegeben. Etwa ab der Mitte des 6. Jahrhunderts legten die Bewohner der Stadt im Schutt der verstürzten Mauern des Saales und in der Umgebung Gräber an. An einem der Gräber war ersichtlich, daß die Tote bald nach ihrer Bestattung in einer gemauerten Grabkammer beraubt worden ist. In einem benachbarten Erdgrab blieben dagegen ein byzantinischer Goldohrring mit filigranem Körbchen und – fast einzig im Alpenraum – 180 winzige Goldfolienröllchen vom Haarnetz erhalten (Farbabb. 21). Laut Kirchenvater Hieronymus benötigten Frauen zum Aufsetzen solcher feinen Haarnetze zwei Dienerinnen.

Lit.: R. Egger, Frühchristliche Kirchenbauten im südlichen Norikum (1916) 12ff. F. Glaser, Teurnia, Römerstadt und Bischofssitz (1992). F. Glaser – Ch. Gugl, Mitteilungen zur Christlichen Archäologie 2 (1996) 9ff. G. Gruber, Die Marmorausstattung frühchristlicher Kirchen im Ostalpenraum (Dissertation Wien 1997).

Teurnia: Frühchristliche Kirche (mit Mosaik) außerhalb der Stadtmauern, Bischofskirche im Schutzbau und Funde im Museum Teurnia vom 1. Mai bis 31. Oktober zu besichtigen.

Dölsach – AGUNTUM

Die römische Stadt *Aguntum* liegt östlich von Lienz in Osttirol, unweit des linken Draufers. In nordsüdlicher Richtung wird das Ruinengebiet vom Debantbach angeschnitten, der für die Vermurungen in den vergangenen Jahrhunderten verantwortlich ist.
Die Siedlungstätigkeit im Talboden begann ungefähr im dritten Jahrzehnt v. Chr. Unter Kaiser Claudius (41–54) wurde Aguntum ein *municipium*, und damit wurde auch eine entsprechende Verwaltung für das Stadtterritorium eingerichtet, das Osttirol und das Pustertal in Südtirol umfaßte. Markant zieht eine Sperrmauer vom Berghang zur Drau und durchschneidet die Wohnviertel der antiken Stadt. Im Bereich der Toranlage ist die freigelegte und mit Türmen bewehrte mächtige Mauer zu sehen. Westlich von ihr befinden sich eine öffentliche Badeanlage, das Forum, ein Handwerkerviertel und eine luxuriös ausgestattete Villa mit einem Atrium. Östlich der Sperrmauer liegen ebenfalls Wohnbauten sowie die frühchristliche Kirche und ein spätantiker Grabbau.

Das Bistum des Bischofs von Aguntum hatte die gleiche Ausdehnung wie der Vewaltungsbezirk der römischen Stadt. Ein Bischof Aaron von Aguntum unterzeichnete die Protokolle einer Kirchenversammlung (Synode) in Grado, die zwischen 572 und 577 stattfand. Bereits nach 536 gehörte Aguntum zum Frankenreich, weshalb hierher der Bischof Vitalis von Altinum floh, als er vom byzantinischen Feldherrn Narses in Italien bedroht war. Paulus Diaconus schließlich, der Hofgelehrte Karls des Großen, nennt Aguntum als den Ort für jene Schlacht, in der die Slawen Garibald, den Sohn des Baiernherzogs Tassilo, im Jahre 610 besiegten.
An der frühchristlichen Bischofskirche der Stadt Aguntum wurde 1858 und 1912 gegraben. (Die Untersuchungen und ihre Dokumentation blieben unvollständig.) Die rechteckige Saalkirche (29,30 × 9,40 m) liegt unmittelbar östlich der oben genannten Sperrmauer und war über älteren abgetragenen römischen Gebäuden errichtet.

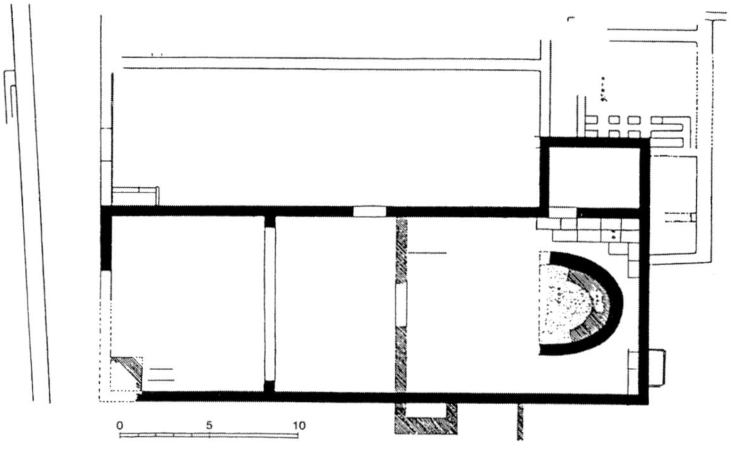

Abb. 61: Dölsach: Grundriß der Bischofskirche von Aguntum.

Vom erhöhten Presbyterium sind nur der Steinplattenbelag, die freistehende halbrunde Klerusbank und Säulchen des Altartisches bekannt (Abb. 61). Die nördlich anschließende Sakristei und Halle besaßen wie der Laienraum der Kirche einen Estrichboden. Um die Kirche fand man 8 bis 10 Gräber, die möglicherweise von Klerikern oder vornehmen Stiftern stammten. Die Bischofskirche wurde vermutlich um 400 errichtet und bestand mindestens bis um die Mitte des 5. Jahrhunderts, da ein Münzschatz aus dieser Zeit die Besiedlung der Stadt bezeugt. Die jüngsten Ergebnisse lassen vermuten, daß die repräsentativen Räume im Bereich des Forums sogar bis um die Mitte des 6. Jahrhunderts genutzt wurden, was ein indirekter Hinweis darauf wäre, daß auch noch bis in diese Epoche in der Kirche die Messe gefeiert wurde. Erst nach der Mitte des 6. Jahrhunderts dienten die Ruinen der Gebäude um das Forum als Begräbnisplatz.
Ungefähr 200 m südöstlich der Kirche hat man anläßlich eines Straßenbaues ein kleines Mausoleum (ca. 9,00 × 6,60 m) mit zwei Grabnischen außen an den Längswänden und ein Steinplattengrab im Inneren entdeckt. Der Grabbau war mit Wandmalerei ausgestattet, hatte einer vornehmen Familie als Grablege gedient und war wie die Bischofskirche über älteren, abgetragenen Wohnbauten errichtet worden.
Die zivile Verwaltung und der Bischofssitz von Aguntum wurden vermutlich gegen Ende des 5. Jahrhunderts in die befestigte Höhensiedlung von Lavant verlegt.

Lit.: Alzinger, Aguntum und Lavant. Führer durch die römerzeitlichen Ruinen Osttirols, 4. Aufl. (1985) 26ff. M. Tschurtschenthaler, Osttiroler Heimatblätter 62/5 (1994) 3f.

Aguntum: Die frühchristliche Kirche ist zugeschüttet. Funde im Museum des Schlosses Bruck in Lienz. Museum Aguntinum im Ausgrabungsgelände in den Sommermonaten geöffnet.

Kirchbichl von Lavant

Der Kirchbichl von Lavant liegt im Südosten des Lienzer Beckens, und zwar südlich der Drau, ca. 4 km südöstlich der römischen Stadt *Aguntum* (s. S. 141). Der 812 m hohe, allseitig abfallende Berg ist durch eine tiefe Schlucht im Süden vom Massiv der Lienzer Dolomiten getrennt. Der Berg mit der Pfarrkirche St. Ulrich und der Filialkirche St. Peter erhebt sich bis zu 123 m über dem Tal. Die ältesten Funde auf dem Kirchbichl reichen bis ans Ende der Jungsteinzeit und den Beginn der Bronzezeit zurück. Mit dem 5. Jahrhundert n. Chr. beginnt hier eine rege Siedlungstätigkeit, die auch im nächsten Jahrhundert anhält. Die Südseite des Hügels war durch steile Felsabbrüche geschützt, während der sonstige Verlauf der Befestigungsmauer nur durch wenige festgestellte Spuren bekannt ist. Innerhalb der Siedlung gab es zwei frühchristliche Kirchenanlagen (Abb. 62). Der spätantike Friedhof wurde noch nicht entdeckt.

Eine der beiden frühchristlichen Kirchen legte man ca. 70 m nordwestlich der Pfarrkirche in den Jahren zwischen 1949 und 1956 frei und stellte im wesentlichen zwei Bauperioden fest. Der ältere Bau (31,65 × 10,95 m), der zu Beginn des 5. Jahrhunderts errichtet worden sein dürfte, besteht aus einem langrechteckigen Saal mit einer Apsis an der Ostseite und einem Baptisterium an der Westseite. Links und rechts der Apsis sind kleine, nicht näher bestimmbare Räume angefügt. Der nordseitige Raum ist als Sakristei zu verstehen. Aufgrund von Vergleichen diente demnach die Apsis zur Unterbringung von Reliquien und war durch eine Schranke mit zwei Durchgängen vom Kirchenschiff getrennt. Im Ostteil des Kirchensaales blieben die Fundamente der Klerusbank, des Presbyteriums und die Altarbasisplatte sowie eine Solea, ein erhöhter Steg, erhalten, die zu einem Ambo (Lesepult) führte. Ein westseitiger Vorraum (Narthex) bot einen Zugang zum Kirchenschiff und zum Baptisterium. Vom vertieften Taufbecken sind noch marmorne Verkleidungsplatten und die halbhohen Eckpfeiler erhalten. Der Zutritt ins Becken erfolgte an der Westseite. Die architektonische Gestaltung hob den Taufbereich besonders hervor durch die Nische in der Westwand, die Säulen und Wandpfeiler, welche die Bögen trugen.

Neben dem Saal für die Eucharistiefeier betonte der Architekt durch die Innenraumgestaltung und durch außen vorspringende Raumteile im Baukörper einerseits die Taufe, andererseits das Märtyrergrab, wobei die Richtung von Westen nach Osten eine Rolle spielte (vgl. S. 115).

Wahrscheinlich gegen Ende des 5. Jahrhunderts erfolgten Umbaumaßnahmen und Erweiterungen aufgrund neuer Bedürfnisse. Die Klerusbank und das Presbyterium wurden nun auf Kosten des Laienraumes vergrößert. Möglicherweise hängt dies damit zusammen, daß der Sakralbau nun als Bischofskirche genutzt wurde, weil vermutlich die zivile, militärische und kirchliche Verwaltung aus der Stadt Aguntum nach Lavant verlegt worden war. Wegen der Vergrößerung der Klerusbank mußte die Apsis abgebrochen werden. Dafür entstand östlich anschließend ein Sakralraum mit Klerusbank und Presbyterium (Abb. 63). Unter dem einstigen Altar legte man eine Reliquienkammer an. Am Übergang zwischen Kirche und Sakralraum entstanden an der Nord- und Südwand je eine säulengeschmückte Nische mit je einem Grab zwischen den Wandpfeilern. Diese beiden Gräber nahe den Märtyrerreliquien dienten der Bestattung privilegierter Personen, wie Priestern oder Kirchenstiftern. Im Sakralraum wurden demnach die Gedächtnisfeiern für den Märtyrer abgehalten. Die Kirche geht im 6. Jahrhundert zugrunde.

Eine weitere frühchristliche Kirche des 5. und 6. Jahrhunderts entdeckten die Archäologen 1993 unter der Pfarrkirche St. Ulrich

Abb. 62: Lavant: Luftaufnahme. Oben: Pfarrkirche St. Ulrich, unter der eine frühchristliche Kirche entdeckt wurde. Unten: Weitere frühchristliche Kirche mit Nebengebäuden.

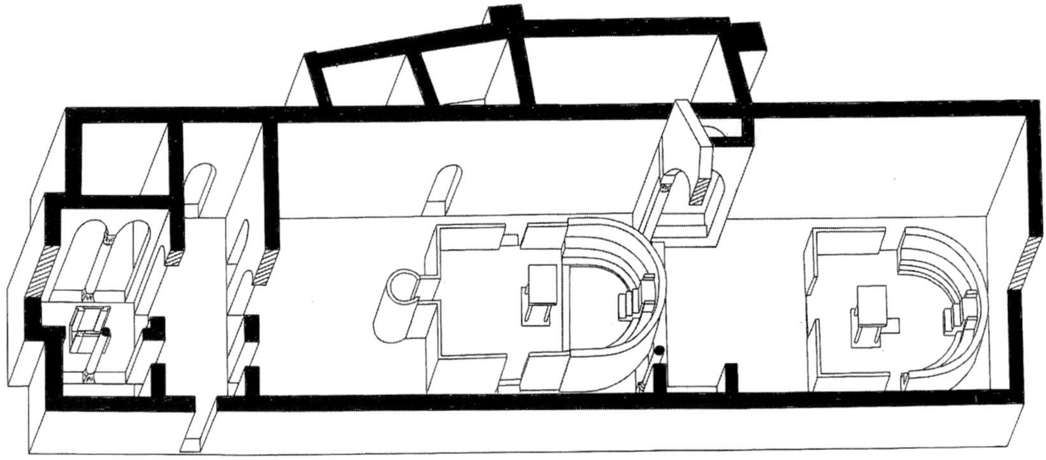

Abb. 63: Lavant: Rekonstruktion der nördlichen Kirchenanlage (2. Bauperiode) mit Baptisterium und Memorialkapelle.

(Abb. 64). Es sind zwar noch Grabungen erforderlich, doch ist schon jetzt klar, daß es sich um eine Apsidenkirche mit querschiffähnlichen Räumen (Querannexe) handelt (vgl. S. 36f.). Des weiteren sind die freistehende Klerusbank und eine Sakristei nachgewiesen. An der Westseite war vermutlich ein annähernd quadratischer Hof (Atrium) vorgelagert, an den – wiederum westlich – ein weiteres Gebäude anschloß; wahrscheinlich handelte es sich um ein Baptisterium.

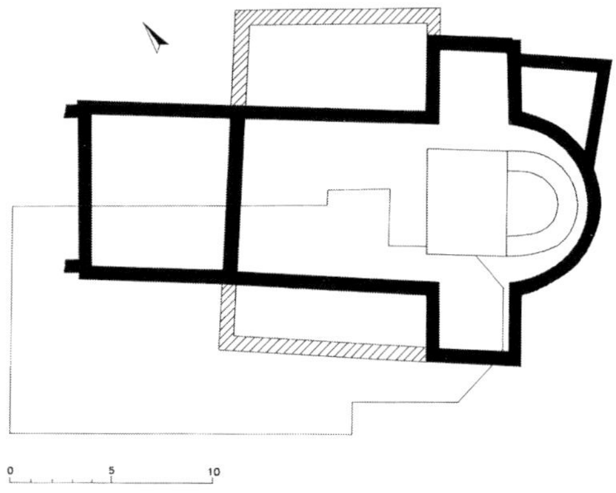

Abb. 64: Lavant: rekonstruierter Grundriß der frühchristlichen Kirche unter St. Ulrich.

Diese frühchristliche Kirche wurde im Frühmittelalter erneuert und hat Nachfolgebauten bis zur heute genützten Barockkirche erhalten. Da an diesem Platz also ungebrochen die christliche Tradition herrscht, können wir das Gotteshaus der Spätantike als die katholische Kirche der romanischen (römischen) Bevölkerung ansehen. Des weiteren können wir daraus ableiten, daß es in Osttirol – im Gegensatz zu Kärnten – ein starkes romanisches Element gab und daß das Christentum auch nach dem Vorstoß der Slawen um 610 fortlebte.

Der deutliche Unterschied in der Baugeschichte der beiden Kirchenanlagen bedarf einer Erklärung. In Analogie zu anderen Orten (s. S. 94, 146, 152) können wir damit rechnen, daß während der Ostgotenherrschaft (493–536) in der zuerst beschriebenen Kirche der arianische Gottesdienst gefeiert wurde. Hier befand sich wahrscheinlich auch der Sitz eines gotischen Bischofs, wenn Lavant das regionale Zentrum der zivilen und militärischen Verwaltung war. Die arianische Kirche verfällt nach dem Abzug der

Goten, während am Platz des katholischen Gotteshauses immer wieder Nachfolgekirchen entstanden.

Lit.: W. Alzinger, Aguntum und Lavant, 4. Aufl. (1985) 111ff. H. Rodriguez, Die vor- und frühgeschichtlichen Kleinfunde vom Lavanter Kirchbichl in Osttirol (Diss. Innsbruck 1986). M. Tschurtschenthaler – K. Winkler, Osttiroler Heimatblätter 63/6 (1995) 1ff. F. Glaser, Der Schlern 70 (1996) 86f.

Kirchbichl von Lavant: Die Mauern der frühchristlichen Kirche ca. 70 m nordwestlich der Pfarrkirche sind konserviert und die vorgefundenen Säulen aufgestellt. Ganzjährig zugänglich. Die Funde befinden sich im Museum des Schlosses Bruck in Lienz und im Vorraum des Gemeindeamtes in Lavant.

Lienz – Patriasdorf

Die Pfarrkirche St. Andreas in Patriasdorf gehört zum Stadtgebiet von Lienz und liegt auf einer deutlich vortretenden Terrasse an einem Südhang in 678 m Seehöhe. Wegen der heutigen Verbauung kann man sich kein Bild der einstigen spätantiken Siedlung mehr machen.

Unter dem Boden der Pfarrkirche fand man 1967 die Fundamente einer frühchristlichen Apsidenkirche. In der Apsis blieben der Ziegelsplittestrich, die Reste einer Klerusbank und die Teile einer Reliquienkammer erhalten, die aus wiederverwendeten römischen Reliefplatten hergestellt war. Als Bauzeit kann man nur allgemein das 5. und 6. Jahrhundert angeben.

Lit.: L. Zemmer-Plank, Veröffentlichungen des Museums Ferdinandeum in Innsbruck 54 (1974) 251ff.

Lienz, St. Andreas: Die Ausgrabung wurde zugeschüttet. Die Reliefplatten befinden sich in der Kirche.

Oberlienz

Die Ortschaft Oberlienz mit ihrer Pfarrkirche Mariae Himmelfahrt liegt auf einem breitgefächerten Schuttkegel am Nordwestrand des Lienzer Beckens in einer Meereshöhe von 795 m. Unter der Pfarrkirche wurde ein frühchristliches Gotteshaus und ca. 80 m weiter östlich ein weiteres entdeckt. Das Vorhandensein gleich zweier frühchristlicher Kirchen in geringem Abstand gibt dem Ort eine besondere Bedeutung.

Vom frühchristlichen Sakralbau unter der heutigen Pfarrkirche blieben im wesentlichen nur die Reste einer Apsis, einer Klerusbank und eines Estrichbodens erhalten, so daß sich über das genauere Aussehen der Kirche keine Aussagen treffen lassen. Aufgrund der ungebrochenen christlichen Tradition, die hier von der Spätantike bis heute herrscht, läßt sich allerdings sagen, daß sie der romanischen Bevölkerung für die Abhaltung des katholischen Gottesdienstes diente.

Die zweite frühchristliche Kirche wurde in einem Garten entdeckt. Den erhaltenen Fundamentresten und vergleichbaren Sakralbauten zufolge läßt sich hier eine Apsidenkirche mit querschiffähnlichen Räumen rekonstruieren. An der Westseite schloß ein Narthex an; an der Nord- und Südseite begleiteten Hallen das Kirchenschiff. Im Narthex und in der Südhalle kamen Gräber privilegierter Personen zutage. In einem Frauengrab fand man einen Eisenarmreif,

10 Glasperlen einer Halskette, eine vergoldete Silberscheibenfibel mit Almandineinlagen und zwei Bronzeringlein einer byzantinischen Haube, die zur Tracht des 6. Jahrhunderts gehören. An der Nordseite der Kirche deckte man einen weiträumigen Platz mit Kugelsteinpflaster auf, an dessen Rand weitere Gebäude der Christengemeinde zu vermuten sind.

Nach dem Stand der Forschungen wurde diese zweite frühchristliche Kirche während der Ostgotenherrschaft (493–536) errichtet und somit für den arianischen Gottesdienst benutzt. Nach dem Abzug der Ostgoten verfiel diese Kirche, während dem benachbarten katholischen Gotteshaus (s. o.) der romanischen Bevölkerung weitere Kirchenbauten ab dem Frühmittelalter nachfolgten.

Lit.: W. Sydow, Fundberichte aus Österreich 26 (1987) 151ff. H. Stadler, Mitteilungen zur frühchristlichen Archäologie in Österreich 4 (1992) 15ff. F. Glaser, Der Schlern 70 (1996) 83ff.

Oberlienz: Die Fundamente beider frühchristlichen Kirchen wurden wieder zugeschüttet. Funde im Osttiroler Heimatmuseum (Schloß Bruck) in Lienz.

Im Salzachtal

Kuchl – CUCULLIS

Die spätantike, befestigte Siedlung *Cucullis* wird auf dem Georgenberg bei Kuchl lokalisiert. In den Jahren 1962 bis 1963 wurden innerhalb der Kirche St. Georg von der Bayerischen Akademie der Wissenschaften und dem Österreichischen Archäologischen Institut Ausgrabungen durchgeführt. Ob es sich bei dem beobachteten Rechteckbau um die frühchristliche Kirche handelt, über die Eugippius in seiner Lebensbeschreibung des hl. Severin berichtet, ist nicht sicher. Spätantike Funde bezeugen eine Besiedlung in dieser Epoche. Die Publikation der Ergebnisse steht noch aus.

Von Eugippius (Vita Severini 11) erfahren wir, daß ein Teil der Christengemeinde von Cucullis heimlich noch immer heidnischen Opferdienst an einem bestimmten Ort verrichtete. Severin veranlaßte nun die Gläubigen nach dreitägigem Fasten, Kerzen zum Abendgottesdienst mitzubringen und sie eigenhändig an den Kirchenwänden zu befestigen. Die Kerzen der Gläubigen wurden aufgrund der Bitten des Heiligen, der Presbyter und der Diakone entflammt, während die Kerzen der Gottlosen ohne Licht blieben. Die so entlarvten Ungläubigen bekehrten sich nun endgültig und taten sich durch gute Werke besonders hervor.

Lit.: G. Pohl/H. Stiglitz, Pro Austria Romana 17 (1967) 14ff.

Georgenberg: Grabungen in der Kirche St. Georg zugeschüttet

Salzburg – IUVAVUM

Mit *oppidum Iuvao* bezeichnet Eugippius die römische Stadt Salzburg (*Iuvavum*), in deren nächster Umgebung der heilige Severin ein kleines Kloster (*Cellula*) besuchte. Wie die benachbarten Städte war auch Iuvavum Bischofssitz und Bistum. Man hat aber bisher vergeblich versucht, Funde oder ergrabene Baureste mit einer frühchristlichen Kirche in Verbindung zu bringen. So handelt es sich beispielsweise bei dem spätantiken Bau im Bereich der Salzburger Domgrabung lediglich um ein Mausoleum.

Lit.: R. Noll, in: Geschichte Salzburgs, Stadt und Land I, 1 (1981) 93ff. H. R. Sennhauser, in: Virgil von Salzburg (1985) 326. Ders., in: Frühes Mönchstum in Salzburg, Salzburger Diskussionen (1983) 57ff.

Im Inntal

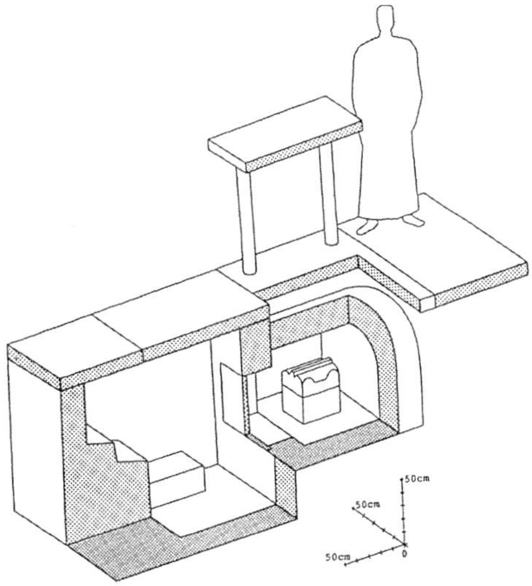

Abb. 65: Ampass: vollständig erhaltene Reliquienkammer schematisch dargestellt.

Ampass

Die Ortschaft Ampass liegt ca. 2 km südöstlich von Innsbruck auf einem der östlichen Ausläufer des Mittelgebirges. Auf einer Terrasse ca. 15 Meter unterhalb der höchsten Erhebung des allseitig steil abfallenden Kirchbichls (Palmbichls) befindet sich die Pfarrkirche Johannes der Täufer.

Unter dem heutigen Kirchenboden kam anläßlich von Renovierungsarbeiten Mitte der 80er Jahre der Estrichboden des Presbyteriums einer frühchristlichen Kirche zutage. Im Estrich hatten sich noch die Holzabdrücke der Altarschranken erhalten. In der Mitte des Presbyteriums war unter dem einstigen Altar eine vertiefte, überwölbte Reliquienkammer eingebaut, deren Öffnung man nach der Kirchweihe in der Spätantike mit einer Steinplatte verschlossen hatte (Abb. 65). Um die vertiefte Kammer erreichen zu können, war eine zweite Kammer mit Treppenstufen angelegt und mit Steinplatten abgedeckt worden. Beide Kammern waren schon im Mittelalter einmal aufgebrochen worden. Im Schutt vor der Treppe fanden sich die Beinbeschläge eines kleinen Holzkästchens (Abb. 66), in welchem einst die in Seidenstoff gewickelten Reliquien geborgen waren. Der steinerne Schrein stand bei der Auffindung noch in der überwölbten Kammer und besitzt nur eine kleine Aushöhlung, in die das Reliquienkästchen paßte.

Da es sich um die am besten erhaltene Reliquienkammer im Alpenraum handelt, ist es um so bedauerlicher, daß die frühchristliche Kirche des 5./6. Jahrhunderts nicht näher erforscht wurde.

Lit.: W. Sydow, Veröffentlichungen des Museums Ferdinandeum 66 (1986) 71ff.

Ampass: Reliquienkammer wurde wieder verschlossen. Reliquienschrein und Beschläge im Museum Ferdinandeum (Landesmuseum) in Innsbruck.

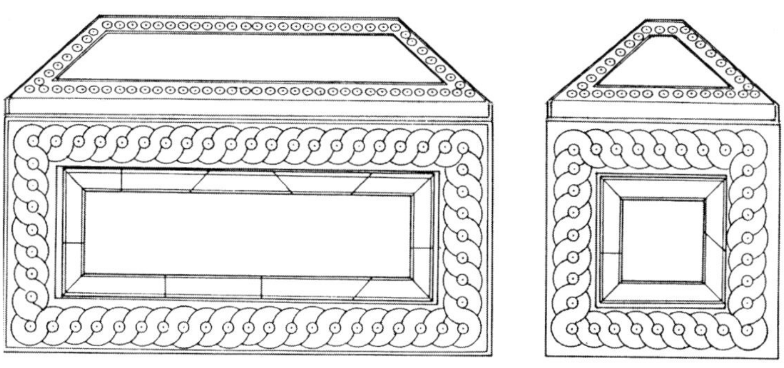

Abb. 66: Ampass: Rekonstruktion der Beinverzierung des Reliquienkästchens.

Martinsbühel bei Zirl – TERIOLIS

Der Martinsbühel liegt ca. 10 km westlich von Innsbruck zwischen dem Inn und der Martinswand, einem steil aufragenden Berg des Karwendelgebirges, und erreicht eine Höhe von 617 m. Seinen Namen hat er vom Patron der mittelalterlichen Kirche. Bereits seit dem vorigen Jahrhundert sind vom Martinsbühel römische Kleinfunde, eine spätantike Befestigungsmauer und Gräber bekannt. Eine Sperrmauer soll es zwischen befestigter Höhensiedlung und Martinswand gegeben haben. Der strategischen Lage des Hügels kommt überregionale Bedeutung zu, weil hier die Straße vom Brenner-Paß im Süden über den Seefelder Sattel nach Augsburg vorbeiführte.
Auf dem Martinsbühel wird die römische Militärstation *Teriolis* lokalisiert, die in der *notitia dignitatum*, einem spätantiken Staatshandbuch, genannt ist. Teriolis war seit dem 4. Jahrhundert Sitz zweier hoher Offiziere und einer entsprechenden Garnison. Zur Zeit der Ostgotenherrschaft im Alpenraum galten die Breonen im Inntal (einem Abschnitt der Raetia II) als Föderaten (»Wehrbauern«). Dem Kommandeur (*Dux*) über die romanischen Milizen in der Raetia I waren auch die Breonen der Raetia II unterstellt. Da die Goten Arianer waren, taucht die Frage auf, ob es wie anderenorts (s. S. 59f.) nicht auch noch eine Kirche für den arianischen Gottesdienst in Teriolis gab. Der Dux residierte in dem rätselhaften *The(o)dericopolis*, das von Forschern schon mit Teriolis in Verbindung gebracht wurde.
Anläßlich von Restaurierungsarbeiten (1964) entdeckte man unter dem Boden des heutigen Gotteshauses St. Martin die Apsis und die Klerusbank einer frühchristlichen Kirche des 5. und 6. Jahrhunderts. Im einstigen Altarbereich waren noch die Reste einer kleinen Reliquiengrube erhalten.

Lit.: E. Walde, Bayerische Vorgeschichtsblätter 40 (1975) 108ff.

Martinsbühel: Die Martinskirche ist zugänglich, aber die Grabung zugeschüttet.

Pfaffenhofen

Die Ortschaft Pfaffenhofen befindet sich südlich von Telfs an der rechten Seite des Inns auf einem Hang in einer Seehöhe von ca. 642 m.
Da in den Jahren zwischen 1949 und 1952 ungefähr 30 m südlich der Pfarrkirche dreißig Gräber eines Friedhofes aus dem 7. Jahrhundert entdeckt worden waren, tauchte auch die Frage nach einer frühmittelalterlichen Kirche auf. Die archäologischen Untersuchungen in der Pfarrkirche im Jahr 1961 blieben zwar unvollständig, weil der Pfarrer überraschend die Grabung zuschütten ließ, doch waren bereits eindeutig die Fundamente einer frühchristlichen Kir-

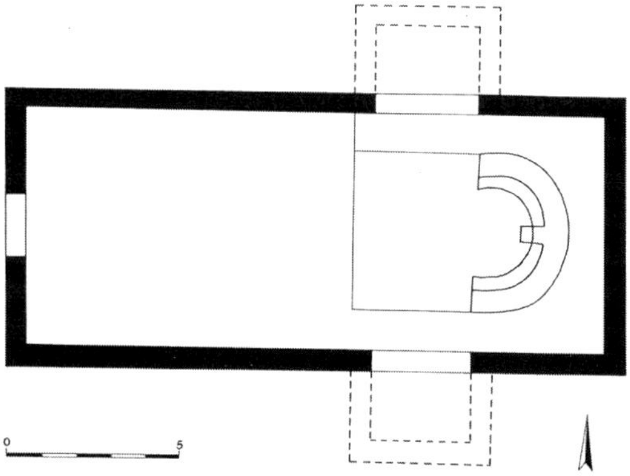

Abb. 67: Pfaffenhofen: rekonstruierter Grundriß der Kirche.

che (18,10×ca. 8,00 m) des 5. und 6. Jahrhunderts identifiziert worden.
Erhalten hatten sich die Reste der Klerusbank mit vorgelegter Stufe und in der Mitte eine zusätzliche Stufe als Aufgang zur einstigen Kathedra, dem erhöhten Priestersitz (Abb. 67). Die Ausdehnung des einst mit Holzschranken umgebenen, erhöhten Presbyteriums war an einem Mauerfundament erkennbar. Von einer Reliquienkammer und dem Altar konnten keine Spuren entdeckt werden. Als indirekter Hinweis auf ursprünglich vorhandene Märtyrerreliquien sind jedoch die Gräber von drei privilegierten Personen außen an der Ostwand der Kirche zu werten.

Lit.: G. Kaltenhauser, Veröffentlichungen des Museums Ferdinandeum in Innsbruck 44 (1964) 75ff. L. Plank, Veröffentlichungen des Museums Ferdinandeum in Innsbruck 44 (1964) 195ff.

Pfaffenhofen: Nach Anmeldung im Pfarramt ist der östliche Ausgrabungsbereich durch eine Falltüre in der Apsis zu begehen.

Imst – HUMISTE

Der an der Westseite von Imst aufragende Hügel erreicht eine Höhe von 846 m und wird im Volksmund »Birgl« genannt. Der Berg trägt heute eine Laurentiuskirche. Die Bedeutung erhält Imst durch seine Lage an der wichtigen Abzweigung von der Inntalstraße zur Fernpaßstraße. Die strategische Lage ist mit jener des Martinsbühels bei Zirl vergleichbar. Als *oppidum Humiste* wird der Ort allerdings erst im Frühmittelalter bezeugt.
Anläßlich von Restaurierungsarbeiten an der Laurentiuskirche im Jahr 1960 kam es zu archäologischen Untersuchungen unter dem Kirchenboden. Man entdeckte dabei die erste frühchristliche Kirche (ca. 14×7 m) in Nordtirol. Die Apsis der Kirche samt Klerusbank ist in den vergangenen 1500 Jahren auf dem erosions- und abbruchgefährdeten Hügel abgerutscht. Erhalten dagegen blieben die Fundamente des Presbyteriums für die einstigen hölzernen Chorschranken und eine Solea, ein erhöhter Steg. Besonders eindrucksvoll war die überwölbte, 1,25 m hohe Reliquienkammer, auf welcher die marmorne Altarbasisplatte mit den Eintiefungen für die Altartischfüße lag (Abb. 12d). Die Marmorplatte zeigt im Relief einen Kreis mit Monogrammkreuz. Die Reliquienkammer war in früheren Jahrhunderten schon an der Westseite geöffnet, und die Reliquien samt ihrem Kästchen waren entnommen worden. Von der Umgebung der frühchristlichen Kirche wissen wir nur soviel, daß bei den Ausgrabungen auf den flachen Abschnitten der Hügelkuppe zwar keine weiteren Mauerreste zutage kamen, aber Skeletteile gefunden wurden. Die Bestattungen konnten damals zeitlich nicht eingeordnet werden und wurden auch nicht entsprechend dokumentiert. Aus den Gräbern wären allerdings wesentliche siedlungsgeschichtliche Aufschlüsse zu gewinnen, welche die Funktion der spätantiken Anlage ebenso beleuchten würden wie die Rolle dieser Kirche im frühen Mittelalter.

Lit.: A. Wotschitzky, Österreichische Zeitschrift für Kunst- und Denkmalpflege 15 (1961) 97ff. F. Glaser, Das frühchristliche Pilgerheiligtum auf dem Hemmaberg (1991) 66 mit Anm. 174–177.

Imst, Laurentiuskirche: Der Grundriß des Presbyteriums und der Solea der frühchristlichen Kirche ist durch schwarze Platten im modernen roten Ziegelboden markiert. Die Altarbasisplatte ist an einer Kircheninnenwand befestigt. Schlüssel zur Kirche im Pfarramt Imst.

Im Eisack- und Etschtal

Säben – SABIONA

Eindrucksvoll überragen die steilen Felsen des Burgberges von Säben (Farbabb. 14) bei Klausen das Eisacktal in einer Höhe von 200 Metern. Am Gipfel des Berges thront weithin sichtbar das Benediktinerinnenkloster von Säben; die einstige Burgmauer umschließt den ausgedehnten Klostergarten. Der sanft abfallende Südhang ist heute von Weingärten bedeckt. Der Berg befindet sich im Zwickel zwischen Eisack und Thinnebach. Die ältesten Siedlungsspuren reichen hier bis in die Jungsteinzeit zurück.

Im 6. Jahrhundert sind mehrfach Bischöfe von *Sabiona* überliefert. So zum Beispiel ein Marcellus, der im Jahre 559 ein Schreiben an Papst Pelagius richtete. Vermutlich folgte ihm unmittelbar der Bischof Materninus nach, der die Protokolle der Synode in Grado (572–577) unterzeichnete. Der nächste in der Reihe ist Ingenuinus, der als (schismatischer) Bischof von Sabiona erscheint und schließlich 591 im Schreiben an Kaiser Maurikios als *episcopus ecclesiae Secundae Raetiae* unterschreibt. Aus der Bezeichnung geht hervor, daß Sabiona das einzige Bistum im verbliebenen Rätien II war. Im Jahr 590 kaufte Ingenuinus zusammen mit seinem Amtskollegen Agnellus von Trient die von den Franken belagerte Bevölkerung in der Befestigung am Doss Trento (*Castrum Ferruge/Verucca*) frei.

Auf dem Gipfelplateau des Burgberges von Säben entdeckte man 1985 unter der heutigen Hl.-Kreuz-Kirche eine kleine frühchristliche Doppelkirche mit Baptisterium (21,5 × 13 m). Vom Narthex führte eine Treppe in den höher gelegenen südlichen Kirchensaal, dessen nicht erhaltene Ostwand durch das angrenzende Baptisterium zu erschließen ist (Abb. 68). Vom Presby-

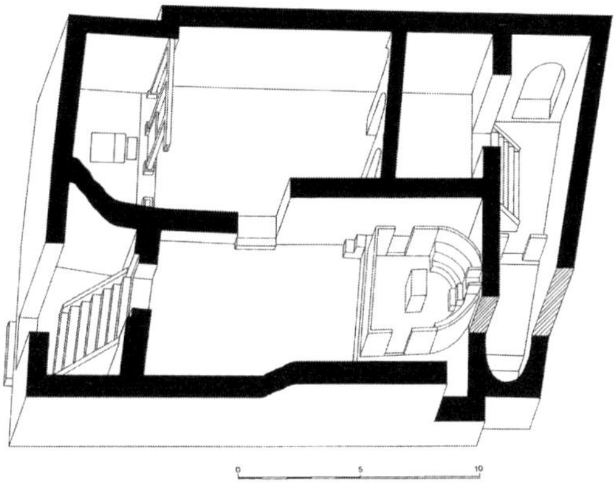

Abb. 68: Säben: Rekonstruktion der frühchristlichen Doppelkirche unter der Hl.-Kreuz-Kirche.

terium blieben noch die Fundamente der westlichen, wahrscheinlich hölzernen Schrankenanlage erhalten. In der Reliquienkammer unter dem einstigen Altar befand sich ursprünglich ein spätantiker Reliquienschrein aus Kalksandstein, den man im barocken Hochaltar fand. Am Westende des nördlichen Kirchensaales entdeckte man unter dem Boden eine entleerte Grabkammer mit Marmorplattenabdeckung. Es handelte sich um ein Heiligengrab, das durch eine Schranke abgetrennt war, wie die Spuren zeigen. Die Gebeine des Märtyrers sind zu einem unbekannten späteren Zeitpunkt weggebracht worden. Am Ostende des Nordsaales war durch drei Arkaden eine kleine Vorhalle abgeteilt, die einen Zugang

zum ostseitigen, tiefer gelegenen Baptisterium bot. An seinem Südende befand sich in einer halbrunden Nische das Taufbecken.
Die Anlage der Kirche am Gipfel des Säbener Burgberges steht in enger Verbindung mit dessen strategischer Bedeutung. Damit ist hier ein Sitz der regionalen militärischen und zivilen Verwaltung schon im 5. Jahrhundert zu erwarten. Die frühchristliche Kirche erhielt im Frühmittelalter einen Nachfolgebau, von dessen Marmorausstattung ein Flechtwerkstein des 8. Jahrhunderts stammt.
Weitere Umbauten und Veränderungen erfolgten bis in die Barockzeit.

Die Kirche im Weinberg

In einem Weinberg südlich der Zinnenmauer der mittelalterlichen Burg kam eine weitere frühchristliche Kirche zutage (Farbabb.14), die im Laufe ihres etwa zweihundertjährigen Bestehens mehrere bauliche Veränderungen erfuhr. Drei Bauphasen kann man unterscheiden:

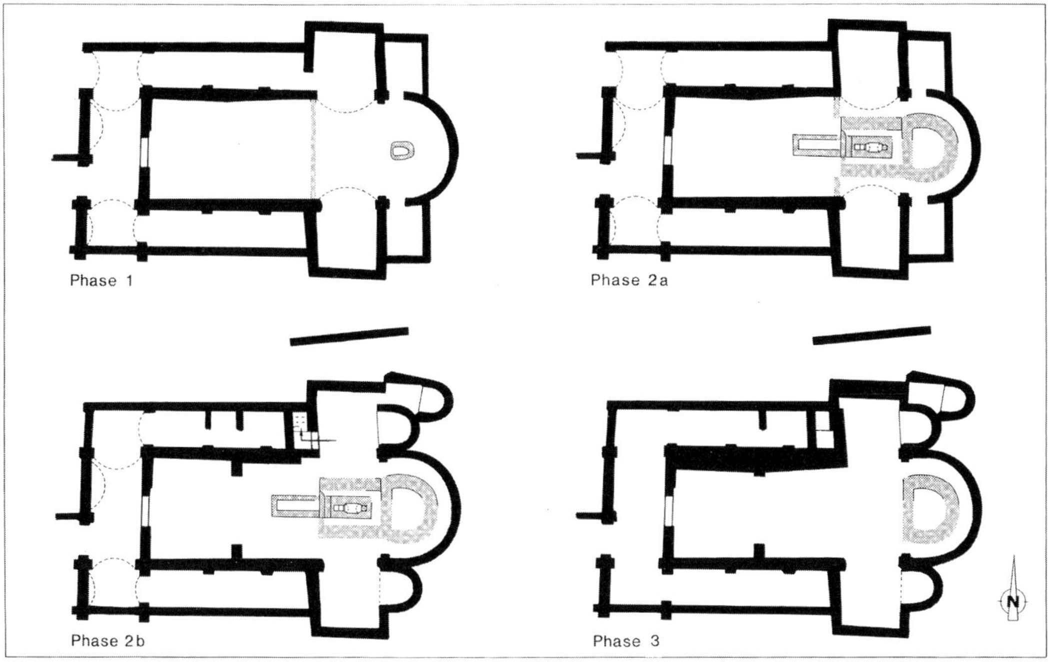

Abb. 69: Säben: Grundriß der drei Bauperioden der Kirche im Weinberg, südlich der Marienkirchen, vgl. Farbabb. 14.

Die erste Apsidenkirche (24,8 × 16,2 m) entstand etwa am Beginn des 5. Jahrhunderts (Abb. 69). Der Kirchensaal besaß querschiffähnliche Anbauten (Querannexe) und an der Apsis zwei Sakristeiräume. Eine Klerusbank konnte bei den Grabungen nicht nachgewiesen werden. In der Apsis befand sich eine kleine ausgemauerte Grube, die ursprünglich die Reliquien aufnahm. An den Langseiten und an der Westfront waren dem Hauptschiff offene Hallen vorgelegt. Zwischen den Pfeilern darf man sich eine halbhohe Brüstungsmauer vorstellen (Abb. 69, Phase 1). Die Kirche lag außerhalb des Siedlungsareals und ermöglichte den Gläubigen eine Begräbnisstätte

nahe dem Märtyrer, dessen Reliquien sich in der Apsis befanden.
Als Rätien II unter Ostgotenherrschaft (493–536) kam, benötigten die Goten an ihrem militärischen und zivilen Verwaltungssitz auch eine Kirche für den arianischen Gottesdienst. Die Kirche wurde deshalb umgestaltet (Abb. 69, Phase 2). Eine Klerusbank wurde eingebaut und unter dem einstigen Altar im Presbyterium eine große dreiteilige Reliquienkammer eingetieft. An den überwölbten Mittelteil schlossen ostseitig eine Nische für den Reliquienschrein und westseitig eine Treppe an (Abb. 12c). An der Westseite des Presbyteriums führte eine Solea, ein erhöhter Steg, gegen die Kirchenmitte. An den Querannexen fügte man Apsiden hinzu, die vermutlich die Aufgabe hatten, weitere Reliquien aufzunehmen. In der nördlichen Halle baute man eine Treppe ein, um eine kürzere Verbindung zum Baptisterium und zu den Wohngebäuden nördlich der Kirche zu schaffen. Das Taufbecken kam in der Nähe dieser (militärischen?) Wohngebäude ans Tageslicht, die in zwei Bauperioden von der zweiten Hälfte des 4. bis in die erste Hälfte des 6. Jahrhunderts bestanden.
Am Ende der Ostgotenherrschaft wurde die Kirche nicht mehr für den arianischen Gottesdienst gebraucht. Die Märtyrergebeine wurden beim Abzug der Goten mitgenommen, der Altar wurde abgetragen und die Reliquienkammer zuplaniert. Damit war die Kirche nicht mehr für die Eucharistiefeier geeignet. Im nördlichen Nebenraum zeigt eine Herdstelle eine profane Nachnutzung an. Die Kirche und ihre Umgebung wurden jedoch weiterhin für Bestattungen bis in die Zeit um 700 genutzt. Neben romanischen Gräbern der gehobenen sozialen Schicht fanden sich baierische Männer- und Frauengräber. Dies wird belegt durch Trachtzubehör und Waffenbeigaben der Baiern, von denen beispielsweise silbertouchierte Gürtelgarnituren, Langschwert (Spatha), Kurzschwert (Sax) und Messer erhalten blieben. Vom Trachtzubehör baierischer Frauen stammen goldene Ohrringe, Bronzearmreife, goldene Fingerringe, eine kostbare Halskette aus Bronze- und Silberdraht sowie ein kleines Messer. Diese archäologischen Zeugnisse belegen das Ausgreifen der Baiern auch südlich des Brenners, was bekanntlich zu den Auseinandersetzungen mit den Slawen im Pustertal kurz vor 600 geführt hat.

Lit.: V. Bierbrauer/H. Nothdurfter, Der Schlern 62 (1988) 243ff. P. Gleirscher, Der Schlern 60 (1986) 552ff. F. Glaser, Der Schlern 70 (1996) 95ff.

Säben, Burgberg: Die Ausgrabungen sind wieder zugeschüttet. Funde sind im Museum des Schlosses Tirol, demnächst im Südtiroler Landesmuseum für Archäologie in Bozen zu besichtigen.

Gratsch bei Meran und Schloß Tirol

Nordwestlich von Meran, nahe dem Schloß Tirol, liegt die Ortschaft Gratsch mit der Kirche St. Peter. Bei den Grabungen 1975–77 entdeckte man unter dem Kirchenboden die Reste eines frühchristlichen Gotteshauses, das teilweise freigelegt wurde. Eine besondere Überraschung bot der Altar. Als man das Mauerwerk des romanischen Blockaltares entfernte, fanden sich darin Stuckornamente der karolingischen Kirche und zwei aufrecht stehende Marmorsäulchen des Tischaltares der frühchristlichen Kirche. Unter der Altarbasisplatte waren noch die eingetiefte Kammer mit Nische für die Reliquien und die Zugangstreppe erhalten. Aufgrund der festgestellten Südmauer, der Presbyteriumkante und der Ausdehnung des frühmittelalterlichen Gotteshauses darf man

für das 5. und 6. Jahrhundert eine Apsidenkirche rekonstruieren.
Eine weitere frühchristliche Kirche hat man am Fuße der Wehrmauer des Schlosses Tirol im Jahr 1994 entdeckt. Hier fand man ein Silberreliquiar (s. Umschlagrückseite), das ebenso wie eine frühchristliche Grabinschrift mit einem germanischen Frauennamen im Museum des Schlosses Tirol gezeigt wird. Die frühchristliche Kirche ist von einer frühmittelalterlichen Kirche überbaut. Das Grabungsareal wird von einem Schutzdach überspannt. Die Fortsetzung der Ausgrabung läßt interessante Ergebnisse erwarten.

Lit.: R. Lunz, Frühmittelalterliche Stuckornamente von St. Peter bei Meran (1978) 5f. Denkmalpflege in Südtirol 1991/95 (1997) 65f.

St. Peter in Gratsch: Frühchristliche Altarreste sind sichtbar. Übrige Grabungen zugeschüttet. **Schloß Tirol:** Grabungsarbeiten im Gange.

Bozen, Siebeneich, Altenburg, Castelfeder, Vigiliusbühel

Nahe dem Zusammenfluß von Etsch und Eisack, in Umfeld des Bozener Beckens, wurden an zahlreichen Orten Spuren frühen Christentums und spätantiker Besiedlung festgestellt. Auch wenn im einzelnen die Objekte nur wenig untersucht sind, geben sie doch schon wichtige Informationen. Die Fundorte liegen an einer wichtigen Nord-Süd-Verbindung über den Brenner zwischen Italien und dem Alpen- und Donauraum (s. Vorsatzkarte).
Das Gebiet gehörte in der Antike zur Region Venetien. Mit dem Ende der Ostgotenherrschaft (536) versuchten die Franken auf dieses Gebiet Einfluß zu gewinnen. Zwischen ca. 555 und 567 stellten jedoch byzantinische Truppen die oströmische Herrschaft wieder her. Nachdem die Langobarden 568 Italien in Besitz genommen hatten, wurde der Bozener Raum Grenzgebiet gegen die Franken, die 590 vorstießen und Höhenbefestigungen zerstörten. Bereits am Anfang des 7. Jahrhunderts sind dann die ersten baierischen Siedler im Bozener Becken nachzuweisen.
Das frühchristliche Gotteshaus, das unter dem Boden der Pfarrkirche in **Bozen** (*Bauzanum*) im Jahre 1956 entdeckt wurde, ist nur unzureichend erforscht. Es handelt sich um einen rechteckigen Saal (ca. 38 × 14 m) von beachtlicher Größe mit einem Narthex an der Westseite. Die Längswände waren durch Mauerpfeiler verstärkt. Wichtig für die Deutung als frühchristliche Kirche waren die Fundamente einer freistehenden Klerusbank und der Westkante des Presbyteriums. Die Größe der Kirche zeigt auch an, daß die Talsiedlungen noch im 5. Jahrhundert eine ansehnliche Bevölkerungsdichte hatten und die befestigten Höhensiedlungen noch keine so bedeutende Rolle spielten wie im benachbarten Norikum (s. Vorsatzkarte).
Nördlich von Bozen steht auf dem steilen Felshang unterhalb der Burg Greifenstein bei **Siebeneich** die Kirche St. Cosmas und Damian. Bei Restaurierungsarbeiten und Grabungen kamen Mauerreste einer frühchristlichen Kirche des 6. Jahrhunderts zutage. Sie gehört zu jenem im Alpenraum verbreiteten Typus, der querschiffähnliche Räume (Querannexe) aufweist. In der Südwestecke der Kirche fiel ein gemauertes Grab auf, das sich durch dachförmig aufgestellte Ziegelplatten von den anderen unterschied. In der Grabkammer waren nacheinander drei Tote bestattet worden; von einem Mann stammen vorgefundene silberne Beschläge eines Militärgürtels. Das Patro-

zinium St. Cosmas und Damian dürfte in das 6. Jahrhundert zurückreichen. Nach seiner Heilung war Kaiser Justinian I. (527–565) ein besonderer Verehrer der beiden heiligen Ärzte. Byzantinische Generäle errichteten ihnen zu Ehren während der Gotenkriege nach 536 zahlreiche Kirchen. Ob eine byzantinische Befestigungsanlage oder ein älteres Heiligtum Anlaß zur Errichtung des Kirchleins gaben, muß erst zukünftige archäologische Forschung klären.

In **Altenburg** ragt der Felsberg mit der Kirche St. Peter hoch über dem Kalterer See auf. Funde weisen auf eine befestigte Siedlung des 5. und 6. Jahrhunderts. Bei der Kirchenruine (15 × 11 m) vermuteten einige Forscher, daß sie bis in das 5. Jahrhundert zurückgehe. Über die kleine Apsidenkirche mit Querannexen und umlaufenden Hallen geben nun die laufenden Ausgrabungen Auskunft.

Südlich von Auer, auf halbem Weg zwischen Bozen und Trient, erhebt sich am linken Ufer der Etsch der felsige Berg von **Castelfeder** (*castellum vetus*) hoch über dem Tal. Hier wird die römische Straßenstation *Endidae mansio* und die spätantike Befestigungsanlage *castrum Ennemase* lokalisiert, die im Jahr 590 von den Franken zerstört wurde, wie Paulus Diaconus berichtet. Die Befestigungsmauer ist jedoch noch in ansehnlicher Höhe erhalten; innenseitig sind der Mauer Pfeiler mit Bögen vorgeblendet, die ursprünglich den Wehrgang trugen. Die Grabungen an der Kirchenruine St. Barbara erbrachten zwar Funde aus dem 5. Jahrhundert, aber keinen Hinweis auf ein Gotteshaus aus dieser Zeit.

An der rechten Seite der Etsch, südwestlich von Bozen bei Eppan (Perdonig) liegt der von Natur aus gut geschützte **Vigiliusbühel** mit einer Meereshöhe von 874 m. Nur die sanftere Seite, die Bergseite, mußte mit einer Befestigungsmauer geschützt werden. In der Vigiliuskirche fanden noch keine Grabungen statt, doch liegen vom Bühel Funde des 5. und 6. Jahrhunderts vor. Die befestigte Anlage befindet sich am nördlichen Zugang in den Nonsberg, der in Richtung Trient zieht und zahlreiche Spuren des frühen Christentums aufweist.

Lit.: H. Nothdurfter, in: Bozen. Von den Anfängen bis zur Schleifung der Stadtmauern (1991) 105ff. G. Fusi/L. Dal Ri, in: Denkmalpflege in Südtirol 1989/90, 37ff. L. Dal Ri/G. Rizzi, in: Città, castelli, campagne nei territori di frontiera (secoli VI–VII) 1994, 87ff.

Bozen (Pfarrkirche und St. Cosmas und Damian (Siebeneich): Grabungen zugeschüttet. **Altenburg, Castelfeder** und **Vigiliusbühel** ganzjährig zugänglich. Funde im Stadtmuseum Bozen.

Trento (Trient) – TRIDENTUM und Doss Trento – VERUCCA

Die römische Stadt *Tridentum*, angelegt mit rechtwinkeligem Straßennetz, lag an einem Bogen des antiken Etschflusses und spielte in allen Jahrhunderten auf dem Weg von Verona zum Brenner eine bedeutende strategische Rolle. Unter Kaiser Claudius (41–54) wurde Tridentum *municipium*, d.h. eine Stadt nach römischer Rechtsauffassung mit zugehörigem Verwaltungsbezirk. Sie befand sich auf dem Boden Italiens, an der Grenze zu Rätien II.

Bereits seit der Mitte des 4. Jahrhunderts ist Trient Bischofssitz. Die Reihe der Bischöfe beginnt mit Jovinus, dessen Nachfolger Abundantius im Jahr 372 an der Kirchenversammlung (Synode) in Rom und 381 in Aquileia teilnahm. Am bekanntesten wurde der dritte Bischof, Vigilius, dem der heutige

Dom geweiht ist. Er sandte die Missionare Sisinnius, Martyrius und Alexander in den Nonsberg, die alle drei dort 397 den Märtyrertod erlitten (s. S. 19). Bischof Vigilius soll der Legende zufolge ebenfalls bei der Missionstätigkeit im Jahr 400 oder 405 das Martyrium erlitten haben. Während die Nonsberger Märtyrer großes Echo in den zeitgenössischen Quellen fanden, hören wir nichts über den gewaltsamen Tod des Vigilius. Möglicherweise war das Motiv von den Nonsberger Heiligen erst in der späteren Legende auf den Bischof übertragen worden. Die ursprüngliche Bischofskirche der antiken Stadt befand sich unter der heutigen Pfarrkirche S. Maria Maggiore. Bei Grabungen wurden bisher nur ein kleines Fragment eines Mosaikbodens des 5./6. Jahrhunderts und eine unterirdische überwölbte Grabkammer neben der Kirche entdeckt, welche wie die Gräber an ihrer nördlichen Außenwand aus der zweiten Hälfte des 4. Jahrhunderts stammt.

Bischof Vigilius hatte sich vor dem Südtor der Stadt einen Grabbau errichten lassen. Dieser wird unter dem heutigen Dom vermutet. Hier entdeckte man bei Ausgrabungen unter dem Boden zwei Reihen von Steinplattengräbern für Verstorbene der gehobenen sozialen Schicht. Vielleicht gehörten sie zu einem Grabbau (Mausoleum), der ähnlich aussah wie jener von St. Stephan in Chur (vgl. S. 162) und in dem auch Reliquien (des Vigilius?) untergebracht waren. Die Deckplatte eines Grabes trägt eine Inschrift (Abb. 70): *Hic req(uiescit) v(ir) s(pectabilis) / Censorius / qui vixet an(nos) / LXIIII et dies VII / et transiet / s(ub) d(ie) pr(idie) id(us) Mart(ias) / ind(ictione) secunda.* – »Hier ruht der *vir spectabilis* Censorius, der 64 Jahre und 7 Tage lebte und am 14. März im zweiten Jahr der Indiction hinüberging.«

Das Sterbedatum wird in der Inschrift nur innerhalb einer Indiktion, d. h. innerhalb eines fünfzehnjährigen Steuerzyklus angegeben. Da die Angabe der Indiktion auf

Abb. 70: Trient: Grabinschrift des vir spectabilis Censorius *in der frühchristlichen Kirche unter dem Dom.*

Inschriften in Italien erst seit 517 nachzuweisen ist, kommen als Todesjahr des Censorius die Jahre 524, 539 oder 554 in Frage. Ein späterer Zeitpunkt ist auszuschließen, weil sein Grab von einer frühchristlichen Kirche um die Mitte des 6. Jahrhunderts überbaut wurde. Der Titel *vir spectabilis* kam in der Regel einem hohen Beamten oder Kommandeur im Range eines Statthalters zu (s. S. 140). In diesem Fall wird sich der Kommandobereich des Censorius auf das strategisch wichtige Gebiet des Verwaltungsbezirkes der Stadt Tridentum erstreckt haben. Aus der genannten zeitlichen Eingrenzung geht also hervor, daß Censorius ein ranghoher Offizier während der Ostgotenherrschaft (493–555) über Italien gewesen ist.

Über den genannten Steinplattengräbern entstand um die Mitte des 6. Jahrhunderts eine für alpenländische Verhältnisse riesige Kirche (14 × 45 m), wobei wegen der romanischen Bautätigkeit der Ostabschluß nur annähernd zu bestimmen ist. Der Kirchenraum war mit Säulen in drei Schiffe gegliedert und besaß querschiffähnliche Anbauten oder Seitenkapellen für die Unterbringung von Reliquien. Gut erhalten blieben die Tür-

Abb. 71: Trient: Ornament im Mosaikboden der frühchristlichen Kirche unter dem Dom.

schwellen, die an der Westseite in ein Atrium (Säulenhof) führten. Vom Altarraum sind nur einige Fundamentquader für die Altarschranken vorhanden. Das erhöhte Presbyterium und der außen anschließende Mosaikboden bedeckten die Steinplattengräber. Der Mosaikbelag reichte bis in die Seitenkapellen; er zeigte geometrische und vegetabile Ornamente verbunden mit Flechtbandmotiven. Die Muster lassen sich gut mit Mosaikböden vergleichen, die während der Regierungszeit des byzantinischen Kaisers Justinian I. (527–565) in Italien entstanden. Als Bauherr der Kirche käme Bischof Eugypius oder sein Nachfolger, der schismatische Bischof Flaminius, der an der Kirchenversammlung (Synode) in Grado zwischen 572 und 577 teilnahm, in Frage. Von einem späteren Neubau der Kirche in der karolingischen Epoche zeugen Teile der kostbaren Marmorausstattung. Reliefierte Altarschrankenplatten mit Flechtwerkmotiven sind im zugänglichen Grabungsareal unter dem heutigen Kirchenboden ausgestellt.

Gegenüber der Stadt Trient, auf der rechten Seite der Etsch, erhebt sich der ca. 300 m hohe Hügel **Doss Trento**, auf dem es spätestens seit der Ostgotenherrschaft (ab 493) eine Befestigungsanlage, das *castrum Verucca*, gab. Das Patrozinium S. Apollinare am Fuße des Doss Trento erinnert vielleicht noch an die Ostgotenzeit, denn die Palastkirche Theoderichs in Ravenna war dem heiligen Apollinaris geweiht. Innerhalb des Castrums wurde bereits um 1900 eine Kirchenanlage entdeckt. Die Apsidenkirche (21 × 10 m) besaß gegenüber dem erhöhten Presbyterium querschiffähnliche Räume (Querannexe) und einen Narthex an der Westseite. Von der Klerusbank, dem Altar oder der Reliquienkammer blieben keine Spuren erhalten. Der Apsis waren Sakristeien angefügt. Nördlich an die Kirche schloß eine Kapelle mit Apsis (11 × 7 m) und Nebenräumen an. Vor der Apsis hat man den Rest eines Mosaikbodens mit geometrischen Ornamenten, mit Flechtbandflächen, mit einem Lebensbaummotiv und mit einer Inschrift entdeckt (Abb. 72): *De donis dei et s(an)c(t)orum Cusme et Damiani tempor(ibus) do[mi]ni Eugypi epi(scopi) Laurentius cant(or) c[uravit f(aciendum)].* – »Von den Gaben Gottes und der Heiligen Cosmas und Damian hat der Kirchensänger Laurentius zur Zeit des Herrn Eugypius, des Bischofs, (das Mosaik) machen lassen.« (Vgl. S. 155f.).

Mit der Einwanderung der Langobarden im Jahr 568 fiel die Festung Verucca in deren Hände. Die Ostgoten wie die Langobarden waren Arianer, so daß man annehmen muß, daß der arianische Bischof jeweils seinen Sitz im Castrum Verucca hatte. Für das Jahr 590 erfahren wir, daß die Franken in das langobardische Herzogtum von Trient vorgestoßen waren und zahlreiche Befestigungen auf dem Gebiet des heutigen Südtirol zerstört hatten: »Die Festung Verucca durfte sich dank der Vermittlung der Bischöfe Inge-

Abb. 72: Doss Trento: Mosaikbodenfragment aus der Kirche mit einer Stifterinschrift des Eugypius zu Ehren der Heiligen Cosmas und Damian.

nuinus von Sabiona und Agnellus von Trient loskaufen, und es mußten für den Kopf jedes Mannes ein Solidus (Goldmünze), im ganzen sechshundert Solidi ausbezahlt werden« (Paulus Diaconus). Im gleichen Jahr nahm der schismatische Bischof Agnellus an der Kirchenversammlung von Marano teil und wurde ein Jahr später vom Langobardenkönig Agilulf in das Frankenreich gesandt, um über Gefangene aus dem Tridentiner Gebiet zu verhandeln. Ebenfalls 590 unterzeichnete Agnellus den Brief der rätischen und venetischen Bischöfe an den byzantinischen Kaiser Maurikios.

Der Wandel der Geschichte und der Wechsel der Herrschaften zeigen sich auch in den Gräbern in und um die Stadt Tridentum. Neben den Bestattungen der romanischen Bevölkerung traten ostgotische Gräber südlich der Stadt und bei der ursprünglichen Bischofskirche S. Maria Maggiore zutage. Grablegen der Langobarden fanden sich östlich der Stadt und am Fuße des Doss Trento. Wenige Kilometer nordöstlich von Trient wurde in **Civezzano** eine frühchristliche Kirche ausgegraben, von welcher noch keine Ergebnisse publiziert sind. Einen ersten Hinweis auf ein weiteres frühchristliches Gotteshaus in der Umgebung von Trient bietet ein Reliquiar, das in der Pfarrkirche von **Pergine** entdeckt wurde. Das Reliquiar aus weißem Kalkstein hat die Form eines kleinen Sarkophages. Seine vertieften Reliefflächen um die Kreuze an den Akroteren und auf dem ein Ziegeldach imitierenden Deckel sind rauh belassen und waren einst mit farbigem Stuck gefüllt, um Steineinlegearbeit nachzuahmen (vgl. S. 117).

Am Südeingang in den Nonsberg/Val di Non (s. S. 160) entdeckte man in **Mezzocorona** bereits um die Mitte des 19. Jahrhunderts 30 bis 40 Steinplattengräber, zu denen noch zahlreiche in unserem Jahrhundert hinzukamen. Mehrere Deckplatten zeigen ein schlichtes Kreuz, manchmal bereichert durch ein Alpha und Omega an den waagrechten Kreuzesbalken. Auf anderen Platten dagegen ist im Relief ein Christogramm mit Alpha und Omega in einem Kreis eingeschrieben. Nur auf einer fragmentarischen

Deckplatte ist in einer flüchtigen Inschrift der Name Maurus zu lesen. Die kostbaren und sorgfältig ausgeführten Steinplattengräber gehörten den Verstorbenen einer gehobenen sozialen Schicht. In der Umgebung dieser Gräber darf man auf die Entdeckung einer frühchristlichen Kirche hoffen.

Das einzige frühchristliche Kloster in der Umgebung Trients war in **Anagnis** im Nonsberg gelegen und ist bekannt durch seinen Abt Secundus von Trient, der im Jahre 580 ein Geschichtswerk vollendete, das Paulus Diaconus benützte, uns aber nur mehr fragmentarisch überliefert ist.

Lit.: Trient, S. Vigilio: I. Rogger, Studi Trentini di Scienze Storiche 54, 1 (1975) 3ff. S. Maria Maggiore: G. Ciurletti, Aquileia Nostra 49 (1978) 266ff. V. Bierbrauer, in: Italia longobarda (1991) 121ff. Doss Trento: N. Rasmo, Storia dell'arte nel Trentino (1982) 24ff., 29, 39. Pergine: s. Literaturangabe unter Nonsberg. Mezzocorona: L. Dal Ri – G. Rossi, in: Kunst und Kirche. Festschrift zum 70. Geburtstag von K. Wolfsgruber (1987) 219ff.

Trient: Ausgrabungen unter dem Dom sind zu besichtigen. **Doss Trento:** Mauern der frühchristlichen Kirche sind konserviert. Ganzjährig zugänglich. Funde im Museo Provinciale d'Arte und im Museo Diocesano in Trento/Trient.

Nonsberg (Val di Non)

Nonsberg bezeichnet jene Tallandschaft westlich der Etsch, die zwischen Bozen und Salurn liegt und vom Noce durchflossen ist. Der Nonsberg ist vor allem durch drei Märtyrer bekannt, die der Bischof Vigilius von Trient in dieses Gebiet sandte und die dort im Jahr 397 von Heiden erschlagen wurden. Aus dem Nonsberg sind sechs Reliquiare bekannt, die aus frühchristlichen Kirchen stammen. Keine andere Region des Alpenraumes hat eine derartige Funddichte aufzuweisen, was offenbar mit den lokalen Märtyrern zu erklären ist.

Zwei solcher Reliquienschreine, nämlich aus Portolo und aus Tuenno, sind verschollen. Die Reliquienbehälter aus Tassullo, Vigo d'Anaunia und ein nicht näher bezeichneter aus dem Nonsberg befinden sich heute im Diözesanmuseum von Trient. Nur von dem marmornen Schrein mit einem Silberreliquiar aus Sanzeno, der sich heute im Landesmuseum in Innsbruck befindet, wissen wir von den Fundumständen. Im Jahre 1877 hatten nämlich Dorfbewohner an einem Ort, an dem einst eine Kirche St. Maria Magdalena stand, gegraben und Mauerwerk freigelegt. Dabei stießen sie auf die Basisplatte für einen vierfüßigen Tischaltar und auf die gewölbte Reliquienkammer, in der sich der Schrein mit der Silberbüchse befand. In der Büchse waren Silberfäden und ein papierähnlicher Stoff deponiert, der, wie die damaligen Untersuchungen behaupteten, mit Blut getränkt war.

Lit.: R. Noll, Anzeiger der phil.-hist. Klasse der Österreichischen Akademie der Wissenschaften 109 (1972) 320ff.

Nonsberg: Funde im Museo Diocesano in Trento/Trient und im Landesmuseum Ferdinandeum in Innsbruck.

Graubünden, Liechtenstein, Tessin

Chur – CURIA

Als Straßenknotenpunkt war das weite Churer Becken des Alpenrheintales schon seit jeher von großer Bedeutung. Wichtige römische Hauptstraßen wie jene vom Bodensee über Schaan oder jene vom Zürichsee über Walensee führten nach *Curia*/Chur. Gleichzeitig war der Ort Ausgangspunkt für mehrere Alpenübergänge (Splügen-, Julier-, Septimer-Paß und die Straßen in den Vintschgau). Schon bei der Eroberung Rätiens 15 v. Chr. hatte Curia eine gewisse militärische Bedeutung. Mit der Teilung Rätiens wurde *Curia* die Provinzhauptstadt der *Raetia prima* (Churrätien) und damit Sitz des Statthalters. Nachdem sich die frühchristlichen Bistümer im allgemeinen mit den Grenzen der städtischen Verwaltungsbezirke decken, wird Curia – vermutlich noch im 4. Jahrhundert – Bischofssitz. Allerdings ist erstmals für das Jahr 451 ein Bischof von Curia, nämlich Asinio, bezeugt. Nach dem Rückzug der meisten römischen Truppen und den Verträgen des Feldherrn Stilicho mit Alamannen (396) und Franken (398) stießen schließlich die Alamannen um 457 sogar über den Alpenhauptkamm vor. In der Raetia prima blieb jedoch trotz der Ereignisse der Völkerwanderungszeit im Schutze der Bergwelt eine politische, kirchliche und sprachliche (rätoromanische) Eigenständigkeit gewahrt.
Die Ostgotenherrschaft in Italien (493–555) und in den nördlich angrenzenden Provinzen brachte auch Rätien Jahrzehnte des Friedens. Kurz nach 500 hatte Valentian das Bischofsamt in Chur inne, dem sein Neffe und Nachfolger Paulinus im Jahr 548 eine Grabinschrift setzte und der das Ende der Gotenherrschaft miterlebte. Um 536 gelangte nämlich Rätien in den Machtbereich der Franken (Abb. 3). Der für Chur bezeugte Zacco war ein vom fränkischen König eingesetzter militärischer Führer in Rätien, von dem eine der weiblichen Nachkommen in die ortsansässige Victoridenfamilie einheiratete, zu der bereits auch der verstorbene Valentian und dessen Neffe Paulinus gehörten. Die Angehörigen der Familien stellten bis ins 8. Jahrhundert die Bischöfe und die Praesides (Statthalter).
Die römische Siedlung des 1. bis 4. Jahrhunderts lag am linken Ufer des Plessur-Flusses im »Welschdörfli« des heutigen Chur. Zahlreiche öffentliche Bauten, eine Therme, Wohn- und Gewerbebauten und vermutlich eine Herberge (*mansio*) im Rahmen einer Straßenstation sind durch die Ausgrabungen bekannt geworden. Im ausgehenden 4. Jahrhundert entstand in dem Ruinengelände der einstigen Siedlung, das landwirtschaftlich nicht nutzbar war, ein Friedhof. Ein Doppelsaal unter der heutigen Kirche St. Peter weist eine halbrunde Mauer auf, die sich auf 8,5 m weitet. Man dachte zunächst, es handle sich um die Klerusbank einer Friedhofskirche. Inzwischen ist durch weitere Untersuchungen klar, daß es sich um die Säle einer Badeanlage handelt.

Bischofskirche und Mausoleen

Der Sitz der Verwaltung wurde schon in der 2. Hälfte des 4. Jahrhunderts an das rechte Ufer der Plessur auf den aufragenden Felsen (620 m) verlegt, auf dem sich heute das bischöfliche Schloß und der Dom (»Hof«) befinden. Innerhalb der Befestigungsmauer mit starken Türmen entstand vermutlich schon im ausgehenden 4. Jahrhundert die Bischofskirche, von der bei Ausgrabungen unter dem heutigen Dom noch die Apsis und ein Querannex festgestellt wurden. Der Platz für die befestigte Anlage war militärisch gut gewählt und umfaßte 0,9 Hektar.

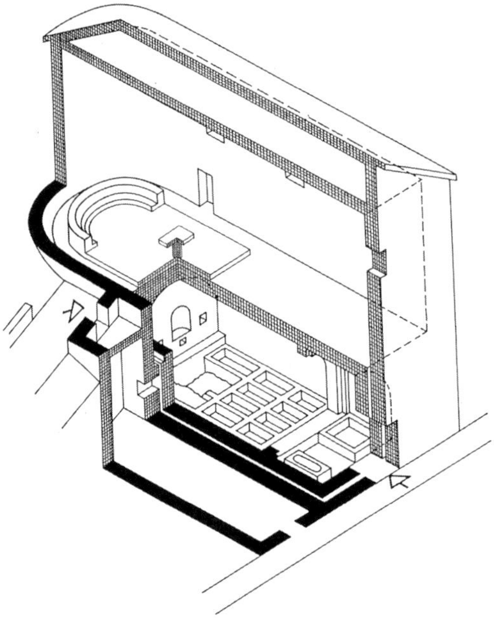

Abb. 73: Chur: St. Stephan, Rekonstruktion der bischöflichen Grabkammer und der darüber entstandenen Kirche.

Die Bischöfe von Chur ließen sich in Mausoleen im Friedhofsgelände am Mittenberg östlich der Höhensiedlung begraben (Abb. 73). Im Boden eines tonnenüberwölbten Mausoleums unter der späteren Kirche St. Stephan waren reihenweise gemauerte Gräber für 12 Bestattungen angelegt worden. Die architektonische Form der überwölbten Kammer läßt sich anhand der Grabbauten der mittleren römischen Kaiserzeit rekonstruieren. Die Ostwand gegenüber dem Eingang besaß eine kleine mosaikgeschmückte Nische, unter der eine Öffnung für Reliquien (Reliquienstollen) angebracht war. Aufgrund des späteren Patroziniums der nachfolgenden Kirche darf man wohl davon ausgehen, daß hier Reliquien des Erzmärtyrers Stephanus lagen, dessen Gebeine 415 bei Jerusalem entdeckt worden waren. Ein Hinweis auf die frühestmögliche Entstehungszeit des Mausoleums wäre damit ebenfalls gegeben.

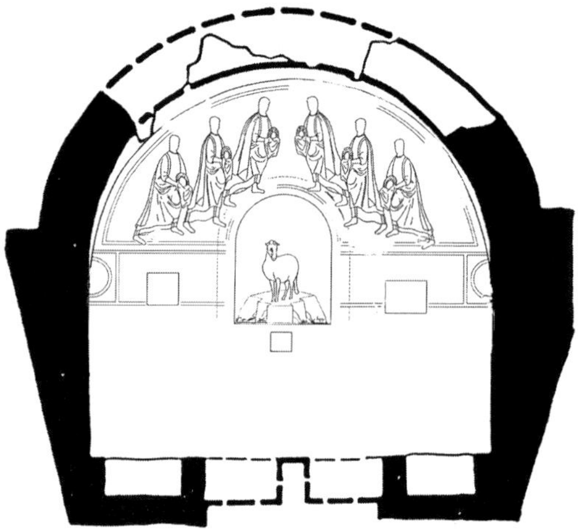

Abb. 74: Chur, St. Stephan: Rekonstruktion der Malereien und des Lamm-Mosaiks der bischöflichen Grabkammer.

Die Ausmalung des Mausoleums ist im Alpenraum bislang einmalig und läßt sich aufgrund der erhaltenen Fragmente gut rekonstruieren (Abb. 74): Die Ostwand schmückten links und rechts des Nischenbogens drei kranztragende huldigende Apostel, die der Mitte – vermutlich einem Christussymbol – zustrebten. In der Nische ersetzte ein farbiges Mosaik aus Glasflußsteinchen die ursprüngliche Malerei: Dargestellt war ein Lamm (= Christus) auf dem Paradiesesberg mit den vier Strömen. Die Nische betonte gleichzeitig den Platz des Reliquiars. Die gewölbte Decke war mit gemalten Weinranken geschmückt, die aus Gefäßen in den Ecken gleichsam herauswuchsen. Im Rankenwerk halten sich Vögel auf. Das antike Motiv des Lebensbaumes mag hier wohl mit dem Bibelwort »Ich bin der Weinstock und

das Leben« neu gesehen worden sein. In den unteren Wandzonen ahmte die Malerei kostbare Einlegearbeit aus buntem Marmor nach und gab eine Wandvertäfelung aus Rauten, Quadraten und Kreisen wieder.
Zu einem späteren Zeitpunkt verlängerte man die Grabkammer, um hier vier weitere Bestattungsplätze im Boden und einen Marmorsarkophag unterzubringen.

Die St.-Stephans-Kirche

Noch im 5. Jahrhundert errichtete man über der Grabkammer am Abhang eine Kirche (mindestens 14 × 7 m) mit Nebenräumen (Abb. 73). Dazu wurden nicht die Wände des Mausoleums benützt, sondern unmittelbar daneben eigene Mauern aufgeführt. Die Apsis der Kirche des Obergeschosses beinhaltete eine freistehende Klerusbank. Im Umgang zwischen Apsis und Bank fanden sich noch Mosaikreste (Abb. 8). Von den Mosaiken des Kirchenschiffes blieben nur kleine verworfene Bruchstücke übrig. Vor der Klerusbank darf man ein etwa quadratisches erhöhtes Presbyterium so rekonstruieren, daß der Altar über dem Aufbewahrungsort der Reliquien in der darunterliegenden Grabkammer zu stehen kam (Abb. 73). Die Wände der Kirche waren farbig bemalt. Südseitig war eine Sakristei angefügt. Den nordseitigen Anbau kann man wohl als Narthex interpretieren, den die Gläubigen zuerst betraten. Im Untergeschoß des nordseitigen Nebenraumes kamen zahlreiche Knochen von Schweinen, Ziegen, Schafen und Hühnern zutage, was einen vielleicht zunächst an die Abhaltung von Toten- und Gedächtnismählern in diesem Raum denken läßt. In der Lebensbeschreibung des Bischofs Maurus († 671) von Ravenna ist beispielsweise überliefert, daß sich im Secretarium, d. h. in der Sakristei oder einem anderen Nebenraum der Kirche, wöchentlich die Geistlichen nach dem Abendgottesdienst versammelten. Während sie Brot und Wein verzehrten, gedachten sie des verstorbenen Bischofs. Doch für die Tierknochenfunde in St. Stephan scheint uns eine andere Erklärung wahrscheinlicher: Bei den Christen kam es bereits im 4. Jahrhundert zur Umdeutung des Totenmahles, aus dem schließlich eine Armenspeisung wurde. Von Paulinus von Nola erfahren wir, daß die Bauern Opfergaben in Form von Schweinen und Kühen brachten, um so dem Märtyrer für seine Hilfe zu danken. Die Tiere wurden vor der Kirche geschlachtet, damit sich »der Märtyrer an der Sättigung der Armen erfreue«. Die Kirche St. Stephan wurde schließlich zwischen 1456 und 1538 durch Brand zerstört.
Älter als das Mausoleum mit den Stephansreliquien am Rande des Friedhofs ist ein Grabbau (Mausoleum), in dem vermutlich noch vor dem Jahr 400 Reliquien des Apostels Andreas und in karolingischer Zeit die Gebeine des Königs und Bekenners Lucius und seiner Schwester Emerita untergebracht waren. Der Grabbau diente den ersten Churer Bischöfen als Begräbnisstätte. Möglicherweise war die Anlage mit den Andreasreliquien die Familiengrabstätte der Victoriden.

Die Grabinschrift des Bischofs Valentian

Äußerst selten blieben uns im Alpenraum Inschriften des 5. und 6. Jahrhunderts erhalten. Die Grabinschrift des Bischofs Valentian in der Kirche St. Lucius (St. Luzi) wurde zum Glück im 16. Jahrhundert sorgfältig abgeschrieben, denn heute ist nur noch ein Fragment erhalten, das ca. 23 Prozent der einstigen Marmorplatte ausmacht. Das Besondere an der Inschrift ist die Abfassung des Textes in Verspaaren aus Hexametern und Pentametern (= elegische Distichen). Am oberen Rand der Inschrift war in Abkürzungen zu lesen: »Des Bischofs seligen Angedenkens.«
»In diesem Grab ruht, den die rätische Erde beweint, der größte Ruhm der höchsten Priester, der den Erniedrigten Schätze austeilte, die nackten Scharen bekleidete, und den

Gefangenen reiches Lösegeld brachte. Nahe dem Himmel ist seine Frömmigkeit und nicht fühlt er den Schicksalsschlag des Todes, da er, der zu den Sternen strebt, über seine guten Taten frohlockt.
In diesen Ehren besteht deine Macht, Priester Valentianus, und es wird von allen geglaubt, daß du nicht sterben konntest.
Er lebte in dieser Welt ungefähr 70 Jahre, (wurde) bestattet am 6. Tag vor den Iden des Jänner, 7 Jahre nach dem Konsulat des Basilius, im 11. Jahr der Indiktion. Sein Neffe Paulinus ließ dieses Grab errichten.«

(Übersetzung: M. Huber)

Nachdem das Konsulat des Basilius im Jahr 541 endete, ist Valentian im Jahr 548 bestattet worden und zwar am 8. Januar nach heutiger Rechnung.
Zwei wichtige Pflichten des Bischofs werden in der Inschrift gerühmt: die karitative Tätigkeit und das Freikaufen von Menschen. Die Verpflichtung des Freikaufs hatte der Bischof sowohl gegenüber römischen Gefangenen und Geiseln als auch gegenüber Frauen zu erfüllen, die gegen ihren Willen zum Theaterspiel oder zur Prostitution gezwungen wurden. Die Amtszeit des Bischofs Valentian fällt in die Epoche, als Alamannen dem Druck der Franken weichen und auf gotisches Gebiet fliehen, zu dem auch Rätien gehört. Bei solchen Ereignissen war die Nächstenliebe der Christengemeinden, vor allem aber die des Bischofs gefordert.

Lit.: W. Sulser/H. Claussen, St. Stephan in Chur (1978). HR. Sennhauser, in: Von der Spätantike zum frühen Mittelalter. Vorträge und Forschungen 25 (1979) 193ff. U. Clavadetscher, in: Churer Stadtgeschichte (1993) 186ff.

Chur: St. Stephan, Anmeldung für die Besichtigung beim Hauswart der Kantonsschule. Schlüssel im Rätischen Museum, Hofstraße, in Chur erhältlich; hier befinden sich auch die Funde. Übrige Grabungen zugeschüttet, ausgenommen Schutzbau Seilerbahnweg (röm. Häuser).

Schiers

Schiers liegt im Tal des Flusses Landquart, neun Kilometer vor dessen Mündung in den Rhein. Im Garten östlich des Pfarrhauses, im Zentrum von Schiers, wurden zwei kleine Gebäude entdeckt, die meist als Kirchen des 5./6. Jahrhunderts bezeichnet wurden.
Der nördliche Bau stellt einen kleinen Apsidenraum (7,60 × 5,00 m) dar. Die Apsis war vom übrigen Raum durch deutlich vorspringende Wandpfeiler und eine Holzschranke abgetrennt, die vermutlich schmale Durchgänge frei ließ. Der Altar in der Apsis war aufgemauert. Die Apsiswände waren mit Schuppenkränzen, Blattranken und Vögeln bemalt. An der Nordseite des Gebäudes gab es einen Grabanbau, der vielleicht zur Aufnahme eines Sarkophages gedient hatte.
Die in der römischen Bautradition stehenden Grabbauten (Mausoleen) wurden – wie wir bereits angeführt haben – in der Spätantike oft mit Reliquien ausgestattet, die in einer Wandnische oder unter einem Altar in der Apsis untergebracht waren. In der Grabkammer des Asterius in Karthago geben die vielen erhaltenen Details ein Bild der Ausstattung: Im erhöhten Apsisboden befand sich ein Reliquiar unter dem Tischaltar; eine Schranke trennte die Apsis vom eigentlichen Grabraum, unter dessen Mosaikboden der Tote bestattet war. Das gleiche Gestaltungsprinzip finden wir in der Grabkapelle an der frühchristlichen Kirche außerhalb der Stadtmauer von Teurnia (s. S. 136ff.), nur daß hier wie in Schiers die Grabkammer außen angebaut war. Aus Vergleichen geht hervor, daß auch im Altarblock in Schiers ursprünglich

Reliquien eines Märtyrers vorhanden waren, von dem sich die Gläubigen eine große Hilfe bei der Auferstehung erwarteten. Die Vorhalle der Grabkammer diente ebenfalls zur Aufnahme von Bestattungen, wie dies oft auch bei Kirchenvorhallen der Fall war.
Wenige Meter südlich der Grabkapelle kam ein weiteres, allerdings rechteckiges Mausoleum zutage, dessen Fundamente durch die Errichtung eines mittelalterlichen Kalkbrennofens stark zerstört wurden. An der Ostwand des Mausoleums waren zwei nachträgliche quadratische Einbauten zu beobachten. Einer davon wird als Altar gedeutet, hinter dem genau außen an der Ostwand ein Grabraum mit 7 Bestattungen angebaut war. Aufgrund dieser Anordnung wird man auch hier an die einstige Unterbringung von Reliquien denken dürfen. An der Westseite lagen in einer Vorhalle zahlreiche Gräber.
Beide Bauten dienten den Gedächtnisfeiern, die nicht nur den Toten, sondern auch den Märtyrern galten, deren Reliquien hier geborgen waren. Die Kirche für die Eucharistiefeier der Gemeinde wird man allerdings an einem anderen Platz – vielleicht unter der Pfarrkirche von Schiers – suchen müssen. Aus den beiden genannten Gedächtnisbauten entwickelten sich allerdings keine Kirchen, wie dies beispielsweise bei St. Stephan und St. Luzi in Chur der Fall war. Daraus ist zu schließen, daß die Reliquien übertragen wurden, als im Frühmittelalter der Friedhof um die Pfarrkirche entstand.

Lit.: G. Schneider-Schnekenburger, Churrätien im Frühmittelalter (1980) 66ff. J. Rageth, Zeitschrift für Schweizerische Archäologie und Kunstgeschichte 45 (1988) 65ff. HR. Sennhauser, Solothurn. Beiträge zur Entwicklung der Stadt im Mittelalter (1990) 190ff.

Schiers: Das Grabungsareal ist zugeschüttet, doch sind Plantafeln mit kurzer Beschreibung aufgestellt. Funde im Rätischen Museum in Chur.

Paspels

Im Altar der romanischen Kirche St. Lorenz bei Paspels fand man bei Restaurierungsarbeiten einen steinernen Schrein, in dem Reliquiare verschiedener Zeitstellung erhalten waren. Der Reliquienschrein stammt ebenso wie die vorgefundene Marmorplatte eines Tischaltars aus dem 5./6. Jahrhundert. Unter den Reliquiaren befand sich auch ein 4,7 cm hohes silbernes Reliquienkästchen (6,3 × 6,3 cm) vom Beginn des 5. Jahrhunderts (Abb. 75). An den Seitenflächen wie auf dem Deckel sind jeweils ein Kreuz und ein Christogramm mit Alpha und Omega in einem Kreisband abwechselnd eingraviert. Die Symbole und die Kantenstreifen sind im Gegensatz zum punzierten Punktornament des silbernen Hintergrundes vergoldet. Die Region der Entstehung läßt sich nicht bestimmen, da vergleichbare Exemplare von

Abb. 75: Paspels: Reliquienkästchen aus Silber.

Italien bis in den östlichen Mittelmeerraum vorkommen. Zusammen mit der Altartischplatte und dem marmornen Reliquienschrein darf man in der nächsten Umgebung eine frühchristliche Kirche vermuten, die auch noch im frühen Mittelalter benutzt wurde. Im Schrein lagen nämlich noch ein Holzkästchen, Seidenstoffstücke des 6. bis 8. Jahrhunderts und eine gravierte Reliquienbüchse aus Hirschhorn des 8. Jahrhunderts. Ein Zinnkreuz des 9./10. Jahrhunderts kam in Verbindung mit dem Skelettmaterial zerstörter Gräber zutage.

Lit.: W. Sulser, Zeitschrift für Schweizerische Archäologie und Kunstgeschichte (= ZAK) 23 (1963/64) 66ff. W. F. Volbach, ZAK 23 (1963/64) 75ff.

Paspels: Funde im Domschatz der Kathedrale von Chur.

Sagogn

Der Ort Sagogn liegt nordöstlich von Ilanz am Weg nach Chur, ein Stück vom linken Ufer des Vorderen Rheins entfernt.
Die Ausgrabungen unter der heutigen Pfarrkirche blieben wegen des gut erhaltenen Bodens aus der Barockzeit räumlich beschränkt, doch erbrachten sie schon wichtige Ergebnisse zu einem Kirchentypus des 5./6. Jahrhunderts (Abb. 76). Der Kirchensaal (26,5 × 9,5 m) wurde in voller Breite von einer Apsis ostseitig abgeschlossen. Wie aus dem Ostalpenraum bei den weiten Apsiden wohlbekannt, ist die Klerusbank von der Apsis abgerückt. Die Bank besteht wie auf dem Kučar (S. 79f.) aus zwei Mauerzügen. Den Langseiten des Kirchenschiffes sind zwei querschiffähnliche Räume angefügt. Man darf in Analogie zu den Kirchen des Ostalpenraumes annehmen, daß das Presbyterium bis zur Flucht der Westmauern der Querannexe reichte. An der Südostseite der Apsis lag die Sakristei. Der Kirchenwestseite war ein Vorraum vorgelagert.
An der Apsisaußenwand entdeckte man ein Stifter- oder Priestergrab, dessen Gebeine schon früher einmal geborgen worden waren. Danach war die gemauerte Gruft wieder mit Steinplatten abgedeckt worden.

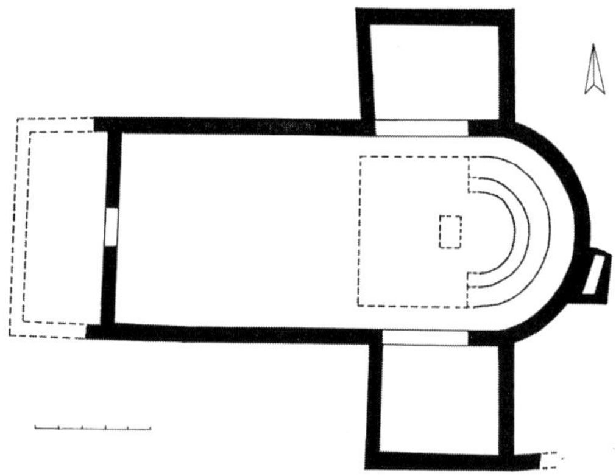

Abb. 76: Sagogn: Grundriß der Kirche.

Lit.: M. Janosa, in: Archäologie in Graubünden. Funde und Befunde (1992) 298ff.

Sagogn: Ausgrabungsareal ist wieder zugeschüttet.

Schaan

Schaan im Fürstentum Liechtenstein, nördlich von Vaduz, liegt an der römischen Straße von *Curia*/Chur nach *Brigantium*/ Bregenz. Bereits in frührömischer Zeit war vermutlich dieser Straßenpunkt an einem

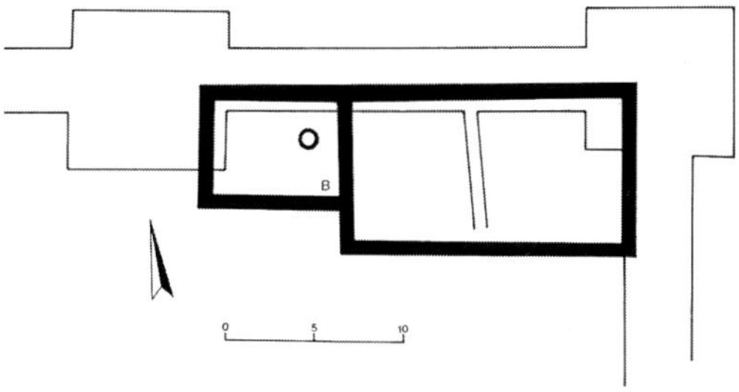

Abb. 77: Schaan: Grundriß der Kirche und des Baptisteriums (B), die teilweise die Kastellmauern überbauen.

Rheinübergang von Bedeutung. Um 370 entstand hier ein türmebewehrtes Kastell. Im 5./6. Jahrhundert errichtete man auf den inzwischen teilweise zerstörten Kastellmauern eine Kirche und ein Baptisterium (Abb. 77). Das kreisförmige Taufbecken war in den Boden eingesenkt und aus dem Zentrum in die Nordwestecke gerückt. Charakteristische Details im Kirchensaal blieben nicht erhalten. Damit ist offen, ob es sich etwa um eine Memorialkirche mit Reliquien handelte, die auch für die Firmung verwendet wurde. Wenn das der Fall war, dann ist die Kirche für die Eucharistiefeier noch nicht entdeckt.

Lit.: G. Schneider-Schnekenburger, Churrätien im Frühmittelalter (1980) 96ff. HR. Sennhauser, in: Solothurn. Beiträge zur Entwicklung der Stadt im Mittelalter (1990) 160.

Schaan: Baptisterium und sonstige Baureste wurden konserviert und sind unter dem Kirchenboden zugänglich. Funde aus dem Kastellbereich im Liechtensteinischen Landesmuseum, Vaduz.

Riva San Vitale

Riva San Vitale, an der Südspitze des Luganer Sees gelegen, gehörte zum Bistum Como, dessen Bischof Agrippinus 553 infolge des Schismas aus dem Patriarchat von Mailand ausschied und sich dem von Aquileia unterstellte, bei dem das Bistum bis 1751 verblieb. Zwischen der Kirche St. Vitalis und dem Pfarrhof steht ein Baptisterium, das den ältesten noch erhaltenen Sakralbau der Schweiz darstellt. Er stammt aus dem 5. Jahrhundert, hat jedoch im Laufe der folgenden Jahrhunderte bauliche Veränderungen erfahren. Das Baptisterium wurde ursprünglich über älteren römischen Mauerresten errichtet. Der Grundriß bildet nach außen hin ein Quadrat, nach innen ein Achteck (Abb. 78). In den vier Innenecken sind halbrunde Nischen mit Halbkuppeln ausgespart. Die Zugänge befinden sich an der Nord- und

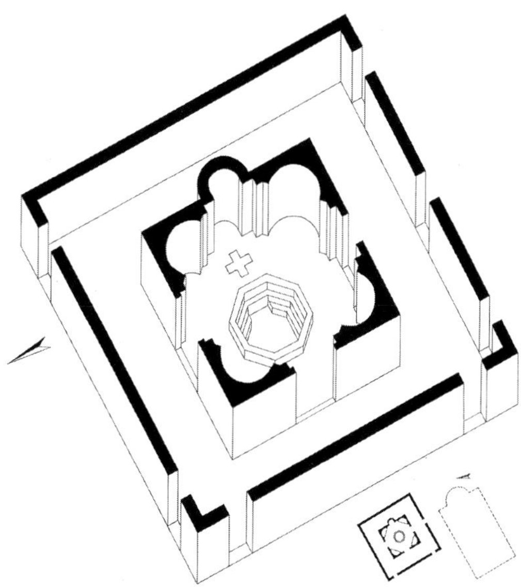

Abb. 78: Riva San Vitale: Baptisterium.

Abb. 79: Riva San Vitale: Außenansicht des gut erhaltenen Baptisteriums.

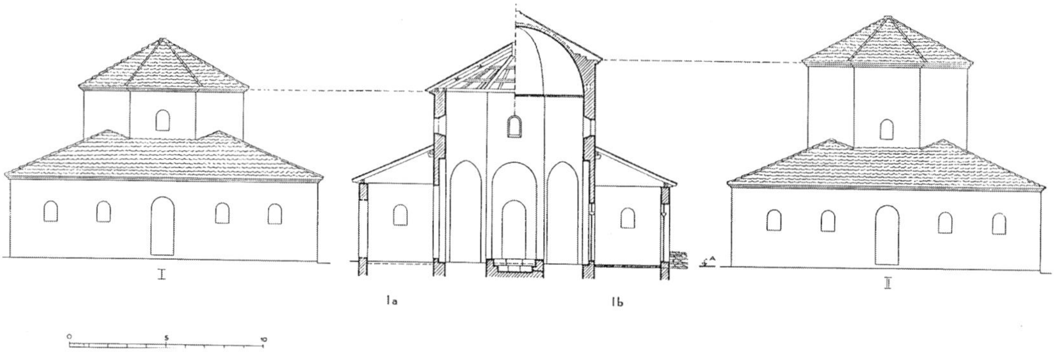

Abb. 80: Riva San Vitale: Ansichten und Schnitte durch das Baptisterium in verschiedenen Bauperioden.

Südseite. Der Mittelteil besaß eine Kuppel, war über dem Achteck hochgezogen und mit einer Fensterzone versehen (Abb. 80). In der Mitte war das achteckige Taufbecken mit zwei Stufen eingetieft und außen mit einer Brüstung eingefaßt, die an der Südseite einen Zugang ließ. Rings um das Baptisterium befand sich ursprünglich ein ca. 3,50 m breiter Umgang mit einem Pultdach. An drei Seiten führten Türöffnungen in den Umgang. Im 6. Jahrhundert brach man ostseitig eine Öffnung aus und baute eine kleine Apsis an (Abb. 78). Über den einstigen Mörtelestrich wurde ein kostbarer Marmorplattenboden aus blaugrauen Sechsecken, gelben Quadraten und hellblauen Dreiecken verlegt. Dem Boden vor der kleinen Apsis fügte man ein Kreuz aus rötlich-gelbem Marmor ein. Im 9./10. Jahrhundert ersetzte ein rundes steinernes Becken das ältere sechseckige Taufbecken. Heute fehlen die Umgangsräume, so daß der Baukörper des Baptisteriums anders wirkt als in der Spätantike (Abb. 79). Das antike Mauerwerk ist bis in die Fensterzone erhalten.

Lit.: S. Steinmann-Brodtbeck, Zeitschrift für Schweizerische Archäologie und Kunstgeschichte 3 (1941) 193ff. G. Borella, Il Battistero di Riva San Vitale (1976). I. Marcionetti, Il Battistero di Riva San Vitale (1978). R. Cardani, Il Battistero di Riva San Vitale (1995).

Riva San Vitale: Ganzjährig zugänglich.

Am Rhein (Aargau, Basel-Land)

Zurzach – TENEDO

Nach dem Fall des obergermanischen Limes mußten ab 260 die Rheinübergänge und auch die Straßen im Grenzgebiet gesichert werden. So entstanden um 300 in Zurzach, im römischen *Tenedo*, ein Doppelkastell und auf der anderen Rheinseite eine weitere Befestigung. Nachdem um 400 der weströmische Reichsverweser Stilicho große Truppenteile über die Alpen nach Italien zurückzog, waren die Kastelle nicht mehr allein den Soldaten vorbehalten. Die Befestigungen boten der militärischen und zivilen Verwaltung sowie den Angehörigen der Soldaten und Beamten Schutz. Die kirchliche Organisation spiegelt sich in der Errichtung einer Kirche mit ihren Nebengebäuden.

Frühchristliche Kirche im Kastell

Im Kastell *Tenedo* (Kirchlibuck) entstand im 5. Jahrhundert über den älteren abgebrannten Mannschaftsbaracken eine Kirche (15,30 × 12,70 m) mit fast quadratischem Saal und einer ostseitigen Apsis (Abb. 81). Im erhöhten Presbyterium blieben Reste eines Ziegelsplittestrichs erhalten. Eine Klerusbank war bei den Ausgrabungen im Jahr 1954 nicht mehr feststellbar. Die Abschrankung des Presbyteriums war aus Holz gefertigt (vgl. Abb. 55). Statt der halbhohen Schrankentafeln fügte man ein Rutengeflecht ein, das verputzt und mit einem netzartigen Muster aus roten Rauten, Sechsecken, Quadraten und Kreisen bemalt war. An der Südseite der Apsis schloß eine Sakristei an. Im Zwickel zwischen der südlichen Kirchenwand und der Befestigungsmauer befand sich das Baptisterium, in welchem an der Ostseite in einer Nische das Taufbecken eingefügt war. Das Becken war nicht in den Boden eingesenkt, sondern drei ansteigende Stufen bildeten gleichzeitig die Beckenwand. Diese Art der Gestaltung unterscheidet sich (abgesehen von Kaiseraugst) von den anderen Kirchen des Alpenraumes, in denen das vertiefte Taufbecken frei im Raum angelegt ist. Die erhöhte Anordnung des Taufbeckens in einer Nische mit einem zu vermutenden Baldachin (*Aedicula*) erinnert an die älteste faßbare Hauskirche (3. Jh.) in Dura Europos in Syrien. Die Abdrücke im Mörtelboden vor dem Zugang zum Taufbecken in Zurzach wollte man als Spuren einer Bank erklären. Doch ist am Westende dieses schmalen langen Abdrucks eine Steinplatte eingelassen, die auch als Unterlage für einen Holzpfeiler gedient haben könnte. Dann allerdings muß es auch eine hölzerne Schrankenanlage gegeben haben, die mit Vorhängen verschließbar war und zum Auskleiden der Taufbewerber diente.

Östlich des Gotteshauses ist ein zweiräumiges Gebäude an die Kastellmauer angebaut. Man hatte es aus dem gleichen Steinmaterial und in der gleichen Mauertechnik errichtet wie die Kirche (Abb. 81). Im kleineren Zimmer konnte noch ein Backofen festgestellt werden. In der Ecke des größeren Raumes war mit Holzwänden ein kleines heizbares Abteil (Alkoven?) abgetrennt. Es liegt nahe, dieses Haus als Wohnung des Priesters zu interpretieren.

Die gezielten Ausgrabungen in Zurzach in den Fünfzigerjahren standen am Beginn der

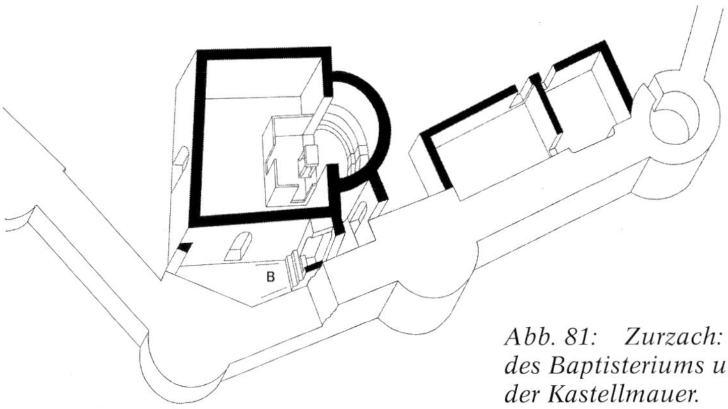

Abb. 81: Zurzach: Rekonstruktion der Kirche, des Baptisteriums und des Nebengebäudes an der Kastellmauer.

systematischen Erforschung frühchristlicher Sakralbauten in der Schweiz. Gleichzeitig gehört die Kirche zu den frühen christlichen Kultbauten des Alpenraumes, wenngleich das Fehlen ausreichender Kleinfunde und die gründliche Zerstörung keine engere Datierung erlauben. Sicher läßt sich aus dem Befund erschließen, daß der Priester in Zurzach vom Bischof in *Vindonissa* (Windisch) das Taufrecht übertragen bekommen hatte. Das gilt auch noch für das 6. Jahrhundert, denn im Jahre 517 wird der Bischof von Vindonissa als *episcopus civitatis Vindoninsis* bezeugt.
Die zivile Siedlung hatte sich einige hundert Meter rheinabwärts des Doppelkastells in der Umgebung von drei aufeinanderfolgenden Holzkastellen des 1. bis 3. Jahrhunderts entwickelt. Dieses Dorfgebiet wurde für die weitere Besiedlungsgeschichte von Bedeutung und die Kirche im Kastell zu einem unbestimmten Zeitpunkt aufgegeben.

Kirche St. Verena

An der Straße, die im Süden des Dorfes nach Vindonissa führte, lagen Gräber des 1. bis 4. Jahrhunderts. An einem Grab entwickelte sich eine besondere Verehrung der Heiligen Verena, so daß hier im 5. Jahrhundert eine Kirche entstand. Wegen der Kirchenlänge mußte nun die einst geradlinige römische Straße um das Gebäude herumgeführt werden. Die Ausgrabungen unter dem heutigen Verena-Münster ergaben eine kleine Apsidenkirche mit Querannexen (13,0 × 5,30 m). In der Apsis ließen sich die Spuren eines freistehenden Altares erkennen. Bereits im 6. Jahrhundert entstand ein Neubau mit leicht verbreitertem Schiff und trapezförmigem Chor. An der Nordseite wurde anscheinend ein Hofbereich angefügt. Im 8. Jahrhundert wurde ein erstes Kloster gegründet. Über den vielen Vergrößerungen und Neubauten der frühchristlichen Kirche erhebt sich heute das gotische Münster St. Verena.
Der Legende nach stammte die heilige Verena aus einer angesehenen christlichen Familie im oberägyptischen Theben und gelangte mit der Thebäischen Legion nach Mailand. Nachdem sie vom Märtyrertod der christlichen Soldaten und ihres Befehlshabers Mauritius erfahren hatte, begab sie sich in die Alpen, bekehrte Heiden zum christlichen Glauben und pflegte Kranke. Sie soll im Jahr 344 in Zurzach gestorben sein. Verena wird mit den Attributen Krug und Kamm dargestellt, die möglicherweise auf reale Funde in einem spätantiken Grab zurückgehen.

Lit.: R. Laur-Belart, Ur-Schweiz 19 (1955) 65ff. Ders., Ur-Schweiz 26 (1961) 40ff. K. Roth / HR. Sennhauser, Verenamünster Zurzach. Ausgrabungen und Bauuntersuchung I (1987). HR. Sennhauser, in: Solothurn. Beiträge zur Entwicklung der Stadt im Mittelalter (1990) 141. 164f.

Zurzach, Kirchlibuck: Mauern der frühchristlichen Kirche, das Taufbecken und Teile der Kastellmauern sind konserviert und ganzjährig zu besichtigen. Kirche **St. Verena:** Grabungen zugeschüttet.

Kaiseraugst – CASTRUM RAURACENSE

Der Zusammenbruch des obergermanischen Limes im Jahr 260 führte zu einem neuen militärischen Konzept: Die Römer bauten nun in mehreren Etappen den Donau-Iller-Rhein-Limes aus. Dazu gehörte auch die gewaltige militärische Befestigung einer Legion, das *castrum Rauracense* (Kaiseraugst), unmittelbar am Rheinufer. Die Mauern waren 4 m stark und mit zahlreichen Türmen für die Aufstellung von Pfeilgeschützen bewehrt (Abb. 83). Gräben und Wälle vor den Mauern bildeten Annäherungshindernisse für Belagerungsmaschinen. Die Befestigung lag ca. 10 m über dem Rhein und schützte die Lagerbauten mit dem Stabsgebäude, einen Getreidespeicher und ein Bad auf einer Fläche von fast 4 Hektar. Die Bautätigkeit beginnt am Anfang des 4. Jahrhunderts mit der Aufstellung einer neuen Legion, der *legio I Martiorum*. Das Baumaterial gewannen die Soldaten durch den Abbruch von Hausruinen in der nahe gelegenen Stadt *Augusta Raurica* (Augst).
Um 400 oder im beginnenden 5. Jahrhundert entstand unmittelbar an der Nordmauer des Kastells über älteren Bauresten eine frühchristliche Kirche (Abb. 82:A), deren Grundmauern unter der heutigen Kirche St. Gallus noch zu sehen sind. Den breiten frühchristlichen Kirchensaal (24,8 × 12,50 m) schließt ostseitig eine einspringende Apsis ab. Das erhöhte Presbyterium war vom Kirchenschiff durch eine Schranke getrennt. Weitere Details blieben wegen der Errichtung späterer Gotteshäuser nicht erhalten.
Von großem Interesse ist der Baukomplex

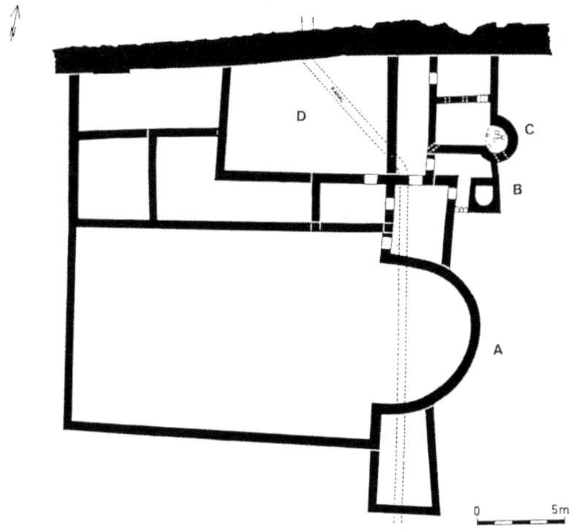

Abb. 82: Kaiseraugst: Grundriß der Kirche mit Baptisterium (B), Bad (C) und Nebengebäude an der Kastellmauer.

zwischen der frühchristlichen Kirche und der Kastellmauer. Die einzelnen Räume des Gebäudes entstanden nach und nach, wobei ältere Mauerreste mitbenutzt wurden. Im östlichen Teil war ein sehr geräumiges Bad mit Fußbodenheizung untergebracht, zu dem auch ein runder Schwitzraum gehörte (Abb. 82:C). Südlich anschließend an das Bad befand sich ein kleines Baptisterium mit einem hufeisenförmigen Taufbecken (Abb. 82:B). Der Zweck der übrigen Räume des Baukomplexes ließ sich wegen der mittelalterlichen Bautätigkeit und der damit verbundenen Zerstörung der spätantiken Ruinen nicht näher bestimmen. Der größte Raum des Gebäudes (Abb. 82:D) könnte beispiels-

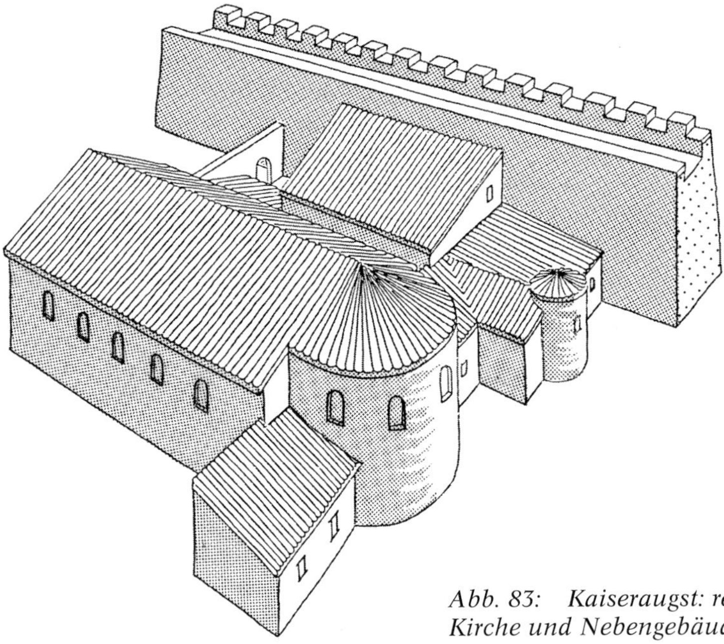

Abb. 83: Kaiseraugst: rekonstruierte Ansicht der Kirche und Nebengebäude an der Kastellmauer.

weise für den Unterricht der Taufbewerber, für die Ausbildung von Klerikern oder den Empfang von Gästen gedient haben. Die restlichen Zimmer sind als Wohn- und Wirtschaftsräume des Priesters zu betrachten, zu denen auch das beschriebene Bad gehörte.

Die Friedhöfe des 4. bis 7. Jahrhunderts liegen ca. 300–400 m südöstlich des Kastells und umfaßten ursprünglich etwa 2000 Gräber. Die Analyse der Grabfunde zeigte, daß Kaiseraugst ein städtisches Zentrum mit romanischen, christianisierten Einwohnern darstellte, das von der Spätantike bis ins frühe Mittelalter kontinuierlich besiedelt war. Allamannische Zuwanderer sind erst im 7. Jahrhundert anhand weniger Bestattungen nachweisbar. Manchen Toten war nach antikem Brauch eine Münze in den Mund gelegt worden. Das Geldstück sollte ursprünglich in der Unterwelt für die Entlohnung des Fährmanns dienen, der die Seelen über den Fluß des Vergessens brachte. Zu den Gräbern mit Münzbeigabe gehört ein kleiner Grabbau mit westseitiger Apsis (5. Jh.), der am Weg zum Kastell liegt. Speise- oder Trankbeigaben fehlten. Gürtel und Schmuck sowie Kurzschwerter in einigen Männergräbern gehörten zur Tracht bzw. zur Kleidung der Toten. Ob die Ankerdarstellung auf dem Grabstein der Eusstata als christliches Symbol zu werten ist, bleibt offen. Zwei christliche Grabinschriften des 6. und 7. Jahrhunderts geben die germanischen Namen Baudoaldus und Radoara wieder.

Lit.: R. Laur-Belart, Die frühchristliche Kirche mit Baptisterium und Bad in Kaiseraugst (1967). M. Martin, in: Von der Spätantike zum frühen Mittelalter. Vorträge und Forschungen 25 (1979) 418ff. HR. Sennhauser, in: Solothurn. Beiträge zur Entwicklung der Stadt im Mittelalter (1990) 156 mit Anm. 250.

Kaiseraugst: Das Baptisterium, das Bad und die Befestigungsmauer sind neben der Kirche sichtbar. Funde im Römermuseum Augst.

Um den Neuenburger-, Bieler- und Murtensee

Solothurn – SALODURUM

Solothurn liegt an der römischen Straße von Avenches (*Aventicum*) nach Windisch (*Vindonissa*). Am Übergang der Straße vom rechten auf das linke Aareufer entstand schon früh eine Siedlung, für deren Errichtung auch günstige Schiffsanlegeplätze maßgeblich waren. Im späten 4. Jahrhundert wurde ein römisches Kastell erbaut.

Nahe der nördlichen Kastellmauer konnten an der heutigen Kirche St. Stephan Mauerreste als Teil eines frühchristlichen Gotteshauses des 5. Jahrhunderts identifiziert werden. Es handelt sich um eine Kirche mit Querannex, die dem Typus zufolge wahrscheinlich ostseitig von einer Apsis abgeschlossen wurde. Die Lage nahe der Kastellmauer läßt sich mit Kaiseraugst, Zurzach oder Schaan vergleichen. Wie die Nachfolgebauten zeigen, bestand von der Spätantike an innerhalb des Kastells eine Christengemeinde fort.

Außerhalb des Kastells lag ein großer Friedhof, in welchem im 5. Jahrhundert Grabbauten entstanden, von denen einer unter St. Peter nachgewiesen ist und ein anderer unter St. Ursen vermutet wird. Bei Bischof Eucherius von Lyon († um die Mitte des 5. Jahrhunderts) findet sich der Hinweis, daß die Märtyrer Ursus und Victor zur »Thebäischen Legion« (s. S. 187) gehört haben sollen. Um 500 kamen die Gebeine des heiligen Victor, die man möglicherweise dem Grabbau unter St. Peter entnahm, nach Genf, während die Reliquien des Ursus im Grabbau unter der heutigen Kirche St. Ursen verblieben.

Die Tatsache, daß über der frühchristlichen Kirche im Kastell bis heute Gotteshäuser errichtet wurden und daß über den verehrten Grabstätten der Märtyrer Ursus und Victor Kirchen entstanden, zeugt von ungebrochener christlicher Tradition.

Lit.: HR. Sennhauser, in: Solothurn. Beiträge zur Entwicklung der Stadt im Mittelalter (1990) 83 ff.

Solothurn: Ausgrabungen bei St. Stephan und unter St. Ursen zugeschüttet. Mauerreste eines Grabbaues im Untergeschoß von St. Peter sichtbar. Für die Besichtigung ist das röm.-kath. Pfarramt St. Ursen zuständig. Ein Teil der Funde im Historischen Museum in Olten.

Avenches – AVENTICUM

Die römische Stadt *Aventicum* südlich des Murtensees hat ein seltenes frühes archäologisches Zeugnis im Alpenraum vorzuweisen. Es handelt sich um zwei Glasbecher mit Inschriften aus einem Mädchengrab der ersten Hälfte des 4. Jahrhunderts. Die griechischen Worte mit lateinischen Buchstaben PIIE ZESAIS bedeuten: »Trink und du sollst leben.« Die lateinische Inschrift VIVAS IN DEO belegt deutlich den christlichen Charakter: »Du mögest in Gott leben« (Abb. 84). Der Nachricht des römischen Historikers

Abb. 84: Avenches: Glasbecher mit christlichem Spruch.

und Augenzeugen Ammianus Marcellinus zufolge lag die Stadt *Aventicum* bereits um 360 in Ruinen. Dagegen belegen die Fundmünzen des 4. bis 6. Jahrhunderts, daß nicht alle Bewohner die Stadt verlassen hatten und daß es vielleicht in der Umgebung des römischen Theaters noch eine kleine Siedlung gab, zu der auch ein repräsentatives Bauwerk gehörte. Es war mit Wandmalerei und Säulen ausgestattet; doch dafür, daß es sich bei dem Gebäude um eine Kirche handelt, gibt es keine Hinweise.

Unter der Kirche St. Martin im Areal des heutigen Friedhofs sind Baureste des 6. Jahrhunderts vorhanden, aber auch sie lassen nicht auf eine frühchristliche Kirche schließen. Aus dem gleichen Jahrhundert stammen Sarkophage, die in der Nähe der heutigen Kirche St. Stephan entdeckt wurden. Ob sie zu einer frühchristlichen Kirche gehörten, werden weitere Grabungen vielleicht zeigen.

Vom spätantiken Kastell auf dem Höhenrücken Bois de Châtel sind nur Abschnitte der Befestigungsmauer und ein Türme bewehrtes Tor bekannt. Der Sitz der Bischöfe des 6. Jahrhunderts kann in diesem Kastell vermutet werden. Von ihnen sind Salutaris (517), Grammatius (535), Gundes? (557), Martin? (562) namentlich bekannt. Bischof Marius (574) verlegte den Bischofssitz dann von Aventicum nach *Lousonna* (Lausanne).

Lit.: H. Bögli, Aventicum. Die Römerstadt und das Museum. Archäologische Führer der Schweiz 20 (1984). HR. Sennhauser, Solothurn. Beiträge zur Entwicklung der Stadt im Mittelalter (1990) 147.

Avenches: Konservierte Objekte: Amphitheater, gallo-röm. Umgangstempel (Granges-des Dimes), »Cigognier-Heiligtum«, Forumsthermen, Theater, röm. Hafen, Westtor, Osttor mit Turm. Funde im Musée romain.

Tours

In Tours bei Montagny-les-Monts, unweit von Payerne, gibt es eine lokale Tradition, nach der die Pfarrkirche und spätere Marienwallfahrtskirche auf eine Gründung des Bischofs Marius von Avenches 587 zurückgehen soll. Er habe sie auf seinem eigenen Boden errichtet.

Die Ausgrabungen ließen einen Kirchentyp erkennen, der in das 5. Jahrhundert zurückgeht (Abb. 85). Die Kirche (14,25 × 6,80 m) wurde tatsächlich auf den Ruinen eines römischen Gutshofes errichtet, wobei man einige Mauern mitverwendete. Der Kirchensaal war von einer Apsis abgeschlossen und besaß querschiffähnliche Anbauten (Querannexe). An der Apsiswand verlief ein

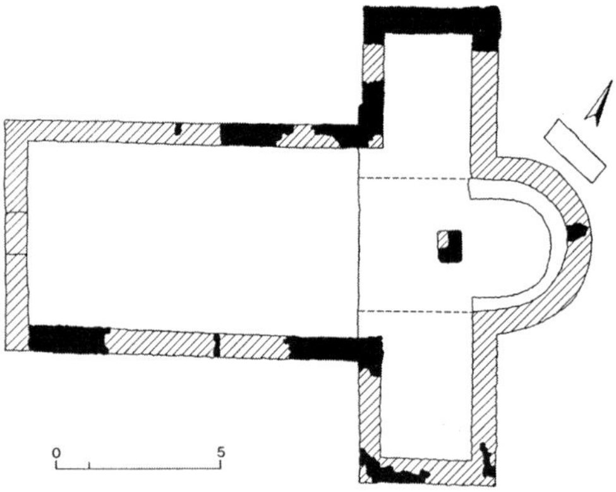

Abb. 85: Tours: Grundriß der Kirche.

Fundament, das wohl von einer Klerusbank stammt. Der aus Tuffsteinen aufgemauerte Altar befand sich vor der Apsis, wie wir es bei diesem Bautypus von den Kirchen im Ostalpenraum kennen.

Lit.: W. Stöckli, Zeitschrift für Schweizerische Archäologie und Kunst 35 (1978) 79ff. HR. Sennhauser, in: Vorromanische Kirchenbauten, Nachtragsband (1991) 414.

Tours: Die Ausgrabung ist wieder zugeschüttet.

Belfaux

In Belfaux (Pré St-Maurice) entdeckte man Mitte der 80er Jahre bei Grabungen unter der abgekommenen Kirche St. Stephan innerhalb eines spätantiken Friedhofs ein Gotteshaus (12,60 × 5,40 m), das bis ins 6. Jahrhundert zurückgeht. Diese erste Apsidenkirche besitzt querschiffähnliche Anbauten (Querannexe), in deren Westflucht die Presbyteriumsschranke verlief. Der Altar, vor dem quer ein Grab angelegt war, befand sich in der Apsidenmitte. An drei Seiten des Kirchenschiffes hatte man hölzerne Vorhallen angelegt, die wie der Kirchensaal und die Querannexe als Begräbnisplatz dienten.

Lit.: G. Bourgarel, Freiburger Archäologie. Fundbericht 1986 (1989) 69f. HR. Sennhauser, Solothurn. Beiträge zur Entwicklung der Stadt im Mittelalter (1990) 190ff. Ders., in: Vorromanische Kirchenbauten, Nachtragsband (1991) 47f.

Belfaux: Die Ausgrabungen wurden wieder zugeschüttet.

Romainmôtier

Romainmôtier, heute abgelegen in einer Talsenke, liegt an einer einstigen römischen Hauptstraße, die Lausanne (*Lousonna*) mit Pontarlier (*Ariolica*) verband. Eine Nachricht Gregors von Tours († 594), des Bischofs und Geschichtsschreibers, über eine Klostergründung wird von einigen Forschern auf Romainmôtier bezogen. Um die Mitte des 5. Jahrhunderts soll das Kloster von Romanus und Lupicinus gegründet worden sein. Dagegen wird angeführt, daß es nie eine kultische Verehrung des Romanus im Kloster gab und »Romanus« stets adjektivisch in den Quellen verwendet wird.
Unter der ehemaligen Klosterkirche St. Peter und Paul und der heutigen protestantischen Pfarrkirche kamen jedoch tatsächlich Mauerreste eines Gotteshauses aus der Mitte des 5. Jahrhunderts zutage. Es handelt sich um eine Apsidenkirche (16,5 × 8,0 m) mit quer-

schiffähnlichen Anbauten (Querannexen). Fundamentreste weisen auf weitere nordseitige Anbauten, vielleicht auf eine Halle und eine Sakristei, hin. Die Kirche war mit einem Ziegeldach gedeckt. Von der Innenausstattung blieb nichts erhalten. Südlich der Kirche entdeckte man unter dem »Maison des moines« Mauern, die vermutlich vom Kloster stammen. Sichere Nachrichten haben wir für die erste Hälfte des 7. Jahrhunderts, als Chramnelus, Herzog von Burgund, das inzwischen verfallene Kloster für iro-schottische Mönche wiederherstellte.

Lit.: A. Naef, Anzeiger für Schweizerische Altertumskunde 7 (1905/06) 210 ff. W. Drack/R. Fellmann, Die Römer in der Schweiz (1988) 494.

Romainmôtier: Klosterkirche St. Peter und Paul: Die Ausgrabungen wurden wieder zugeschüttet.

Um den Genfer See und im Rhônetal

Genf – GENAVA

Die spätantike befestigte Stadt *Genava* mit ihrem Bischofssitz liegt unter dem heutigen Genf verborgen. Der aufragende Stadthügel mit seinem Hafen befindet sich unmittelbar am Südufer des Genfer Sees, zwischen Rhône und Arve. Die ursprünglich keltische Siedlung (*oppidum*) Genava wird von Julius Caesar in der Beschreibung des Gallierlandes (im Jahre 52 v. Chr.) erwähnt.
Die ältesten Siedlungsspuren im Gebiet von Genf sind die Pfahlbauten einer neolithischen Uferrandsiedlung am See. Nach der Niederlage der keltischen Allobroger 122/121 v. Chr. wurde Genf in die Provinz der *Gallia Narbonnensis* eingegliedert. Erst im 3. Jahrhundert erlangte Genf die größere Bedeutung gegenüber Nyon (*Colonia Julia Equestris*), welches an der Strecke zur Rheinfront lag. Ein neuer Hafen in Genf ermöglichte es nun per Schiff Architekturteile von öffentlichen Gebäuden und Baumaterialien aus Nyon heranzuschaffen. In dieser Epoche soll Genf rechtlich Stadt (*civitas*) geworden sein. Es entstand eine mächtige Befestigungsmauer von mehr als 2 m Stärke, wobei das Siedlungsareal auf 5,5 Hektar reduziert wurde. Die Gebäude waren auf Terrassen angelegt.

Die Ausgrabungen unter der Kathedrale St-Pierre (St. Peter)

Die großartigen Ausgrabungsergebnisse unter der Kathedrale von St-Pierre von Ch. Bonnet wurden erst durch eine technische Meisterleistung möglich: Die hohen Pfeiler der gotischen Kathedrale, die am Ostrand der einstigen befestigten Stadt liegt, mußten zuerst ein ausreichend tiefes Fundament bis zum festen Felsengrund bekommen. Für diesen Zweck mußten ringsum jeden Gewölbepfeiler fünf bis sechs Stahlrohre von ca. 12 m Länge eingebohrt werden (Farbabb. 16). Erst dann konnten die Archäologen mit ihren Untersuchungen beginnen.
Die Ausgrabungen unter dem Kirchenboden brachten ein römisches Verwaltungszentrum ans Tageslicht, das anstelle eines älteren Gebäudes errichtet worden war. Diese Residenz gehörte zweifellos einer Persönlichkeit, die wichtige Funktionen in der Stadt ausübte. Zwei Trakte des Gebäudes, die mit Bodenheizungen ausgestattet waren, wurden untersucht. Die Tatsache, daß einige Räume von einer nachfolgenden Kirche überbaut wurden, gilt dem Ausgräber als Hinweis auf einen Kultraum der ersten Christen in diesem Gebäude. Der einstige Besitzer ließ nämlich die Mauern des Südtraktes niederreißen und um die Mitte des 4. Jahrhunderts eine Kirche (31,4 × 11,6 m) errichten. Sie ist nach den Mauern des Vorgängerbaues ausgerichtet, wobei die Apsis auf den ursprünglichen Kultraum Rücksicht nahm. Ein 2 m langer Schwellstein an der Südwand blieb als Rest eines großen Portals erhalten. Der Kirchensüdseite war eine offene Halle mit Pfeilern oder Säulen und ein Baptisterium angebaut (Farbabb. 15). In den fast quadratischen Raum mit einer hufeisenförmigen Apsis war annähernd in der Mitte das Taufbecken eingetieft. Bänke an der Ostwand boten Sitzgelegenheiten. An der Nordseite der Kirche war eine Reihe von Räumen jeweils mit einem Vorzimmer angebaut. Auf eine gewisse luxuriöse Ausstattung weisen die darin vorhandenen Bodenheizungen hin, die jeweils von einem Bedienungsgang aus

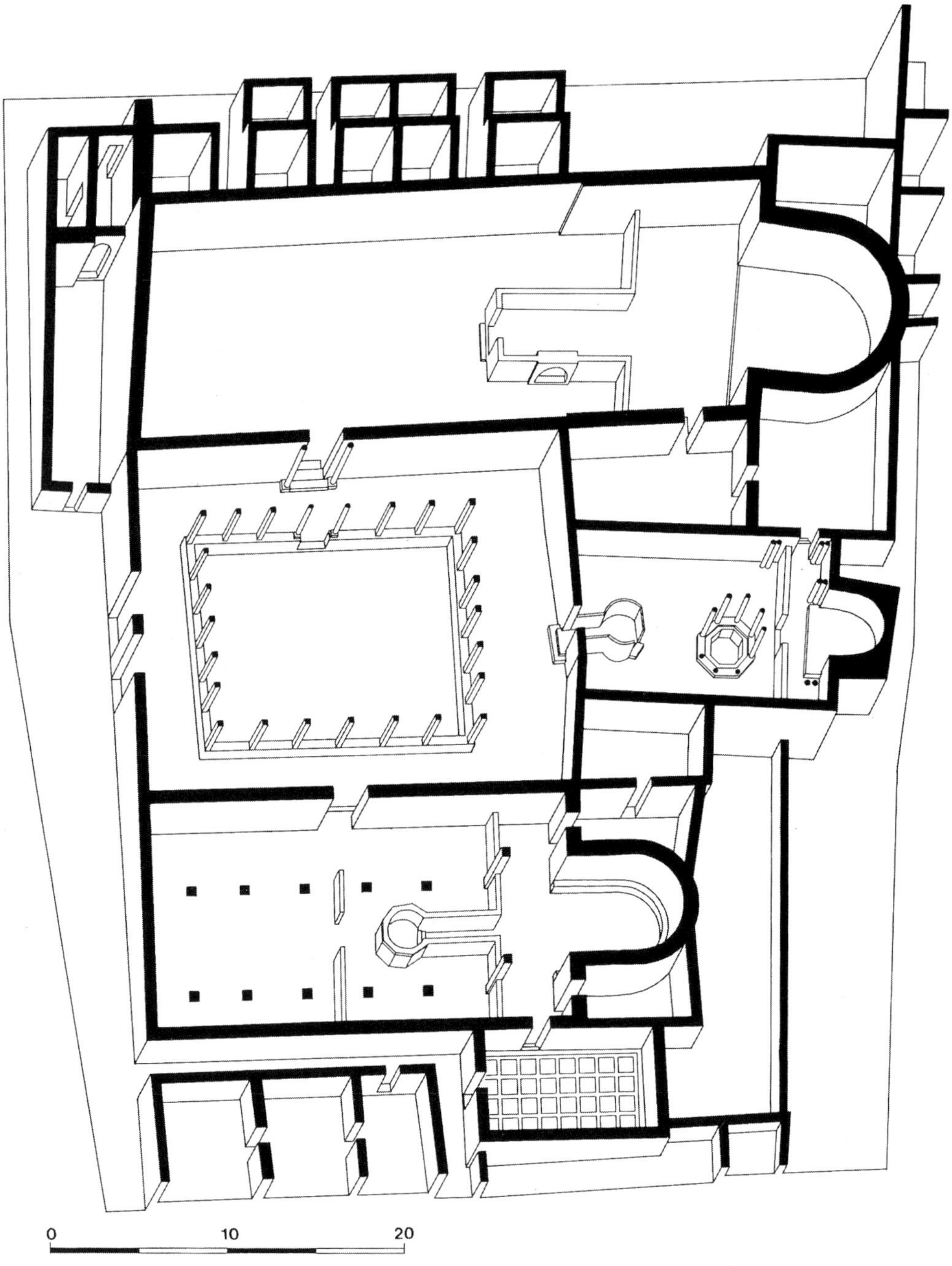

Abb. 86: Genf, Kathedrale St-Pierre: Rekonstruktion der bischöflichen Doppelkirche mit Baptisterium 5.–6. Jahrhundert (Bauperiode rot gekennzeichnet auf Farbabb. 15).

zu befeuern waren. Ob in diesen Räumen der Klerus wohnte oder ob sie als Gästezimmer für vornehme Besucher dienten, darüber kann man nur spekulieren. Um die Kirche standen Wohnbauten, die meist in Holz ausgeführt waren.

Entsprechend der zunehmenden Bedeutung des Bischofs im Leben der Stadt, entstand um 400 ein repräsentativer bischöflicher Gebäudekomplex (Abb. 86). Um diese Zeit, nämlich für das Jahr 381, ist der Bischof Isaac bezeugt, der mit Bischof Ambrosius von Mailand an einer Kirchenversammlung in Aquileia teilnahm, um das arianische Bekenntnis (s. S. 58) zu verurteilen. Isaac verdanken wir auch die Geschichte über den Märtyrertod des Offiziers Mauritius und seiner Kameraden in St-Maurice (s. S. 187). Er hatte sie mündlich an Bischof Eucherius von Lyon weitergegeben, der sie aufzeichnete.

An die bestehende Kirche für die Eucharistiefeier schloß man einen vierseitigen Säulenhof (Atrium) mit einem Garten in der Mitte an. Die Einrichtung eines Wasserbeckens vor dem südlichen Kircheneingang ermöglichte den Gläubigen Waschungen, bevor sie vom Hof in das Gotteshaus traten. Da nur die Wasserzuleitung und der Kanal erhalten blieben, kann nicht gesagt werden, ob das Becken für Hand- oder Fußwaschungen diente. (Fußwaschbecken kennen wir beispielsweise in der Vorhalle der Bischofskirche in Teurnia).

Südlich des Atriums ließ der Bischof nun eine dreischiffige Kirche mit einer Klerusbank in der Apsis erbauen (Farbabb. 15). Vom abgeschrankten Presbyterium führte ein erhöhter Steg (Solea) zu einem polygonalen Lesepult (Ambo) in der Kirchenmitte. Diese Kirche diente demnach dem Bischof oder seinen Vertretern zur Belehrung und zum Vortrag religiöser Texte für die Gläubigen, im besonderen für die Taufbewerber. Der Sakralbau war auch geeignet, den Wortgottesdienst zu besonderen Anlässen abzuhalten, bevor die Christengemeinde in die nördliche Kirche zur Eucharistiefeier zog. Außerdem konnte er für die Spendung der Firmung nach der Erwachsenentaufe dienen. Vom Presbyterium der Kirche aus erreichte der Bischof an der Südseite einen Saal (10 × 6 m), der mit farbigen Bodenmosaiken und einer Fußbodenheizung ausgestattet war. Dieser repräsentative Raum diente zum Empfang von Gläubigen und Klerikern (*secretarium, salutatorium*). Westlich davon stand das heizbare Wohngebäude eines Klerikers, der zum engeren Kreis um den Bischof gehörte.

Abb. 87: Genf, Kathedrale St-Pierre: Taufbecken mit Spuren der Wasserzuleitung.

An der Ostseite des Atriums befanden sich zwei Räume, durch welche man über eine Treppe das neu errichtete Baptisterium erreichen konnte. Es war nicht größer als das ältere Taufhaus, war aber mit einem Säulenkranz ausgestattet, der das achteckige Taufbecken umgab (Abb. 87, 88). Der östliche Raumabschnitt mit der Apsis war wie bei einem Presbyterium durch eine Schranke abgetrennt.

Abb. 88: Genf, Kathedrale St-Pierre: Rekonstruktion des Baptisteriums (5. Jahrhundert, Bauperiode ocker gekennzeichnet auf Farbabb. 15).

Das Baukonzept der bischöflichen Doppelkirche ist einmalig im Alpenraum und kommt in Gallien und Germanien nur mit drei Vergleichsbeispielen vor. Das Atrium ist ursprünglich ein Element der Profanarchitektur und wird im Orient und auf dem Balkan meist der Westseite von Basiliken vorgelegt. Im Fall von Genf verbindet das Atrium die zwei Kirchen und das Baptisterium und ist gleichzeitig Verteilerraum und Vorhalle für die drei Sakralbauten, die alle vom Hof aus zu erreichen waren.

Auf dem Areal zwischen dem Kirchenkomplex und der Stadtmauer kamen Gebäude zutage, die uns erstmals die zahlreichen Einrichtungen eines Bischofssitzes im Alpenraum vor Augen führen. Hinter dem Baptisterium lag ein großer heizbarer Saal in unmittelbarer Nähe einer Metzgerei. Der Saal wurde aufgrund seiner zentralen Lage sicher vom Bischof und von den Klerikern benützt. Nahe an der Stadtmauer befand sich die bischöfliche Residenz, zu der ebenfalls ein großer beheizbarer Saal und Vorratsräume gehörten, in denen die Archäologen noch beachtliche verkohlte Getreidevorräte und Amphoren entdeckten. Wenige Schritte von der Residenz entfernt stand eine bischöfliche Kapelle, eine kleine Apsidenkirche mit Klerusbank und Sakristei. Ursprünglich schmückten wahrscheinlich Wandmosaiken den Sakralbau.

Die Umbauten des 5. Jahrhunderts

Im Jahr 443 siedelte der römische Heermeister und Staatsmann Flavius Aetius nach seinem Sieg über den ostgermanischen Stamm der Burgunder diese aus der Gegend von Worms nach Savoyen *(Sapaudia)* mit der Hauptstadt Genf um. Die Burgunder bekannten sich zum arianischen Glauben, doch ihre Könige legten ein äußerst tolerantes Verhalten gegenüber den Katholiken an den Tag und lebten in bestem Einvernehmen mit den Bischöfen. Der arianische Gottesdienst wurde bei aller Toleranz aber sicher nicht in einer katholischen Kirche abgehalten. Um 450 unterstellte Papst Leo I. das Bistum Genf dem Metropolitanbezirk (Erzbistum) von Vienne.

Der Ausgräber Ch. Bonnet verweist darauf, daß sich die Bischöfe für die nun folgenden Umbauten und Restaurierungen der Hilfe der Burgunderkönige versicherten. Die Veränderungen des 5. Jahrhunderts betrafen das Baptisterium und die Nordkirche, die nach Osten verlängert und deren Apsis vergrößert wurde (Farbabb. 15). Der Apsiswand wurde eine Klerusbank vorgelegt, in Kirchenbreite schuf man ein erhöhtes Presbyterium, von dem gegen die Kirchenmitte ein erhöhter Steg (Solea) führte. Die Stufen am Ende der Solea zeigen an, daß hier kein Pult (Ambo) wie in der südlichen Kirche stand. Die Solea diente nun für den feierlichen Einzug des Priesters oder – vielleicht wegen ihrer Breite – für die Aufstellung des Chores. Das Presbyterium und die Solea begrenzten wahrscheinlich Schrankenplatten und Säulen, für die das massive, erhaltene Fundament notwendig war. In der Südwand der Solea schuf man ein Nischengrab für eine privilegierte Person, vielleicht für einen Bischof (Abb. 86).

Das Baptisterium wurde zu einem geräumigen Saal nach Westen hin erweitert, außerdem errichtete man eine neue Apsis (Farbabb. 15). Der außen rechteckige Mauerblock der Apsis weist auf die einstige Einwölbung mit einer Halbkuppel hin. Der Ostteil war gleich einem Presbyterium erhöht und abgeschrankt. Das achteckige Taufbecken erhielt einen sternförmigen Mauerkranz mit acht Säulen, die einen Baldachin trugen. Eine Rohrleitung aus Tannenholz versorgte unter dem Boden das Taufbecken mit Wasser. An seinem Rand erhob sich eine geschwungene Brüstung, hinter der der Bischof während der Taufzeremonie stand. An der Tür befand sich ein umschrankter erhöhter Bereich ähnlich einem Ambo. An den Längswänden gliederten Doppelsäulen mit Bogen (Blendarkaden) den Raum und gaben ihm scheinbare Tiefe (Abb. 86). Außerdem war das Baptisterium mit plastischem Stuckdekor und Bodenmosaiken ausgestattet. In der Apsis befand sich ursprünglich wohl ein Altar. Entscheidend ist aber, daß in oder unter dem Altar Reliquien geborgen waren. Auch Gregor von Tours bezeugt das Baptisterium als Aufbewahrungsort für Reliquien. Die baulichen Veränderungen im 5. Jahrhundert trugen den Bedürfnissen, dem Anspruch und Prestige eines Bischofs Rechnung, der seinen Sitz in einer Königsstadt hatte.

Wiederaufbau im 6. Jahrhundert

Um 500 kam es zum Bruderkrieg zwischen den Burgunderkönigen Gundobad (480–516) und Godegisel († 501), der in Genf residierte. Die in der Folge massiven Zerstörungen betrafen auch den bischöflichen Kirchenkomplex und hinterließen eine beachtliche Schicht von Brandschutt und Asche, die an Ort und Stelle beim Wiederaufbau der Kirche einplaniert worden waren. Um das Jahr 515 trat König Sigismund, der Sohn Gundobads, während der Amtszeit des Bischofs Maximus zum katholischen Glauben über. Etwa um diese Zeit bemühte er sich auch, über die Vermittlung des Bischofs Avitus von Vienne Reliquien aus Rom zu bekommen. Vermutlich geht das Petrus-Patrozinium der Kathedrale auf diese Zeit zurück.

Die Apsis der (nördlichen) Kirche für die Eucharistiefeier wurde nun mit der enormen Spannweite von elf Metern wieder aufgebaut und mit Mauerpfeilern verstärkt. Gleichzeitig mußten querschiffähnliche Räume angelegt werden, deren ostseitige Mauern die Schubkräfte des Apsisbogens aufnehmen konnten. Das Presbyterium wurde anfangs in seinen Dimensionen beibehalten, später aber um mehrere Stufen erhöht; zwischen den einspringenden Schranken und der Treppe bekam ein privilegierter Personenkreis – Bischöfe oder Kirchenstifter – seine fünf Grüfte.

Im Baptisterium entstand nun ein kleineres, rundes Taufbecken, überspannt von einem Baldachin, der von fünf Säulen getragen wurde. Die Wasserzuleitung mit Holzrohren wurde nicht mehr benötigt und daher aufgegeben. Im Raum zwischen dem Baptisterium und der Kirchenapsis erfolgte der Einbau eines tiefen, achteckigen Wasserbeckens und von Bänken entlang den Wänden. Der Anlaß hierfür war eine Besonderheit in der mailändischen und gallischen Taufliturgie, der zufolge nach dem Initiationsritus der Taufe vor dem Betreten der Kirche ein Reinigungsritus folgte (s. S. 43). Dazu wurde aus dem tiefen Becken das Wasser geschöpft und in Waschschüsseln gegossen. Auf den Bänken saßen die Neugetauften, denen der Bischof und die Priester die Füße wuschen.

Östlich hinter den Kirchen und dem Baptisterium wurden eingeschossige Wohnbauten für den Klerus und neue Räume für den Bischof errichtet. Der Empfangssaal war aber nicht mehr wie früher mit einem Mosaikboden, sondern nur mit einem Lehmschlagboden versehen. Nur das Portal, von dem eine Treppe zu einem Säulensaal führte, war repräsentativ gestaltet.

Im Laufe des 7. Jahrhunderts erbaute man östlich des Baptisteriums noch eine »dritte Kirche«. Wohnungen der Priester und Teile der bischöflichen Residenz mußten dafür abgetragen werden, um diesen gedrungenen dreischiffigen Saal zu errichten (Farbabb. 15). An allen drei Schiffen schloß entsprechend ihrer Breite ostseitig eine Apsis an. In der größeren Mittelapsis wurde bereits 1869 ein Sarkophag entdeckt, in dem sich damals noch Reste von kostbaren Gewändern befanden. Die Funde gingen leider verloren, so daß es nicht möglich ist, die Grablege einer bestimmten Person zuzuordnen. Bei dem Toten mußte es sich jedoch um einen Angehörigen der höchsten adeligen oder/ und kirchlichen Kreise gehandelt haben, denn die Exklusivität des Grabes wurde durch den deutlich erhöhten Apsisboden (ähnlich einer Krypta), durch die Treppen und die weiträumige Abschrankung zwischen den Säulen ausgedrückt.

Die Anordnung der Kircheninneneinrichtung weist darauf hin, daß sie der Verehrung und dem Gedächtnis der in der Apsis bestatteten Person galt. Zwei weitere Persönlichkeiten erhielten einen Bestattungsplatz im Winkel zwischen den Treppen, die zur erhöhten Apsis führten (Farbabb. 15).

Mit der Errichtung der »dritten Kirche« verschloß man das Taufbecken im Baptisterium, das schließlich um 800 ganz abgetragen wurde, als man die Kirche gegen Westen verlängerte. Ihre Ausmaße decken sich mit denen der heutigen Kathedrale. Die beiden ersten frühchristlichen Kirchen wurden um das Jahr 1000 abgetragen, um Platz für Kreuzgang, Domherrenhäuser und Friedhof zu schaffen.

St-Germain

Die Kirche St-Germain (ca. 130 m südwestlich der Kathedrale), dem hl. Germanus, Bischof von Auxerre (418–448), geweiht, weist ältere Baureste auf, die bis ins 5. Jahrhundert zurückreichen. Die dreischiffige Kirche wurde ostseitig von einer engen Apsis abgeschlossen. Möglicherweise besaß sie querhausähnliche Anbauten. Des weiteren ist an der Westseite ein Narthex festgestellt worden, die nordseitigen Räume sollen spä-

ter angefügt worden sein. Die Baureste sind noch unzureichend erforscht.
Da die Burgunder – wie schon erwähnt – Arianer waren und dies auch nach dem Übertritt des Königs Sigismund zum Katholizismus weit in das 6. Jahrhundert hinein blieben, muß man natürlich fragen, wo in der Königsstadt Genf seit 443 die Arianer den Gottesdienst mit ihrem Bischof feierten. Die frühchristliche Kirche unter St-Germain kommt dafür in Betracht, denn an einem Königssitz wird man die arianische Kirche innerhalb der Stadtmauern erwarten dürfen und nicht etwa außerhalb. Der König selbst käme als Stifter in Betracht.

St-Victor

Für Genf haben wir die Nachricht, daß Seudeleuba, die Tochter des Königs Chilperich II. (und Nichte der oben genannten Könige Gundobad und Godegisel), zwischen 470 und 490 eine Kirche an dem Ort stiftete, an welchem wahrscheinlich der erste Bischof von Genf begraben war. Dieser Platz wird mit der Kirche St-Victor (ca. 500 m südöstlich der Kathedrale) identifiziert. Der Märtyrer Victor von Solothurn war der Legende nach ein Angehöriger der Thebäischen Legion (s. S. 187), der mit Ursus in Solothurn enthauptet wurde. Im 5. Jahrhundert kamen seine Gebeine nach Genf, wo sie große Verehrung genossen.

La Madeleine

Die Kirche der hl. Magdalena liegt nahe den antiken Straßen, die von den Stadttoren zum Hafen und zur Rhônebrücke führten. Das Areal gehörte ursprünglich zum Hafenviertel, das aber schon im 3. Jahrhundert durch erste germanische Vorstöße zerstört worden sein soll. Im Schutt der Hausruinen entstand im 3./4. Jahrhundert ein Friedhof, zu dem auch ein kleiner Grabbau mit einem Sockel aus dem 5. Jahrhundert gehörte. Befanden sich in diesem Sockel oder etwa in einer Wandnische einst Reliquien? Es hätten ja bereits Berührungsreliquien genügt, um sich der Hilfe des Märtyrers bei der Auferstehung zu versichern (s. S. 52). Im 6. Jahrhundert fügte man einen annähernd quadratischen Kirchensaal mit Apsis und Klerusbank hinzu. Die doppelt geführten Südmauern ließen im Zwischenraum Platz für Sarkophage und Nischengräber (Arkosolgräber). Vielleicht waren diese für die Stifter vorgesehen? Weitere Gräber wurden in und an der Kirche angelegt. Um 600 wurde die Kirche vergrößert, und für die Stifterfamilie wurden Steinplattengräber und Sarkophage in der Mitte des Kirchensaales eingesenkt. Ein weiterer Umbau folgte im 9. Jahrhundert, bevor man die heute bestehende gotische Kirche errichtete.

St-Gervais

Auf der rechten Rhôneseite gegenüber der spätantiken Stadt liegt eine Kirche, die den Mailänder Märtyrern Gervasius und Protasius geweiht ist (Abb. 89). Die Ruinen eines römischen Gebäudes nutzte man auch hier als Friedhof. Wie üblich in der Römerzeit, lag das Gräberfeld nahe der Straße. Durch die leichte Anhöhe war der Platz am Rhôneufer deutlich hervorgehoben und von der Stadt aus gut sichtbar. In diesem Friedhof stand ein Grabbau, der als Krypta in die Apsis der Kirche des 5. Jahrhunderts einbezogen wurde. Offensichtlich hatte sich dessen Inhaber mit Reliquien bestatten lassen, die der Anlaß für die Errichtung einer außergewöhnlich großen Kirche (38 × 22 m) waren. Der Kirchenapsis waren Sakristeien angefügt, während an das Hauptschiff querhausähnliche Räume angeschlossen waren (Abb. 89). Die Langseiten und die Westfront begleiteten nach außen offene Hallen. Einmalig unter den Kirchen des Alpengebietes ist die Gestaltung des Altarraumes. Vor der

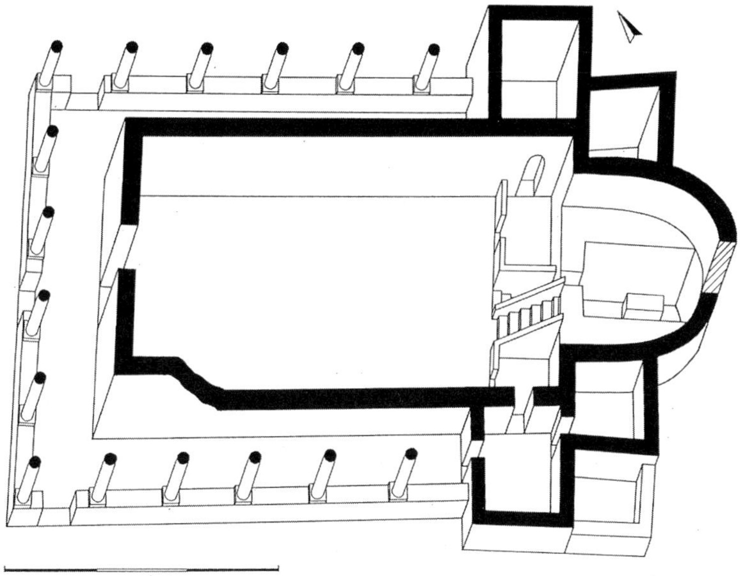

Abb. 89: Genf, St-Gervais: Rekonstruktion der Kirche mit Blick in das Untergeschoß der Apsis.

Apsismitte führte eine Treppe hinab in die unterirdische Grabkammer mit den Reliquien, die andere in den deutlich erhöhten Altarraum der Apsis (Abb. 90). Die Beziehung zwischen dem Altarraum und den Reliquien in der unterirdischen Grabkammer wurde durch eine Öffnung in der Gewölbedecke hergestellt. Die Abschrankung des »heiligen Bereiches« erfolgte hier bereits an den Treppen. Zu einem besonderen Eindruck für das Empfinden und Erleben des Gläubigen führten auch die Lichtverhältnisse. Der Besucher konnte tatsächlich in eine dunkle Grabkammer mit Wandmalereien hinabsteigen, in der nur auf das Grab und den Reliquienort von oben her ein kleiner Lichtstrahl fiel. Im Gegensatz dazu stand in hellerem Licht der Altar im Obergeschoß der Apsis. Die gedankliche Verbindung von Blutzeugnis des Märtyrers und Opfertod Christi ist hier sinnfällig in der Architektur zum Ausdruck gekommen. Diese Art der zweigeschossigen Anordnung kennen wir aus St. Stephan in Chur, aber auch schon aus dem Mausoleum der Christin Asklepia in Salona (s. S. 52).

Die Bestattungen des privilegierten Personenkreises werden durch Steinplattengräber und Sarkophage charakterisiert. Sie befinden sich im Kirchenschiff, in den äußeren Hallen und außen vor den Mauern des Gotteshauses. Über die Ursprünge des außergewöhnlich großen Kirchenbaues kann man nur Vermutungen anstellen. Anscheinend war er gedacht als Begräbnisstätte der kirchlichen und weltlichen Würdenträger der Königsstadt Genf. Denn nur die Spitzen dieses Kreises erhielten eine Grabstätte in der Bischofskirche der Stadt. Daß in einer solchen Kirche die Reliquien nicht fehlen durften, zeigt uns das vergleichbare Gotteshaus außerhalb der Stadtmauern von Teurnia (s. S. 136). In St-Gervais wurden wahrscheinlich in der Reformationszeit die Reliquien wie auch die Erstbestattung entfernt. Von dieser blieb noch als letzter Rest des Steinplattengrabes eine Granitplatte erhalten, die man beim Einbau eines Heizkellers im 19. Jahrhundert herausriß. Bei diesen Arbeiten wurden die letzten spätantiken Reste zerstört, die zum weiteren Verständnis dieses wichtigen Baudenkmals hätten beitragen können.

Abb. 90: Genf, St-Gervais: Grabung von Westen. Im Hintergrund erhöhter Apsisboden und Abgang ins Untergeschoß.

Lit.: Ch. Bonnet, Les fouilles de l'ancien groupe épiscopal de Genève (1976–1993). Cahiers d'archéologie g enevoise 1 (1993). Ch. Bonnet, Les premiers édifices chrétiens de la Madeleine à Genève (1977). Ch. Bonnet, Geneva in Early Christian Times (1986). Ch. Bonnet/B. Privati, Archäologie der Schweiz 14 (1991) 205ff. Ch. Bonnet/B. Privati, Le temple de Saint-Gervais (1991).

Genf, Kathedrale: Ausgrabungen sind konserviert und unter dem heutigen Kirchenboden zugänglich. **St-Gervais:** Restaurierungsarbeiten im Gange. **La Madeleine:** Ausgrabungen nach der Sonntagsmesse zu besichtigen. **St-Germain:** Friesplatten mit Hirschen und Schafen in der Kirche (Altarrekonstruktion im Museum). Funde im Musée d'Art et d'Histoire.

St-Maurice – ACAUNUM

Acaunum lag nahe der engen Paßstelle von St-Maurice. Hier führte die römische Straße von Martigny entlang der Rhône vorbei bis in das Gebiet des Genfer Sees. Acaunum war eine Zollstation, an welcher für die Waren aus Gallien bei der Einfuhr nach Italien eine Gebühr von 2,5 Prozent des Warenwertes entrichtet werden mußte.

Mit dem Ort Acaunum ist die Legende von der sog. Thebäischen Legion verbunden, aus der zahlreiche Soldaten angeblich hier samt ihrem Kommandanten Mauritius unter Kaiser Maximian I. (285–305) den Märtyrertod erlitten hätten. Offiziere sollen sich geweigert haben, gegen christliche Soldaten vorzugehen. In einem Brief des Bischofs Eucherius von Lyon († 448) an Bischof Salvius von Martigny erfahren wir erstmals von der Auffindung der Leichen der Märtyrer und der Errichtung einer ersten Kirche am Fuße des Felsens durch Bischof Theodor (oder Theodul) von Octodurus (Martigny), einem Freund des Bischofs Isaac von Genf, der für das Jahr 381 bezeugt ist. Isaac wiederum ist der Informant des Eucherius.

Die Angaben in der Legende bedürfen einer Erklärung. In der *Notitia dignitatum*, einem römischen Staatshandbuch vom Beginn des 5. Jahrhunderts, ist der Name »Thebaei« für eine bestimmte militärische Einheit bezeugt. Der Begriff geht wahrscheinlich auf ein bedeutendes römisches Legionslager in Theben (Luxor) in Ägypten zurück. Man hat versucht, die Entstehung der Legende auf die Entdeckung von Gräbern jener Soldaten zurückzuführen, die beim Vorstoß der Alamannen im Jahre 260 in den Kämpfen bei St-Maurice gefallen waren. D. Wood erklärt, daß diese Legende auf eine gezielte Entdeckung von Gebeinen zurückgehe und eine Erfindung des Bischofs Theodor wäre. Sie sollte als Propaganda zur Unterstützung des Kaisers Theodosius (379–395) gegen dessen Gegenkaiser Eugenius dienen. Die Botschaft der Legende war demnach folgende: Christliche Soldaten haben zwar für einen heidnischen Kaiser zu kämpfen, aber nicht gegen unschuldige Christen vorzugehen. Bischof Theodor hätte wie der Bischof Ambrosius von Mailand den Kaiser Theodosius I. unterstützt. Einer späteren Nachricht zufolge soll eine Überschwemmung gegen 470 das Grab des heiligen Innocentius, ebenfalls ein Thebäer, freigelegt haben. Seine Gebeine seien im Umgang einer Basilika beigesetzt worden. Schließlich hätten sich bei den Gräbern Eremiten angesiedelt.

Die archäologischen Spuren unter der heutigen Klosterkirche von St-Maurice sind – zumindest was die Anfänge der Kultstätte angeht – eher gering. Unmittelbar am Felsabbruch entstand gegen Ende des 4. Jahrhunderts unter Bischof Theodor eine Kapelle, in welche die Mauern einer älteren Grabkam-

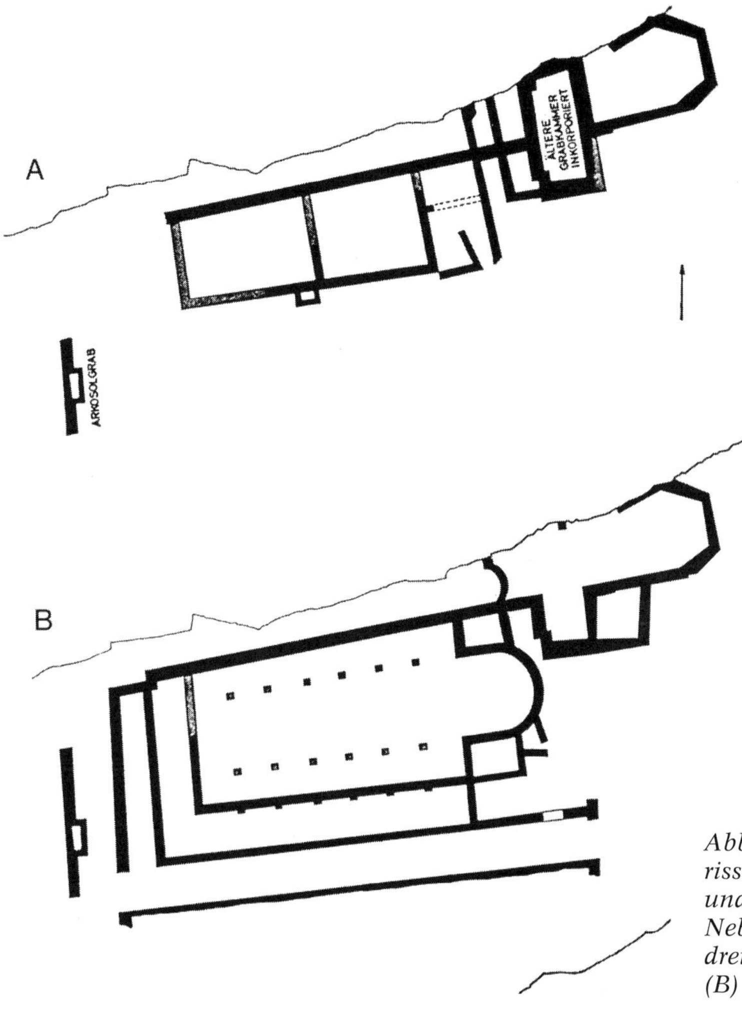

Abb. 91: St-Maurice: Grundrisse der Märtyrerkultstätte und einer späteren Kapelle mit Nebengebäude (A), sowie der dreischiffigen Klosterkirche (B) aus dem Jahr 515.

mer einbezogen wurden (Abb. 91). Ca. 35 m weiter westlich befindet sich das heute noch in der Krypta sichtbare Arkosolgrab (mit rot bemalter Nische) als Teil eines Grabbaus des 4. Jahrhunderts, der als Grablege des Mauritius betrachtet wurde (Abb. 91:A). In der ersten Hälfte des 5. Jahrhunderts wurde die Kapelle nach Osten erweitert, so daß ein Kirchensaal mit polygonalem Chorschluß entstand (Abb. 91:A). Das Pultdach der Kirche war unmittelbar an den Felsen angesetzt. Das Gebäude westlich davon wurde als Hospitium gedeutet.

An dieser Stelle gründete im Jahre 515 der ursprünglich arianische Burgunderkönig Sigismund ein Kloster und führte das »immerwährende Gebet« (*laus perennis*) ein. Eine dreischiffige Kirche (ca. 30 × 12 m) mit Nebenräumen war die adäquate Form einer königlichen Stiftung (Abb. 91:B). Der Bau dieser Basilika erfolgte unter Ambrosius (516–520), dem zweiten Abt des Klosters. Der erste Abt Hymnemodus, von dessen Grabinschrift Fragmente entdeckt wurden, hatte nämlich die Gründung des Klosters kaum ein Jahr überlebt. Nordöstlich der Klo-

sterkirche kam unter dem Maison Panisset eine zweiräumige Grabkammer zutage, in der in zweiter Verwendung eine Grabinschrift des 6. Jahrhunderts verbaut war: *Sub hunc teto/lum requiescit / bone memorii / Rusticus monachus.* – »Unter diesem Grabstein ruht seligen Angedenkens der Mönch Rusticus.« Im Giebelrelief des Grabsteines trinken zwei Tauben, Symbole der Seele, aus einem Kelch. Bereits 523 brannte die Kirche und wurde 574 abermals durch langobardische Truppen in Mitleidenschaft gezogen. Die Erneuerung der Kirche gegen das Ende des 6. Jahrhunderts wird manchmal König Gunthram zugeschrieben.
Abgesehen von den spätantiken Bauresten unter der Klosterkirche, die Mauritius und seinen Gefährten geweiht ist, kamen unter der Katharinenkapelle (14. Jh.) die Fundamente eines Baptisteriums aus der zweiten Hälfte des 6. Jahrhunderts zutage. Es handelte sich um einen quadratischen Bau, dem an drei Seiten ein Umgang (Hallen?) und an der Südseite ein kleiner Vorplatz angefügt waren. Im Zentrum des Baptisteriums mit Marmorplattenboden befand sich ein rundes, im Boden eingesenktes Taufbecken, das von einem Baldachin überspannt wurde. Die Stufen führten an der Nord- und Südseite in das Taufbecken. Das Baukonzept ähnelt dem Baptisterium von Riva San Vitale (S. 167ff.). Hier wie dort fügte man später ostseitig eine Apsis hinzu.
In St-Maurice geht vermutlich auch die Kirche Notre-Dame-sous-le-Bourg auf ein Gotteshaus des 6. Jahrhunderts zurück. Der Bautypus ließ sich festlegen: Es handelte sich um eine Kirche mit Querannexen und Vorhallen, in denen die Toten bestattet wurden.

Lit.: R. Moosbrugger-Leu, Die Schweiz in der Merowingerzeit, Band B (1971) 66ff. HR. Sennhauser, in: R. Cardani, Il Battistero die Riva San Vitale (1995) 11ff. HR. Sennhauser, Solothurn. Beiträge zur Entwicklung der Stadt im Mittelalter (1990) 194f. D. Woods, Journal of Ecclesiastical History 45 (1994) 385ff.

St-Maurice: Ausgrabungen zugeschüttet. Arkosolgrab in der Krypta sichtbar. Funde im Klostermuseum (Trésor de l'Abbaye) und in der Eingangshalle der Abtei.

Lausanne – LOUSONNA

Das römische Dorf *Lousonna* oder *Leusonna* liegt am nördlichsten Punkt des Genfersees. Die Bucht bot dort einen idealen Platz für eine Hafenanlage. Die Siedlung war kein *municipium*, d.h., sie besaß kein »Stadtrecht« nach römischer Rechtsauffassung und damit keinen Verwaltungsbezirk. Die Ausgrabungen brachten zahlreiche öffentliche Bauten, Heiligtümer, Wohn- und Gewerbebauten sowie Hafenanlagen vom 1. bis zum 4. Jahrhundert ans Tageslicht.
Auf dem Hügel mit der Kathedrale von Lausanne zwischen den Flußläufen Flor und Louve entdeckte man die Überreste handwerklicher Betriebe des 3. bis 5. Jahrhunderts. Von den Befestigungsmauern eines Kastells fand man bislang keine Spuren. Ergrabene Mauerreste unter der Kathedrale (heute protestantische Pfarrkirche) stammen alle von Kirchenbauten, die in vorkarolingische Zeit zurückreichen. Erst weitere Grabungen können nähere Aufschlüsse bringen (Abb. 92). Nördlich der Kathedrale liegt die St-Maire- (ursprünglich Thyrsus-)kirche, in

Abb. 92: Lausanne: Löffel mit Monogrammkreuz.

welcher der Bischof Marius von Avenches nach seinem Tod am 31. Dezember 594 bestattet wurde. Seine Grabinschrift ging verloren, doch ist sie durch eine handschriftliche Aufzeichnung bekannt. Marius soll den Bischofssitz von *Aventicum* nach Lousonna verlegt haben.

Lit.: W. Drack/R. Fellmann, Die Römer in der Schweiz (1990) 426. HR. Sennhauser, Solothurn. Beiträge zur Entwicklung der Stadt im Mittelalter (1990) 157. E. Egli, Mitteilungen der Antiquarischen Gesellschaft in Zürich 24 (1895) 22 (Marius-Inschrift).

Lausanne: Konservierte Objekte: Pavillon mit röm. Mosaikboden. »Promenade archéologique« im Stadtteil Vidy: Forum, Heiligtum, Hafenanlage, Wohn- und Nutzbauten. Funde im Musée cantonal d'archéologie et d'histoire und im Musée romain de Vidy.

Martigny – OCTODURUS

Die im Rhônetal gelegene, ursprünglich gallische Siedlung *Octodurus* bekam gegen die Mitte des 1. Jahrhunderts eine Vorrangstellung als *Forum Claudii Vallensium*, als Marktort des Kaisers Claudius (41–54) im Wallis. Die Siedlung war auf ca. 20 Hektar mit rechtwinkeligem Straßennetz angelegt und besaß ein großes Forum mit einer Marktbasilika. Westlich des regelmäßig bebauten Areals befanden sich Heiligtümer einheimischer Gottheiten und des persischen Lichtgottes Mithras sowie die öffentlichen Bäder. Südwestlich der Stadt lag am Fuße des Mont-Chemin das Amphitheater. Im 5. Jahrhundert war schließlich der römische Marktort aufgrund der ungünstigen wirtschaftlichen Lage weitgehend verlassen, und die Bewohner siedelten in der Umgebung auf dem Lande. Die Arbeit in der Landwirtschaft sicherte die tägliche Nahrung. Hausruinen des einstigen Marktortes dienten bereits als Begräbnisplatz.

Für Octodurus ist schon für das Jahr 381 Bischof Theodor (oder Theodul) und zwei Jahrhunderte später Bischof Constantius (517) bezeugt. 541 und 548 wird ein Rufus als Bischof der Kirche von Octodurus und als Bischof der Kirche des Wallis genannt. In der zweiten Hälfte des 6. Jahrhunderts wurde der Bischofssitz nach Sitten (*Sedunum*) verlegt, wofür der Langobardeneinfall 574 maßgeblich war. Sitten (s. S. 191 f.) war besser zu befestigen und im Gegensatz zu Martigny nicht überschwemmungsgefährdet. Nordöstlich der einstigen römischen Siedlung befindet sich die heutige Pfarrkirche. Bei den Ausgrabungen unter dem Kirchenboden entdeckte man die Reste einer Villa, in der es bereits einen rechteckigen Saal (9,25 × 3,85 m) gab, der für die weitere Bauentwicklung an dieser Stelle von Bedeutung war. Der Saal wurde nämlich im Laufe des 4. Jahrhunderts zu einer Kirche umgestaltet,

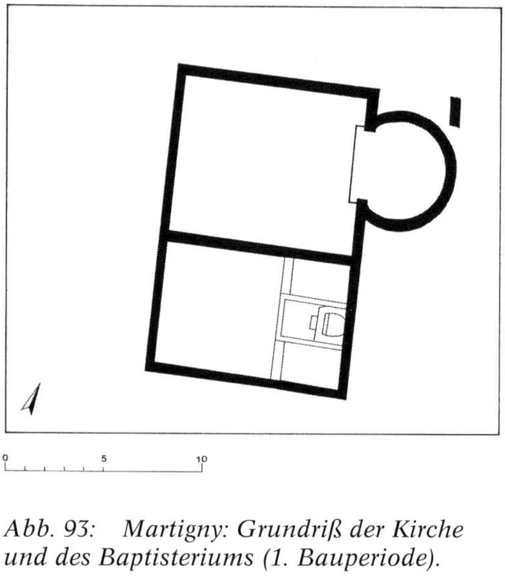

Abb. 93: Martigny: Grundriß der Kirche und des Baptisteriums (1. Bauperiode).

indem man ihn an den Langseiten erweiterte und an der Ostseite eine hufeisenförmige Apsis ansetzte (Abb. 93). Der zweite südlich anschließende Raum, der ebenfalls teilweise auf älteren Mauern steht, fand als Baptisterium Verwendung. Das Taufbecken schloß an die Ostwand an. Stufen der Außen- und Innenwand des Beckens halfen die Brüstung zu übersteigen. Vielleicht darf man um das Becken eine Nische rekonstruieren wie in Zurzach (s. S. 170). Der Bereich um das Taufbecken war mit einer Schrankenanlage abgegrenzt, deren Öffnungen in der Oberzone mit Vorhängen zu schließen waren.

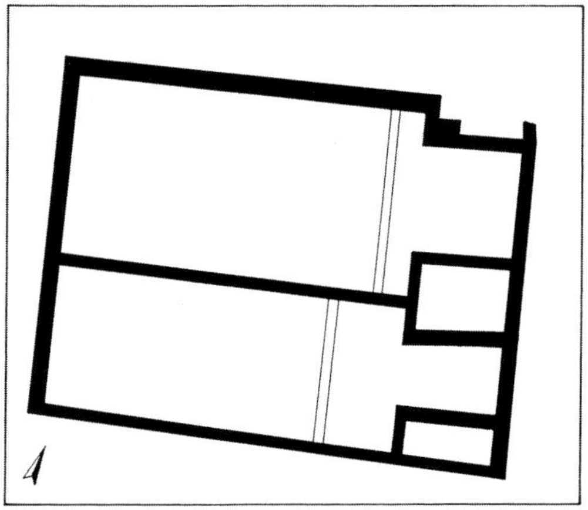

Abb. 94: Martigny: Grundriß der Doppelkirche (2. Bauperiode).

Wahrscheinlich gegen Ende des 4. Jahrhunderts, vielleicht unter dem genannten Bischof Theodor, erfuhr das Kirchengebäude eine deutliche Vergrößerung und Ausgestaltung zu einer Doppelkirche (Abb. 94). Der nördliche (15 × 8 m) und der südliche Sakralraum (15 × 6 m) waren nun jeweils ostseitig mit einem Chorquadrat abgeschlossen. Zwischen den beiden Chorquadraten befand sich eine Sakristei. Beide Kirchen besaßen ein erhöhtes Presbyterium. Die nördliche Kirche diente für die Eucharistiefeier des Bischofs. Der südliche Sakralraum wird wohl für die Belehrung der Taufbewerber und für die Spendung der Firmung Verwendung gefunden haben. Das Baptisterium dieser Bauperiode ist demnach außerhalb des bisherigen Grabungsareals zu erwarten.
Im 7. oder 8. Jahrhundert kam südseitig eine Grabkapelle hinzu; die Chorquadrate erhielten Innenapsiden. Weitere Neubauten von Kirchen am Ort des frühchristlichen Kultplatzes erfolgten im 9., 11. und 17. Jahrhundert.

Lit.: HJ. Lehner/F. Wiblé, Antiquité Tardive 4 (1996) 103 ff.

Martigny, Pfarrkirche: Die Ausgrabungen werden konserviert.

Sitten/Sion – SEDUNUM

Sitten, Hauptstadt des Schweizer Kantons Wallis, entstand an der Stelle der römischen Siedlung *Sedunum*. Seit dem 18. Jahrhundert ist in Sitten die Bauinschrift des Provinzstatthalters Pontius Asclepiodotus bekannt, der in den Text ein Christogramm mit Alpha und Omega setzen ließ (Abb. 95). Durch Nennung des Kaisers Gratian und des Konsuls Merobaudus wird die Restaurierung des kaiserlichen Gebäudes in das Jahr 377 datiert. Durch diese Zeitstellung ist in Sittendie älteste christliche Inschrift offiziellen Charakters im Alpenraum überliefert. Bischofssitz wurde Sitten erst, nachdem die Langobarden in einem Vorstoß über den Großen St.-Bernhard-Paß im Jahre 574 Martigny (*Octodurus*) zerstört hatten. Für das Jahr 584 ist der Bischof Heliodorus in Sitten schriftlich bezeugt.
Die Stadt Sitten überragt ein steiler Felsberg mit der Wallfahrtskirche St. Valeria. Am Südfuß des Felsens (Scex) kam in der Flur »Sous-le-Scex« eine frühchristliche Begräbniskirche mit einigen hundert Gräbern zu-

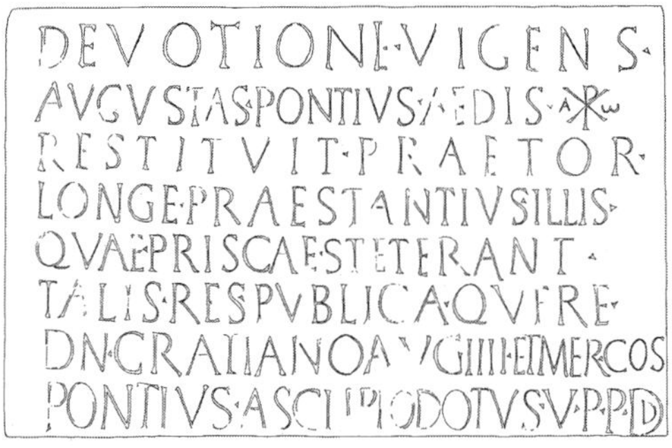

Abb. 95: Sion/Sitten: Bauinschrift des Provinzstatthalters Pontius Asklepiodotus mit Christogramm, Alpha und Omega am Ende der zweiten Zeile aus dem Jahr 377.

tage, die teilweise in drei Schichten übereinander angelegt waren (Farbabb. 17). Dem Ausgräber H. J. Lehner zufolge, handelte es sich anfangs um einen rechteckigen Bau, der gleichsam einen überdachten Begräbnisplatz bot. Im Ostteil kamen zu einem späteren Zeitpunkt Querannexe, eine Apsis und parallel dazu eine dreiviertelkreisförmige Mauer hinzu. Waren die angebauten Räume vom rechteckigen Saal getrennte Grabkammern, dann sollte der Bau nun nach außen den gleichartigen Gemeindekirchen im Grundriß angeglichen werden. Der Bauplan erinnert in dieser Baustufe an die Kirche in Celeia und die Basilica della Beligna in Aquileia (S. 54, 65f.) In beiden Fällen haben wir Hinweise, daß sich im mosaikgeschmückten Umgang zwischen den parallelen Apsiden ein Reliquiengrab befand. Sollte auch in Sitten die gemauerte Basis im Umgang an der Innenapsis etwas mit der Aufbewahrung von Reliquien zu tun gehabt haben? Die Konzentrationsdichte der Gräber in einer Kirche ist tatsächlich nur zu erklären, wenn Reliquien (und auch ein Altar) vorhanden waren. Wie wir wissen, trachteten die Gläubigen ja danach, möglichst nahe beim Märtyrer begraben zu sein, damit er bei der Auferstehung am Jüngsten Tag eine große Hilfe sei.
Bei der äußeren dreiviertelrunden Mauer muß man nicht als Vorbild an ein kreisförmiges Mausoleum denken, sondern die besondere Form ergäbe sich auch einerseits aus dem notwendigen Platz für die Bestattungen im Umgang und andererseits aus dem Wunsch, den Umgang vom Kirchensaal her zu erreichen (s. S. 66). In einer dritten Baustufe wurden der Kirche noch zwei weitere kleine Apsiden an den Querannexen und Hallen rings um das Hauptschiff hinzugefügt, die ebenfalls für Begräbnisstätten benutzt wurden. In einigen Gräbern fanden sich Schmuck und Trachtzubehör wie Gürtelschließen, Glasperlen, Fibeln und Beinkämme, deren Analyse wichtige weitere zeitliche Aufschlüsse bringen wird.
Die Friedhofskirche war am Ort oder in der nächsten Umgebung einer römischen Nekropole errichtet worden. Die Kirche bestand vom ausgehenden 4. bis ins 8./9. Jahrhundert, geriet dann in Vergessenheit und wurde erst wieder durch die Ausgrabungen 1984 entdeckt. Entweder zerstörte sie ein Hochwasser, oder vielleicht hatte ein Kleriker wie Bischof Theodulf von Orléans (797) aus der Kirche den Altar (und die Reliquien?) entfernen lassen, weil er die intensive Bestattungstätigkeit in der Kirche für eine Zweckentfremdung hielt und deshalb auch das Verbot der Bestattung im Gotteshaus durchsetzte. Für weitere Aussagen wird man die Bearbeitung der Funde dieser großartigen Entdeckung abwarten müssen.
Östlich der Friedhofskirche entdeckten die Archäologen unmittelbar am steilen Felsen rechteckige Grabkammern (Mausoleen) des 4./5. Jahrhunderts, deren Schauseite kräftige Wandpfeiler gliederten. Eine Zweigeschossigkeit dieser Familiengrablegen ist nicht auszuschließen.

Lit.: HJ. Lehner, Archäologie der Schweiz 10 (1987) 145ff. HR. Sennhauser, in: Solothurn. Beiträge zur Entwicklung der Stadt im Mittelalter (1990) 187. 192f.

Sitten: Kirche wurde konserviert und ist zugänglich. Funde im Musée cantonal d'archéologie.

Glis

Bei Glis erreicht die Straße aus Italien über den Simplonpaß das Rhônetal. Der Ortsname leitet sich von *ecclesia* (Kirche) ab, die angeblich von Bischof Leudemundus von Sitten im Jahr 613 gegründet wurde. Der älteste Sakralbau an der Stelle der heutigen Pfarrkirche geht jedoch schon in die Zeit um 500 zurück. Es handelt sich um das Baptisterium am Westende einer noch nicht weiter ergrabenen Kirche. Der quadratische Taufraum (6,50 × 6,60 m) nimmt nicht ganz die Breite des Hauptschiffes der Kirche ein. An das Baptisterium schließen nord- und südseitig zwei nicht näher bestimmbare Räume an. Das rechteckige Taufbecken ohne Abfluß war in den Boden eingetieft und besaß einen achteckigen Rand, der über den Baptisteriumsboden vorstand. Vermutlich gab es einen Baldachin auf einem Kranz von sechs Säulen.

Lit.: HR. Sennhauser, in: Vorromanische Kirchenbauten, Nachtragsband (1991) 147. Ders., in: R. Cardani, Il Battistero di Riva San Vitale (1995) 11ff.

Glis: Ausgrabungen zugeschüttet. Funde im Musée cantonal d'archéologie in Sion/Sitten.

Im Aostatal

Aosta – AUGUSTA PRAETORIA

Die Stadt Aosta im gleichnamigen Tal liegt an einer strategisch wichtigen Straße, die von Italien über die Pässe des Großen und Kleinen St. Bernhard in die nördlichen Täler der Westalpen führt. Die Römer gründeten hier im Jahre 25 v. Chr. nahe dem Zusammenfluß von Dora und Buthier die große befestigte Stadt *Augusta Praetoria* mit rechtwinkeligem Straßennetz, ähnlich einem Legionslager (Abb. 96). Noch heute geben sichtbare Ruinen der mächtigen Stadtmauer, der Türme, des Theaters und des Amphitheaters Zeugnis von der einstigen blühenden Römerstadt. In ihrem Zentrum kann der Besucher noch Teile des freigelegten Forums und des Tempelbezirkes mit Säulenhallen besichtigen. Zur städtischen Kultur gehörten private und öffentliche Bäder, Häuser mit Säulenhöfen und Gärten sowie Wasserleitungen und ein leistungsfähiges Abwasser-

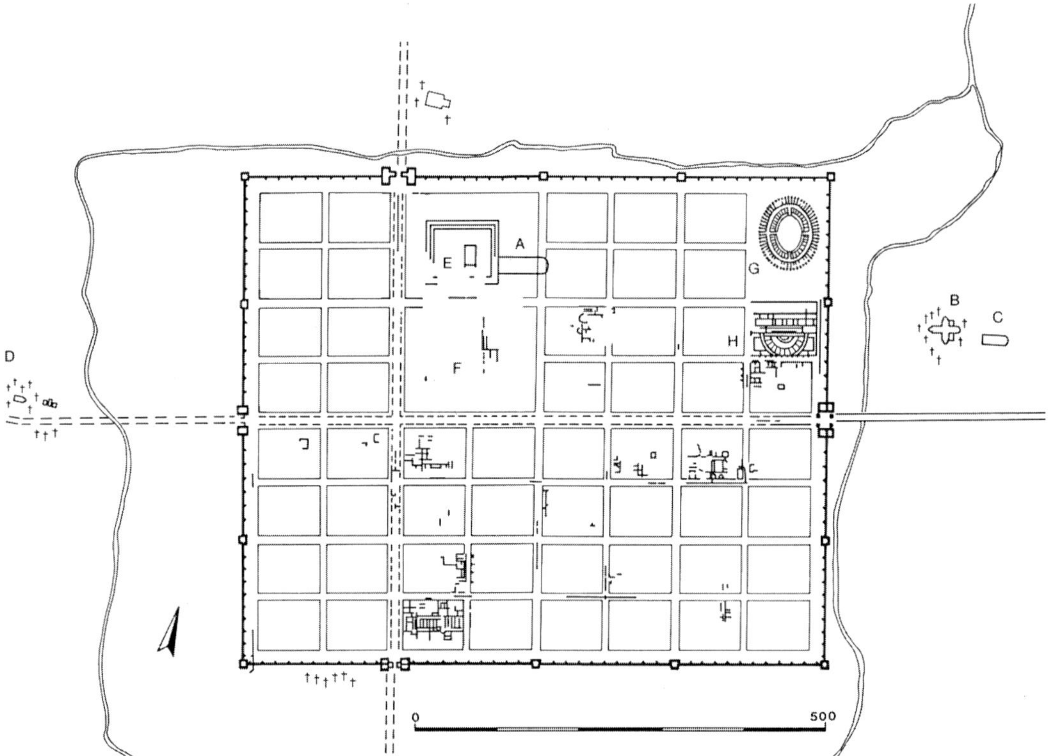

Abb. 96: Aosta: Plan der befestigten römischen Stadt Augusta Praetoria mit rechtwinkeligem Straßennetz. Kirchen: Kathedrale Notre-Dame (A), St-Laurent (B), St-Ours (C) und Kirche (D) westlich der Stadt. Heiligtum (E), Forum (F), Amphitheater (G) und Theater (H).

Abb. 97: Aosta: Kathedrale Notre-Dame, Ausgrabung mit den Pfostenlöchern der Solea im Kirchenboden.

system. Nicht weniger beeindruckend ist die anspruchsvolle Architektur frühchristlicher Kirchen der Stadt.
Ursprünglich dürfte Aosta Mitte des 4. Jahrhunderts zum Bistum von Vercelli gehört haben. Eustasius ist der erste schriftlich bezeugte Bischof von Aosta anläßlich der Kirchenversammlung (Synode) von Mailand im Jahre 451. Seinen Nachfolger Gratus († nach 470) kennen wir ebenso wie die späteren Bischöfe Agnellus († 528) und Gallus († 546) aus den Grabinschriften.

Kathedrale Notre-Dame

Östlich des Tempelbezirkes neben dem Forum befand sich seit dem 1. Jahrhundert n. Chr. ein palastartiger, prunkvoll ausgestatteter Baukomplex, dessen großer fußbodengeheizter Saal wahrscheinlich schon im 4. Jahrhundert der Christengemeinde als Versammlungsraum gedient hat (Abb. 96:A). Kurz vor 400 kam es zu einem vollständigen Umbau des Gebäudekomplexes, indem die älteren Mauern abgetragen wurden und eine einschiffige Apsidenkirche mit einem Baptisterium (40 × 11 m) an ihrer Westseite errichtet wurde. Das erhöhte Presbyterium war mit einem Marmorplattenboden bedeckt und von einer Schrankenanlage begrenzt. Im Zentrum des Plattenbodens fand man noch die Standspur der Altarbasisplatte. Gegen die Kirchenmitte schloß an das Presbyterium eine Solea, ein mit Schranken umgebener Gang an, der im Laufe der Zeit mehrfach umgebaut wurde (Abb. 97). An der Westseite des Kirchenschiffes war durch drei Arkaden ein Vorraum abgetrennt, von dem drei Türen zum Baptisterium führten. Der innere Grundriß des außen kreisrunden, eingetieften Taufbeckens wurde im 5. und 6. Jahrhundert mehrmals verändert (Abb. 98). Im

Abb. 98: Aosta, Kathedrale Notre-Dame: Taufbecken des Baptisteriums an der Westseite der Kirche.

6. Jahrhundert kam noch ein Ambo im Baptisterium zur Aufstellung (vgl. Genf, S. 182).
Noch im 5. Jahrhundert baute man in einem der nordseitigen Räume ein weiteres achteckiges eingetieftes Becken in den Boden ein, das von einer Bleirohrwasserleitung versorgt wurde. Das Becken war aus einem Geflecht aus Holzlatten und Zweigen hergestellt und mit einer wasserfesten Stuckschicht versehen. Dieses zweite Becken fand wahrscheinlich für die Fußwaschung (Reinigungsritus) Verwendung, die in Mailand und in Gallien zwischen Taufe (Initiationsritus) und Eucharistiefeier gebräuchlich war (s. S. 43). Im 6. Jahrhundert wurde der Weg zwischen Taufbecken, Fußwaschungsbecken und Solea (und damit zum Altar) durch die Bodengestaltung besonders hervorgehoben: im Schnittpunkt des Dreiweges fügte man ein Christogramm aus Steinchen im Mörtelboden ein.

Saint-Laurent

Unweit der Ausfallstraße östlich der Stadt (Abb. 96:B) gruben Ch. Bonnet und R. Perinetti einen eindrucksvollen Kirchenbau aus, der in seinem Grundrißkonzept für den Alpenraum einmalig ist. Der Boden der frühchristlichen Kirche liegt ungefähr 3 m unter dem heutigen Gehniveau. Sie hat die Form eines lateinischen Kreuzes (36 × 32,5 m), bei dem der Westarm etwas länger ist als die drei anderen Arme (Abb. 99). Die Kreuzsymbolik

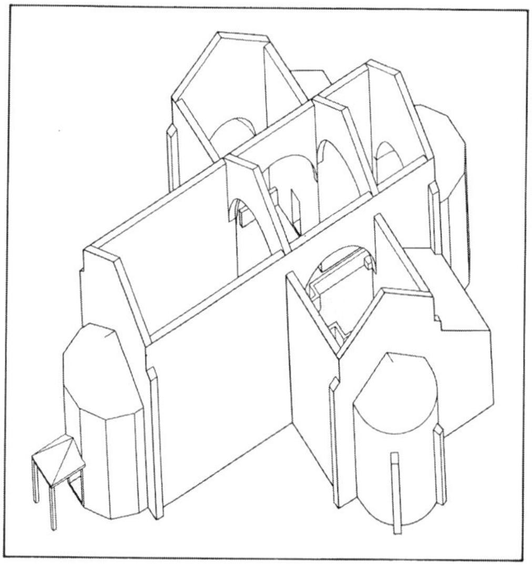

Abb. 99: Aosta: Rekonstruktion der kreuzförmigen Kirche St-Laurent.

im Sakralbau wird in der Kirchenväterliteratur mehrfach angesprochen. In der Kreuzform der Kirche sah Bischof Ambrosius von Mailand nicht nur das Siegeszeichen Kaiser Konstantins, sondern auch das Symbol für die Überwindung des Arianismus. Alle vier Kreuzarme werden von Apsiden abgeschlossen. Einer der Eingänge in die Kirche befand sich im Scheitel der Westapsis. Das erhöhte Presbyterium mit halbrunder Klerusbank war unabhängig von den Querachsen des Gebäudes vor die östliche Apsis gesetzt

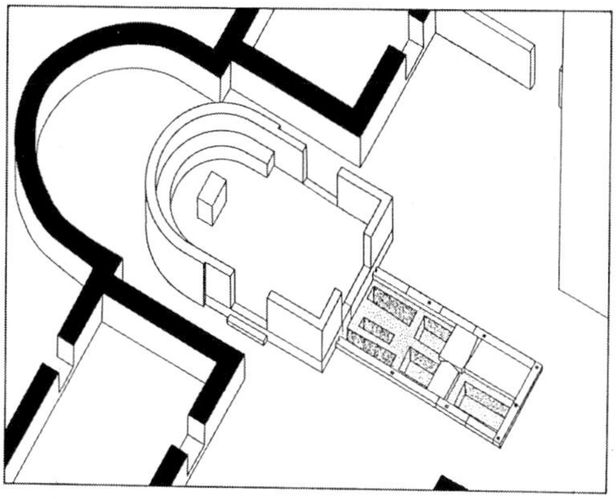

Abb. 100: Aosta: St-Laurent, Klerusbank, Presbyterium und Solea mit Gräbern.

(Abb. 100). Im Halbrund der Klerusbank stand einst der Altar, zu dem wahrscheinlich dort gefundene Fragmente eines Reliquiars gehören. Im Bereich des Presbyteriums und der westlich anschließenden Solea waren dicht nebeneinander gemauerte, mit Kalksteinplatten gedeckte Gräber (*formae*) in den Boden eingetieft. Unter diesen Gräbern fielen im Schnittpunkt der Kreuzarme des Grundrisses zwei übereinander angelegte kleinere Kammern auf. Die untere hatte die Skelettknochen aufgenommen, die während der Bauarbeiten zutage kamen, die obere vermutlich Gebeine eines Märtyrers. Deshalb wurde auch der Bischof Agnellus an der Südseite der Solea bestattet, damit er möglichst nahe dem Heiligen ruhe.

Das Grab des Bischofs war samt Deckplatte mit Inschrift unversehrt vorgefunden worden: *Hic requiesc[it] in pace s(an)c(tae) m(emori)ae / Agnellus ep(i)s(copus) ob(iit) sub die III Kalendas / Maias p(ost) c(onsulatum) Mavurti v(iri) c(larissimi).* – »Hier ruht in Frieden seligen Angedenkens Bischof Agnellus. Er starb am 29. April im Jahr nach dem Konsulat des *vir clarissimus* Mavurtius, (d. h. im Jahre 528).« In der Umgebung der Kirche fanden sich auch die ebenfalls beschrifteten Grabplatten der Bischöfe Gratus († nach 470) und Gallus († 5. 10. 546), die ursprünglich deren Begräbnisstätten im Bereich des Presbyteriums bedeckten (Abb. 101).

Abb. 101: Aosta: Grabplatte des Bischofs Gallus († 546), dessen Grab sich in der Kirche St-Laurent befand.

Nicht nur das Presbyterium und die Solea waren von Schranken eingefaßt, sondern auch Abschnitte der Querarme mit den Apsiden waren von solchen abgetrennt. Gräber fanden sich in allen Bereichen unter dem Kirchenboden und außen an den Kirchenmauern.

Nur 30 m östlich der Kirche St-Laurent befindet sich die Klosterkirche von St-Ours/St. Ursus (früher St-Pierre/St. Peter), unter welcher bereits die Apsis einer frühchristlichen Kirche festgestellt werden konnte (Abb. 96:C). Die archäologischen Forschungen sind allerdings hier noch im Gange.

Kirche westlich der Stadt

An der Straße westlich der Stadt (Abb. 96:D) wurden drei Mausoleen des 4. und 5. Jahrhunderts entdeckt. In einem dieser Grabbauten beobachtete man einen großen Tuffsteinblock und Spuren von Bänken. Der Steinquader fand als Tisch bei den Gedächtnismählern Verwendung. Wenige Meter von den Mausoleen entfernt, kamen die Reste einer Apsidenkirche mit Vorhalle und Nebenräumen zutage. Zu erschließen war noch die Stufe eines erhöhten und abgeschrankten Presbyteriums, vor dem im Laienraum eine große Zahl von Gräbern eines privilegierten Personenkreises eingetieft war. Gräberfeld und Kirche wurden seit der karolingischen Zeit nicht mehr weiterbenützt.

Das Aostatal gehörte von 493 bis um 555 zum Ostgotenreich. Danach stand es unter byzantinischer, langobardischer und seit 575 unter fränkischer Herrschaft. Da sowohl die Ostgoten als auch anfangs die Langobarden Arianer waren, muß in einer der Kirchen Aostas der arianische Gottesdienst gefeiert worden sein. In welcher? Diese Frage konnte bisher noch nicht beantwortet werden.

Lit.: Ch. Bonnet, R. Perinetti, Aoste aux premiers temps chrétiens (1986).

Aosta: Kathedrale, Notre-Dame und St-Laurent: Ausgrabungen sind konserviert und zugänglich. Funde im Musée archéologique.

Villeneuve

Bei Villeneuve, ca. 10 km westlich von Aosta, überragt eine Felsterrasse mit der Kirche Sainte-Marie das Tal der Dorea Baltea und die Straße zum Kleinen St. Bernhard. Anläßlich von Grabungen unter dem Boden des heutigen Gotteshauses entdeckte man eine frühchristliche Kirchenanlage mit einem Baptisterium zwischen einem Apsiden- und Rechtecksaal. Das Baptisterium besitzt ein achteckiges Taufbecken mit einer Wasserableitung aus einem Bleirohr, verbunden mit einem Reinigungsschacht. Im rechteckigen Kirchensaal wurden die Spuren eines Altares beobachtet. Nähere Grabungsbefunde zur Deutung dieser Anlage aus dem 5. Jahrhundert liegen noch nicht vor.

Lit.: Ch. Bonnet, R. Perinetti, Aoste aux premiers temps chrétiens (1986) 54ff.

Villeneuve: Die Konservierungsarbeiten sind noch im Gange. Funde in Bearbeitung.

Literaturhinweise

Bei den Literaturhinweisen zu den einzelnen Orten wurden nach Möglichkeit jüngere Arbeiten zitiert, in denen weitere und ausführlichere Literaturangaben zu finden sind. In diesem Sinn seien nun noch einige Veröffentlichungen genannt, die für einen breiteren Leserkreis zur weiteren Beschäftigung mit dem Thema nützlich sind.

Actes du XIe congrès international d'archéologie chrétienne. Lyon, Vienne, Grenoble, Genève et Aoste 1986 (1989).

Agenendt, A., Das Frühmittelalter (2. Aufl., 1995) 53 ff.

Akten des XII. internationalen Kongresses für Christliche Archäologie. Bonn 1991 (1995).

Antiquité Tardive 4 (1996): Les églises doubles et les familles d'églises.

Boehm, L., Geschichte Burgunds (1971).

Boshof, E./Wolff, H. (Hrsg.), Das Christentum im bairischen Raum von den Anfängen bis ins 11. Jahrhundert (1994).

Bratož, R., Severinus von Noricum und seine Zeit (1983).

Broes, I./Schlüter, R. (Hrsg.), Christentum und Toleranz (1996).

Ceccheli, C., L'arianesimo e le chiese ariane d'Italia, in: Le chiese nei regni dell' Europa occidentale e i loro rapporti con Roma sino all' 800 (1960) 743 ff.

Ciglenečki, S., Höhenbefestigungen aus der Zeit vom 3. bis 6. Jh. im Ostalpenraum (1987).

Christern, J., Das frühchristliche Pilgerheiligtum von Tebessa (1976) 346 ff. (Lit).

Czysz, W./Dietz, K./Fischer, Th./Kellner, H. J., Die Römer in Bayern (1995).

Deichmann, F. W., Einführung in die christliche Archäologie (1983).

Demandt, A., Die Spätantike. Römische Geschichte von Diocletian bis Justinian. 284–565 n. Chr. (1989).

Drack, W./Fellmann R., Die Römer in der Schweiz (1988).

Drack, W./Fellmann R., Die Schweiz zur Römerzeit (1990).

Duval, N., Arts chrétiens, in: Atlas des monuments paléochrétiens de la France (1991) 186 ff.

Die Franken. Wegbereiter Europas (1996).

Glaser, F., Kirchenbau und Gotenherrschaft. Auf den Spuren des Arianismus in Norikum und Rätien II. Der Schlern 70 (1996) 83 ff.

Graßl, H., (Hrsg.), Kulturhistorische und archäologische Probleme des Südostalpenraumes in der Spätantike (1985).

Guyot, P./Klein, R., Das frühe Christentum bis zum Ende der Verfolgungen: eine Dokumentation (Texte zur Forschung). Bd. I: Die Christen im heidnischen Staat (1993). Bd. 2: Die Christen in der heidnischen Gesellschaft (1994).

Herrmann, E., Ecclesia in Re Publica (1980).

Jacobsen, W./Schaefer, L./Sennhauser, H. R., Vorromanische Kirchenbauten. Katalog der Denkmäler bis zum Ausgang der Ottonen. Nachtragsband (1991). S. auch F. Oswald.

Junecke, H., Proportionen frühchristlicher Basiliken des Balkan im Vergleich von zwei unterschiedlichen Meßverfahren. Proportionen der Hagia Sophia in Istanbul (1983).

Jungmann, Josef A., Liturgie der christlichen Frühzeit bis auf Gregor den Großen (1967).

Khatchatrian, A., Les baptistères paléochrétiens (1962).

Khatchatrian, A., Origine et typologie des baptistéres paléochrétiens (1982).

Kleinheyer, B., Sakramentliche Feiern I. Handbuch der Liturgiewissenschaft 7,1 (1989).

Kötting, B., Peregrinatio religiosa. Wallfahrten in der Antike und das Pilgerwesen in der alten Kirche (1950).

Kötting, B., Der frühchristliche Reliquienkult und die Bestattung im Kirchengebäude (1965).

Lexikon für Theologie und Kirche 1–10 (1957–1965). (3. völlig neu bearbeitete Auflage in Vorbereitung!)

Lošek, F., Die Conversio Bagoariorum et Carantanorum und der Brief des Erzbischofs Theotmar von Salzburg (1997).

Meyer-Flügel, B., Das Bild der ostgotisch-römischen Gesellschaft bei Cassiodor (1992).

Moosbrugger-Leu, R., Die Schweiz zur Merowingerzeit 2 Bd. Handbuch der Schweiz zur Römer- und Merowingerzeit (1971).

Oswald, F./Schaefer, L./Sennhauser, H. R., Vorromanische Kirchenbauten. Katalog der Denkmäler bis zum Ausgang der Ottonen (1966–1971). Nachtragsband (1991) s. W. Jacobsen.

Reallexikon für Antike und Christentum 1–17 (1950–1996).

Sennhauser, H. R., St. Ursen – St. Stephan – St. Peter. Die Kirchen von Solothurn im Mittelalter. Beiträge zur Kenntnis des frühen Kirchenbaus in der Schweiz, in: Solothurn. Beiträge zur Entwicklung der Stadt im Mittelalter (1990).

Severin zwischen Römerzeit und Völkerwanderung (1982), Hrsg. Land Oberösterreich.
Sörries, R., Auxentius und Ambrosius (1996) 23ff.
Stanzl, G., Längsbau und Zentralbau als Grundthemen der frühchristlichen Architektur (1979).
Ur- und frühgeschichtliche Archäologie der Schweiz Bd. 5. Die römische Epoche (1975) Bd. 6 Das Frühmittelalter (1979). (Neue Bearbeitung in Vorbereitung.)
Wolfram, H., Die Goten (3. Aufl. 1990).

Ortsregister

A: Österreich – CH: Schweiz – D: Deutschland – F: Frankreich – FL: Liechtenstein – I: Italien – SLO: Slowenien
halbfett = Ausgrabungsstätten

Bildnachweis

Farbabbildungen (S. 97–112) (Nr.):
Ch. Bonnet, Genf **(15, 16)**; Büro für Archäologie und Bauuntersuchung H. J. Lehner, Sion **(17)**; L. Dal Ri, Bozen **(Umschlagrückseite)**; S. Ciglenečki, Ljubljana **(18d)**; F. Glaser, Klagenfurt (**Titelmotiv, 4, 6b, 10, 11, 18a, b, c; 19, 20, 21b, e, 22a, c,** Zeichnung in Abb. **12**); J. Hane, T. Janko, Ljubljana, Narodni muzej Slovenije **(3, 5, 21c)**; Mestni muzej Ljubljana **(23)**; H. Nothdurfter, Bozen **(14)**; H. Riedl, Mittheilungen der k. k. Central-Commission für Erforschung und Erhaltung der Kunst- und historischen Denkmale. Neue Folge 24, 1898, Tafel II **(1)**; P. Schwarz, Landesmuseum für Kärnten, Klagenfurt **(8, 9, 13, 22b)**; S. Tichy, Klagenfurt **(7, 12)**; H. Ubl, Wien **(21a)**; A. Vogrin, Celje **(2)**; M. Vomer-Gojkovič, Ptuj **(6a)**.

SW-Abbildungen (Nr.):
L. Bolta, Rifnik nad Šentjurjem, 1976, 26 **(24)**; Ch. Bonnet, Genf **(10d, 87, 88, 90, 99, 100)**; V. Bierbrauer/H. Nothdurfter, Der Schlern 62, 1988, 276 **(69)**; R. Cardani Vergani, Bellizona **(79)**; S. Ciglenečki, Ljubljana **(21, 25, 29, 31, 35)**; G. Ciurletti, Trento **(72)**; H. Dolenz, Festschrift G. Moro. Beigabe zur Carinthia I, 152 (1962), 51 **(55)**; R. Egger, Frühchristliche Kirchen im südlichen Norikum, 1916, 28, 65 **(10c, 61)**; Ph. Filtzinger, in: Die Römer in Schwaben, 1985^2, 259 **(1)**; F. Glaser, Klagenfurt **(12a–d, 13, 18, 36, 38, 42, 46b, 48, 49, 51, 53, 54, 63, 65)**; K. Glaser, Klagenfurt **(2, 3, 4, 6, 20, 23, 30, 34, 39, 47, 64, 67, 68, 78, 86, 95.** Umzeichnungen **22, 32, 35, 76, 77, 81, 85, 93, 94, 96)**; K. Gschwantler, Kunsthistorisches Museum, Wien **(40)**; O. Hartl/L. Beckel, Wien **(46, 62)**; A. Hochuli-Gysel, Avenches **(84)**; W. Horr, Klagenfurt **(56)**; T. Knific, Narodni muzej Ljubljana **(26, 33)**; R. Laur-Belart, Die frühchristliche Kirche mit Baptisterium und Bad in Kaiseraugst, 1967, 17 **(82)**; I. R. Metzger, in: Beiträge zur Raetia Romana, 1987, 184 **(75)**; R. Moosbrugger-Leu, Die Schweiz zur Merowingerzeit, 2. Bd. Handbuch der Schweiz zur Römer- und Merowingerzeit, 1971, 81, 89, Taf. 65, 69 **(5, 14, 91, 92)**; Museum der Stadt Villach **(50)**; R. Perinetti, Aosta **(10e, 97, 98, 99, 100, 101)**; R. Pillinger, Wien **(19)**; L. Plesničar-Gec, Mestni muzej Ljubljana **(32)**; D. Pirkmajer, Celje **(22)**; I. Rogger, Trento **(70, 71)**; S. Schretter, Wien **(27)**; S. Schretter/K. Glaser **(37, 43, 44)**; P. Schwarz, Landesmuseum für Kärnten, Klagenfurt **(7, 9, 10a, b; 11, 57, 58, 59)**; G. Sotiriou, Archaiologike Ephemeris, 1929, 161 **(15)**; S. Steinemann-Brodtbeck, Zeitschrift für Schweizerische Archäologie und Kunstgeschichte 3, 1941, 213 **(80)**; W. Sulser/H. Claussen, St. Stephan in Chur, 1978, 50, 22, 120 **(8, 73, 74)**; W. Sydow, Veröffentlichungen des Museums Ferdinandeum 66, 1986, 84 **(66)**; I. Tušek, Ptuj **(41)**; T. Ulbert, Madrid **(28)**. Modellbauten: J. Mack, Klagenfurt (Farbabb. **14**. SW-Abb. **9, 45, 56, 58, 59**). Malereikonstruktion: J. Rapoldi, Klagenfurt (Farbabb. **6b**).

Weitere Bücher zum Thema

Joachim Zeune

BURGEN – SYMBOLE DER MACHT

Ein neues Bild der
mittelalterlichen Burg

2. Auflage 1997
253 Seiten, 110 s/w-Abb.,
31 Farbabb., Karten
Hardcover
ISBN 3-7917-1501-1

Der Leser wird mit einer großen Anzahl von Burgen in ganz Europa bekannt gemacht.
Ein reich bebildertes Buch, zudem spannend, anschaulich und fachlich sattelfest.

Herbert Heftner

DER AUFSTIEG ROMS

Vom Pyrrhoskrieg bis
zum Fall von Karthago
(280–146 v. Chr.)

493 Seiten, mit 29 s/w-Abb., Karten,
Leinen mit Schutzumschlag
ISBN 3-7917-1563-1

Nach langem die erste moderne, auf dem aktuellen Forschungsstand beruhende Monographie über den Aufstieg Roms zur Weltmacht.
Eine ebenso kenntnisreiche wie spannend und anschaulich geschriebene Darstellung.

im Verlag Friedrich Pustet · Regensburg

Weitere Titel

Cettina Militello

MÜTTER UND GELIEBTE, NONNEN UND REBELLINNEN

Frauen, die Geschichte machten

381 Seiten, 16 Seiten s/w-Abb.,
Register, Zeittafel
gebunden mit Schutzumschlag
ISBN 3-222-12532-5

Die weibliche Seite der Geschichte von Hildegard von Bingen über Jeanne d'Arc bis Simone Weil.
62 ungewöhnliche Frauenporträts von der Antike bis ins 20. Jahrhundert.

Walter Wangerin

DAS BUCH VON GOTT

Die Bibel als Roman

Aus dem Amerikanischen von
Wolfgang Schrödter und J. Guthrie Thomson
960 Seiten
gebunden mit Schutzumschlag
ISBN 3-222-12542-2

Das Buch der Bücher ganz neu entdecken – die Bibel als Roman.

im Verlag Styria · Graz · Wien · Köln